瓦斯隧道综合防治技术
——及管理实务——

Prevention Techniques

and Management Practices for Gas Tunnel

郭德平　唐进才　廖烟开　陈家清　李　铮　孙晋锋　编著

重庆大学出版社

内容提要

本书为蜀道投资集团有限责任公司（原四川省铁路产业投资集团）创新引导课题"隧道瓦斯风险防治成套技术及管理研究"（课题编号：SRIG2019YD0003）的资助研究成果。书中内容包括绪论、瓦斯简介、隧道瓦斯事故、瓦斯隧道设计基本内容及要求、瓦斯隧道风险评估及对策、瓦斯隧道超前地质预报、瓦斯隧道施工通风、瓦斯隧道瓦检与监控、瓦斯隧道电气与机械设备防爆、瓦斯隧道爆破作业、瓦斯隧道防突揭煤、瓦斯隧道施工安全管理、瓦斯隧道措施费的研究和探讨、典型专项方案等研究成果。

本书通过对现场工作的具体实践和总结，不仅有效地解决了现场的具体问题，而且能为其他线性工程中的瓦斯隧道施工和管理提供借鉴意义。

图书在版编目（CIP）数据

瓦斯隧道综合防治技术及管理实务／郭德平等编著. --
重庆：重庆大学出版社，2021.11
ISBN 978-7-5689-2711-6

Ⅰ．①瓦… Ⅱ．①郭… Ⅲ．①瓦斯隧道—隧道工程
Ⅳ．①U459.9

中国版本图书馆 CIP 数据核字（2021）第 096723 号

瓦斯隧道综合防治技术及管理实务
WASI SUIDAO ZONGHE FANGZHI JISHU JI GUANLI SHIWU

郭德平 唐进才 廖烟开 编著
陈家清 李 铮 孙晋锋

策划编辑：林青山

责任编辑：姜 凤　　版式设计：林青山
责任校对：邹 忌　　责任印制：赵 晟

*

重庆大学出版社出版发行
出版人：饶帮华
社址：重庆市沙坪坝区大学城西路 21 号
邮编：401331
电话：（023）88617190　88617185（中小学）
传真：（023）88617186　88617166
网址：http://www.cqup.com.cn
邮箱：fxk@cqup.com.cn（营销中心）
全国新华书店经销
重庆升光电力印务有限公司印刷

*

开本：787mm×1092mm　1/16　印张：17.5　字数：405 千
2021 年 11 月第 1 版　　2021 年 11 月第 1 次印刷
ISBN 978-7-5689-2711-6　定价：79.00 元

瓦斯隧道综合防治技术及管理实务
编委会名单

前　言

随着国家基建"补短板"持续发力,西南地区的基础建设也越来越多,而西南地区含煤地层广布且天然气储量丰富,造成线性工程(高速公路、铁路、水工隧道等)穿过含瓦斯地质区的频次激增,瓦斯隧道占比增大。由于瓦斯赋存形态与地质构造、地形演变等诸多影响因素息息相关,其涌出量、涌出形式使得隧道风险呈现出不同的等级。瓦斯是隧道施工的一种重大风险源,从历次瓦斯隧道事故警示来看,做好各环节的防治措施十分必要,一套行之有效的技术保障和管理措施具有极大的现实指导意义。

铁路瓦斯隧道施工目前主要依据《铁路瓦斯隧道技术规范》(TB 10120—2019)、《客货共线铁路隧道工程施工技术规程》(Q/CR 9653—2017)、《高速铁路隧道工程施工技术规程》(Q/CR 9604—2015)、《铁路隧道工程施工安全技术规程》(TB 10304—2020);对公路瓦斯隧道而言,交通运输部在 2020 年 1 月发布了《公路瓦斯隧道设计与施工技术规范》(JTG/T 3374—2020),而地方标准或指南方面目前有《贵州省高速公路瓦斯隧道设计技术指南》(2014 年)、《贵州省高速公路瓦斯隧道施工技术指南》(2014 年)、四川省《公路瓦斯隧道技术规程》(2016 年)、重庆市《公路瓦斯隧道施工技术规范》(2019 年),其他省份主要参考《铁路瓦斯隧道技术规范》和《煤矿安全规程》以及上述三省(市)标准制订相应的属地设防标准。无论铁路还是公路瓦斯规范或规程均是在相对较宏观层面上提出的指导性规定或要求,而瓦斯风险的防治必须结合现场实际,编制相应的专项方案,用细化措施来保障施工安全。随着"补基建短板"的紧迫性增强,虽然我国总体技术水平有了巨大提升,但现场技术人员数量被"摊薄",具体到某一个项目而言,瓦斯隧道管理技术水平和管理经验总体上与现场需求不匹配,存在较严重短缺。而现有技术和管理总结缺乏系统性和操作性,现行出版的各类文献或技术总结,要么偏于理论,与具体项目管理结合度不够;要么防治措施过于笼统,缺乏指导性,管理要求缺乏系统性。虽然煤矿在瓦斯防治方面积累了多年的经验并有《煤矿安全规程》《防治煤与瓦斯突出规定》《煤矿安全技术操作规程》及作业规程等,但隧道与煤矿在瓦斯涌出特点、结构设防标准、施工过程管理及运营要求等方面均存在较大差异。若完全按煤矿的管理方法管理瓦斯隧道,将大幅增加工程成本,制约工程进度,增大日常管理难度,缺乏操作性和针对性。

本书基于铁路瓦斯隧道行业相关规定,通过总结叙毕铁路(川滇段)隧道施工期间瓦斯防治技术与管理等方面的经验,研究瓦斯隧道施工期间超前地质预报、通风、瓦检与监控、揭煤、供配电与车辆改装、爆破等方面的技术特点与管理工作流程和方法,形成瓦斯隧道防治成套技术和制度化管理要点。本书通过实践和总结,从实用性角度入手,系统地梳理总结技术措施和管理措施,不仅解决了叙毕铁路(川滇段)瓦斯隧道安全管理的具体问题,而且能为其他铁路、公路及其他工程瓦斯隧道提供借鉴。

本书主要分3部分,即第一部分概述,包括绪论、瓦斯简介和隧道瓦斯事故;第二部分瓦斯隧道设计,包括瓦斯隧道设计基本内容及要求和瓦斯隧道风险评估及对策;第三部分瓦斯隧道瓦斯防治技术及现场管理,包括瓦斯隧道超前地质预报、瓦斯隧道施工通风、瓦斯隧道瓦检与监控、瓦斯隧道电气与机械设备防爆、瓦斯隧道爆破作业、瓦斯隧道防突揭煤、瓦斯隧道施工安全管理、瓦斯隧道措施费的研究和探讨以及典型专项方案。

在本书的编写和成稿过程中,奂炯睿、陆懋成、谢衔光、李建兴、吴再新、李昌鹏、宋俊杰、何知明等专家和领导提出了宝贵的建议和指导意见,中铁二院工程集团有限责任公司、中铁西南科学研究院有限公司、四川公路桥梁建设集团有限公司公路二分公司、中铁十七局集团第一工程有限公司、中铁八局集团第二工程有限公司、中铁十九局集团第六工程有限公司等给予了大力支持和帮助,在此一并表示感谢!最后,还要特别感谢四川省铁路产业投资集团的支持和资助(课题编号:SRIG2019YD0003)。

由于编者水平有限,书中难免存在疏漏和不足之处,恳请读者批评指正!

编　者
2021 年 5 月

目　录

第 1 章　绪　论

1.1　引　言

随着我国铁路、公路建设迅猛发展，基础建设以及地下空间的利用被提到了前所未有的高度，加之西部大开发和"一带一路"倡议的不断深入，我国迎来了交通建设发展的大浪潮，川、渝、滇、黔、藏等多山地省区市的交通建设也迎来了新的发展机遇。众所周知，我国接近 2/3 的国土面积是由不同大小的山脉和丘陵组成的，且主要分布在中西部区域。目前我国是隧道建设最多最快的国家，也是世界上隧道运营公里数最长的国家。根据交通运输部有关统计结果，近年来，我国新建隧道里程以每年超 500 km 的速度不断增长。由于山地区域蕴藏着丰富的矿产资源，煤炭资源也往往蕴藏其中，隧道在穿越山地区域时，不可避免地会出现隧道穿越既有煤层及赋存瓦斯的区域，因此，近年来国内拟建或在建隧道出现了越来越多的瓦斯隧道。2000 年以来，我国在建或拟建的瓦斯隧道不断增长，因此，隧道施工过程中的瓦斯灾害是主要的不良地质灾害之一。由瓦斯引发的隧道相关设计施工技术和管理问题都需要深入研究。

隧道施工是在一个相对封闭的环境中进行的，施工过程中机械排放的尾气以及钻爆时产生的粉尘、不良地层释放的有毒有害气体极易聚积，特别是瓦斯的溢出，严重威胁了施工安全。隧道施工中一旦出现瓦斯爆炸，往往会造成严重的人员伤亡和经济损失等。例如，20 世纪二三十年代，意大利 Great Apennine 隧道，修建时穿越页岩地层时遭遇瓦斯涌出，发生 4 次爆炸，导致数十人伤亡，曾一度造成长期停工。1971 年，美国加利福尼亚州 San Femando 隧道，修建时瓦斯气体沿地震产生的断层带向隧道中大量溢出，隧道内设施成为点火源，导致瓦斯爆炸，造成 17 人死亡；1971 年，美国密歇根州 Port Huron 隧道，在穿越东部典型泥盆系页岩地层时遭遇瓦斯，由于通风设计不合理，以及火源控制不当，导致发生地下大爆炸，造成 22 人死亡；在伊朗西南部油气盆地中修建的扎格罗斯隧道，发生多起瓦斯涌出事故，导致隧道施工停滞数月。1994 年 4 月 3—4 日达成线炮台山隧道连续两日发生瓦斯事故，最终造成 13 人死亡、3 人受伤。2005 年 12 月 22 日，四川省都江堰至汶川高速公路董家山隧道工程发生特别重大瓦斯爆炸事故,造成44人死亡,11人受伤,直接经济损失2 035万元。2009年2月16日,湖北恩施野三河电站1号隧道发生瓦斯爆炸,造成1人死亡、6人受伤。2015年2月24日,成都龙泉驿区洛带镇五洛路1号隧道发生瓦斯爆炸事故,造成7人死亡、19人受伤,直接经济损失1 600余万元。2017年5月2日,成贵铁路七扇岩隧道进口工区平行导洞内发生瓦斯爆炸,导致正在洞内作业的12名工人死亡、12人受伤。因此,隧道内出现瓦斯时应予以高度重视,及时采取相应的防治措施以预防事故的发生。

1.2 目的和意义

随着施工技术的不断进步,在复杂地质条件下的隧道施工成为可能,而且越来越多,在建或已建隧道穿越低瓦斯和高瓦斯煤层的情况也较为常见,遇到的瓦斯问题也很多,虽然煤矿专业的瓦斯防治技术已较为成熟,但与交通隧道相比,一个是去采煤,一个应尽量避让,且两者的断面和施工工艺不同,使得煤矿巷道的瓦斯防治技术在一定程度上"可借鉴而不能照搬"。交通隧道断面大小不一,穿越煤层产状、厚度不一,煤层瓦斯压力也高低不同,瓦斯隧道施工经验不足、防治技术措施不系统等问题较为突出,针对隧道施工技术以及现场管理技术提出了更高要求,使得瓦斯隧道的施工和管理技术的研究变得更为重要。

研究以往瓦斯隧道建设历程不难发现,在瓦斯地层修建隧道时施工风险极高,隧道内如果发生局部瓦斯浓度过高或者瓦斯爆炸事故,后果往往十分严重,将会对隧道现场人员生命构成极大威胁并导致严重的财产损失,因此,如何有效防治瓦斯事故的发生,这将成为我们工作的重中之重。

①在现实方面,目前隧道建设特别是在西南地区的隧道建设中,瓦斯隧道的比例越来越大,研究瓦斯隧道的施工技术对在建和拟建的隧道施工有指导作用,有助于瓦斯隧道施工过程中的系统化防治,从而提高工程安全度、降低工程风险,促进均衡推进生产,降低工程造价、提升工程品质。

②在技术层面上,进一步完善瓦斯隧道综合防治技术,为以后的瓦斯隧道施工提供技术指导,积累施工经验。

③在经济方面,能改变施工的盲目性,降低施工的技术投入和资金投入,可减少经济损失,降低工程造价,提高经济效益。

④在社会方面,研究瓦斯隧道施工技术,可降低瓦斯隧道发生事故的概率,降低事故的危害性,避免人员伤亡和财产损失,具有相当重要的社会意义。

1.3 国内外研究现状

在15世纪初,瓦斯就已经开始被我国所认识,直到20世纪40年代,随着瓦斯灾害的不断发生,瓦斯的危害才逐渐引起人们的关注,学者开始对其进行研究,我国开始对瓦斯隧道进行系统研究是从 20 世纪 90 年代开始的。

而国外,法国、苏联、英国、澳大利亚等国家对瓦斯方面的研究起步较早。其中,早在1914 年,法国就设立了防治煤与瓦斯突出的专门委员会,从地质角度分析研究瓦斯的赋存及分布规律,以防治瓦斯突出。20 世纪 50 年代,苏联就开始了瓦斯地质的研究,并于 1951 年设立了"防止煤与瓦斯突出中央委员会",通过相关研究,指出瓦斯的赋存及分布与地质因素有关。英国的 David 提出地质构造对煤系地层中瓦斯的赋存及分布起着主导作用。澳大利亚的 Jshherd 对地质构造中瓦斯突出的影响作了广泛研究。

2000 年以前,由于我们对瓦斯灾害的危害性认识不足和对瓦斯隧道施工经验积累不足等,并没有对瓦斯隧道进行合理的界定标准,没有合理的监测方法,没有防治瓦斯的安全施工技术标准,没有紧急应对瓦斯灾害的能力,这就导致了对瓦斯隧道修建经验和教训的整理以及系统的总结不足。20 世纪 90 年代以前关于隧道瓦斯的规定,零散地分布在隧道设计、施工规范以及安全规则之中,内容深度不够,很多情况只能参照《煤矿安全规程》进行,存在不少问题。1994 年,原铁道部颁布了第一部瓦斯隧道规程《铁路瓦斯隧道技术暂行规定》,之后,随着瓦斯隧道的增多,施工经验不断积累。雷升祥和高波结合华蓥山隧道工程实际根据瓦斯基本性质、煤与瓦斯突出、瓦斯爆炸条件等的一般性规律,研究了瓦斯隧道中的瓦斯涌出量及通风量的计算方式,分析了瓦斯突出的预测指标及防治措施,还细化了瓦斯隧道施工工艺,提出了瓦斯隧道施工管理措施。2002 年,朱亮来、王哲介绍并分析了瓦斯隧道中煤与瓦斯突出的危险程度现行预测方法和评价方法,在云台山瓦斯隧道中采用模糊评价方法对揭煤突出危险进行了预测。袁真秀等在内昆铁路新寨隧道中,根据其地质勘探得到的煤系地层的各项物理力学参数,对煤与瓦斯突出的危险性作了相关评价,同时还进行了煤尘自燃和爆炸的危险性评价。2002 年,铁道部在《铁路瓦斯隧道技术暂行规定》的基础上进行了修订,并于当年 7 月 1 日颁布了第一个相对比较完整的隧道施工技术规范《铁路瓦斯隧道技术规范》。2010 年,丁睿编著并出版了《瓦斯隧道建设关键技术》,该书对瓦斯赋存与瓦斯灾害、瓦斯隧道等级评价、隧道瓦斯监测预测技术与通风技术、瓦斯隧道塌方防治技术作了详细介绍。2019 年 4 月,国家铁路局发布了最新的《铁路瓦斯隧道技术规范》(TB 10120—2019)。2020 年 1 月,交通运输部发布了最新的《公路瓦斯隧道设计与施工技术规范》(JTG/T 3374—2020)。

1.4　瓦斯的类型

从工程角度定位、定性、定量的难易程度考虑,交通隧道瓦斯可分为两大类型,即煤层瓦斯和非煤瓦斯。煤层瓦斯指的是煤层中吸附的和紧邻煤层泥岩、砂岩岩石孔隙和裂隙中游离态赋存的天然气体。作为赋存瓦斯的煤层在煤系地层中的层序部位相对稳定,且一个地区的煤层瓦斯含量相对稳定,通过地勘,在设计资料中可以较为明确地给出具体表征参数。非煤瓦斯指的是赋存于煤系地层中远离煤层的非煤地质体或非煤系地层地质体中有毒有害可燃天然气体类型,一般以游离态为主,在隧道工程中具有涌出地点、涌出压力、涌出量等不确定性,其燃爆灾害具有较低发生概率和极高危险度。非煤瓦斯在隧道的最终出露状态,需要根据施工期间的超前地质预报手段与隧道开挖后瓦斯涌出情况的监测而定。

1.5 国内外关于瓦斯等级的划分

瓦斯隧道工区分级是按照瓦斯的特性指标,如涌出量、压力等对瓦斯隧道进行等级划分。瓦斯隧道分级有如下作用:

①方便采取对应的设计方案与施工技术措施。

②方便施工管理与配套投入。

③避免瓦斯隧道防护过当或防护过轻。

针对地下工程的瓦斯灾害,世界各国有不同的等级划分方法,其分级思想与指标如下,详见表1.1和表1.2。

①单纯考虑矿井瓦斯涌出量的大小,代表性国家有苏联、波兰、德国、印度、中国等。

②把风流瓦斯浓度作为矿井瓦斯等级的划分,如日本。

③无明确矿井瓦斯等级划分,如英国、澳大利亚。

④仅分为瓦斯矿井和非瓦斯矿井,如美国。

表1.1 德国与日本瓦斯矿井等级表

德国等级	相对瓦斯量/$(m^3 \cdot t^{-1})$	日本等级	瓦斯浓度
微瓦斯	0.3~3	甲种	①回风巷风流中的可燃气体含量大于0.25% ②采掘工作面风流中的可燃气体含量大于0.5% ③停风后1 h,采掘工作面或人行巷道风流中可燃气体含量大于3%
低瓦斯	2~6		
瓦斯	4~12		
中瓦斯	8~25		
高瓦斯	20~60	乙种	
超级瓦斯	50~120		符合上述条件之一者为甲种,其余为乙种

表1.2 苏联与波兰瓦斯矿井等级表

苏联等级	波兰等级	相对瓦斯量/$(m^3 \cdot t^{-1})$
Ⅰ级	无瓦斯	小于5
Ⅱ级	低瓦斯	5~10
Ⅲ级	瓦斯	10~15
超级	高瓦斯	大于15

我国煤矿系统早期沿用了苏联的分级方法,分级指标为相对瓦斯涌出量,划分级数与苏联相同,自 2001 年起,我国按照相对瓦斯涌出量(m^3/t)与绝对瓦斯涌出量(m^3/min)两个指标进行瓦斯等级划分,见表 1.3。

表 1.3　中国瓦斯矿井等级表

瓦斯等级	相对瓦斯涌出量/($m^3 \cdot t^{-1}$)	绝对瓦斯涌出量/($m^3 \cdot min^{-1}$)
低	≤10	≤40
高	>10	>40
突出	发生煤与瓦斯突出的矿井	

2019 年 4 月,国家铁路局发布的最新《铁路瓦斯隧道技术规范》(TB 10120—2019)中将瓦斯隧道分为微瓦斯隧道、低瓦斯隧道、高瓦斯隧道及瓦斯突出隧道。瓦斯隧道的类型按隧道内瓦斯工区的最高等级确定,瓦斯隧道只要有一处突出危险,该处所在的工区即为瓦斯突出工区。瓦斯隧道工区又分为非瓦斯工区、微瓦斯工区、低瓦斯工区、高瓦斯工区及瓦斯突出工区 5 级。微、低、高瓦斯工区可根据全工区绝对瓦斯涌出量($Q_{绝}$)按表 1.4 进行确定。

表 1.4　瓦斯工区绝对瓦斯涌出量判定指标表

项目	分类	判定指标	
		中等、大、特大跨度	小跨度
隧道工区	非瓦斯工区	0	
	微瓦斯工区	$Q_{绝} < 0.5$ m^3/min	$Q_{绝} < 0.3$ m^3/min
	低瓦斯工区	1.5 m^3/min $> Q_{绝} \geq 0.5$ m^3/min	1.0 m^3/min $> Q_{绝} \geq 0.3$ m^3/min
	高瓦斯工区	$Q_{绝} \geq 1.5$ m^3/min	$Q_{绝} \geq 1.0$ m^3/min

2020 年 1 月,交通运输部发布的最新《公路瓦斯隧道设计与施工技术规范》(JTG/T 3374—2020)中规定:瓦斯隧道分为微瓦斯、低瓦斯、高瓦斯和煤(岩)及瓦斯突出 4 类;瓦斯隧道工区分为非瓦斯工区、微瓦斯工区、低瓦斯工区、高瓦斯工区、煤(岩)与瓦斯突出工区 5 类;瓦斯隧道类别应按瓦斯地层或瓦斯工区的最高类别确定。微—高瓦斯地层或瓦斯工区类别的判定指标为隧道内绝对瓦斯涌出量,同时符合表 1.5 的规定。

表 1.5　瓦斯工区绝对瓦斯涌出量判定指标表

瓦斯地层或瓦斯工区类别	绝对瓦斯涌出量 Q_{CH_4}/($m^3 \cdot min^{-1}$)
非瓦斯工区	0
微瓦斯工区	$0 < Q_{CH_4} < 1.0$
低瓦斯工区	$1.0 \leq Q_{CH_4} < 3.0$
高瓦斯工区	$3.0 \leq Q_{CH_4}$

第 2 章　瓦斯简介

2.1　瓦斯特性

广义上讲,瓦斯是矿井或隧道内各种有毒有害气体的总称,其主要组分通常是甲烷、一氧化碳、硫化氢、二氧化硫、二氧化氮、氯气、氨气等;狭义上讲,瓦斯就是甲烷(沼气)。在隧道施工中,一般说的瓦斯就是指甲烷。

瓦斯燃烧和爆炸化学能量方程式为:

$$CH_4 + 2O_2 \longrightarrow CO_2 + 2H_2O$$

①甲烷:无色、无味,本身无毒,在一定浓度时会燃烧或爆炸。与空气的相对密度比为0.554,扩散速度是空气的1.34倍,因此,隧道瓦斯主要积存在隧道顶部。通常状态下,甲烷的爆炸浓度为5%~16%,在浓度超过16%时遇火源会出现燃烧。

②一氧化碳:无色、无臭、无味,分子式CO,分子量28.01,相对密度0.793。自燃点608.89 ℃。与空气混合物爆炸极限为12%~75%。在水中的溶解度较低,易被氨水吸收。在空气中燃烧时呈蓝色火焰。遇热、明火易燃烧爆炸。在400~700 ℃分解为C和CO_2。急性CO中毒是吸入高浓度CO后引起以中枢神经系统损害为主的全身性疾病。急性CO中毒起病急、潜伏期短。轻、中度中毒主要表现为头痛、头昏、心悸、恶心、呕吐、四肢乏力、意识模糊,甚至昏迷,但昏迷持续时间短,经脱离现场进行抢救,可较快苏醒,一般无明显并发症。中毒后,应立即将中毒者移至新鲜风流处,并保持温暖,避免着凉。轻者离开有毒场所即可慢慢恢复;重者可使用压缩氧呼吸或人工呼吸抢救。

③硫化氢:无色,具有臭蛋气味。分子式H_2S,分子量34.08,相对密度1.19。弱溶于水,也溶于醇类、石油溶剂和原油中。可燃上限为45.5%,下限为4.3%。燃点为292 ℃。硫化氢的急性毒作用靶器官和中毒机制可因其不同的浓度和接触时间而异。浓度越高则中枢神经抑制作用越明显,浓度相对较低时黏膜刺激作用明显。人吸入70~150 mg/m³($46×10^{-6}$~$99×10^{-6}$)1~2 h会出现呼吸道及眼刺激症状,吸入2~5 h后嗅觉疲劳,不再闻到臭气;吸入300 mg/m³($197×10^{-6}$)1 h,6~8 min会出现眼急性刺激症状,稍长时间接触会引起肺

肿;吸入 760 mg/m³(500×10⁻⁶)15～60 min,会发生肺水肿、支气管炎及肺炎,出现头痛、头昏、步态不稳、恶心、呕吐等症状。吸入 1 000 mg/m³(657×10⁻⁶)数秒钟,很快出现急性中毒,呼吸加快后呼吸麻痹而死亡。现场抢救极为重要,因空气中含有极高硫化氢浓度时常在现场会引起多人电击样死亡,如能及时抢救可降低死亡率,减少转院人数、减轻病情。发现中毒后,应立即使患者脱离现场至空气新鲜处,有条件时立即给予吸氧;对呼吸或心脏骤停者应立即施行心肺脑复苏术。对在事故现场发生呼吸骤停者如能及时施行人工呼吸,则可避免随之而发生的心脏骤停。在施行口对口人工呼吸时施行者应防止吸入患者的呼出气或衣服内逸出的硫化氢,以免发生二次中毒。天然气、采空区瓦斯中可能含有硫化氢成分,除采用通风将其降至允许浓度下、加强检测外,采用注水或石灰水,或在隧道内积水处、涌水点撒生石灰有一定的辅助效果。

④二氧化硫:无色、中等刺激性气体,主要影响呼吸道,分子式 SO_2,易溶于甲醇和乙醇;溶于硫酸、乙酸、氯仿和乙醚等。潮湿时,对金属有腐蚀作用。吸入二氧化硫将使呼吸系统功能受损,加重已有的呼吸系统疾病(尤其是支气管炎及心血管病)。对于容易受影响的人,除肺部功能改变外,还伴有一些明显症状,如喘气、气促、咳嗽等。

⑤二氧化氮:棕红色,有刺激性臭味,分子式 NO_2。氮氧化物主要来自车辆尾气、火力发电站和其他工业的燃料燃烧以及硝酸、氮肥、炸药的工业生产过程。氮氧化物可刺激肺部,使人较难抵抗感冒之类的呼吸系统疾病,呼吸系统有问题的,如哮喘病患者,会较易受二氧化氮影响。NO_2 易溶于水或碱中生成硝酸和亚硝酸或硝酸盐和亚硝酸盐的混合物。

⑥氯气:黄绿色,为强烈刺激性的有毒气体。分子式 Cl_2,分子量 70.91,相对密度 1.47(0 ℃为 369.77 kPa)。可溶于水和碱溶液,易溶于二硫化碳和四氯化碳等有机溶剂。遇水生成次氯酸和盐酸,次氯酸再分解为盐酸新生态氯、氧和氯酸。氯与一氧化碳在高热条件下,可生成光气。本身不燃,但可助燃。在日光下与易燃气体混合时会发生燃烧爆炸。与许多物质反应会引起燃烧和爆炸。氯气中毒主要表现为对呼吸系统、眼睛和皮肤的伤害。《煤矿安全规程》未对其允许最高浓度进行规定,一般认为,空气中氯气最高允许浓度为 0.001 mg/L。防止氯气中毒的主要方法是洒水喷雾吸收空气中的氯气、通风将空气中的氯气浓度降至规定浓度以下。中毒后的紧急处理:将中毒者抬至有新鲜风流处,用清水清洗眼睛,吸氧。

⑦氨气:无色气体,有刺激性恶臭味,分子式 NH_3,分子量 17.03。蒸气与空气混合物爆炸极限为 16%～25%(最易引燃浓度为 17%)。极易溶于水,氨在 20 ℃水中溶解度为 34%。人在短期内吸入大量氨气后可出现流泪、咽痛、声音嘶哑、咳嗽、痰带血丝、胸闷、呼吸困难等症状,还伴有头晕、头痛、恶心、呕吐、乏力等。氨气吸入者应迅速脱离现场,至空气新鲜处,维持呼吸功能,卧床静息。氨气是有毒气体中对人体损害较小的一种气体,氨中毒一般是当时有刺激,喉咙、口腔感觉明显,人体很容易将氨毒排泄,一般不会留下后遗症。隧道内消除氨气的方法是洒水、通风。

2.2　瓦斯赋存地质特性

瓦斯以游离、吸附两种状态赋存于岩（煤）中。岩（煤）体内的瓦斯在矿井采掘或隧道开挖过程中暴露而释放至风流中。游离、吸附瓦斯可根据瓦斯压力变化互相转换。

1）游离状态

瓦斯以自由的气体状态赋存于煤和岩石的孔隙中。游离的瓦斯气体分布在煤岩的孔隙中可以自由运动，并遵循一般的气体定律，从压力大的地方向压力小的地方运移。煤和岩石中的游离瓦斯含量的多少取决于孔隙度、裂隙度和瓦斯压力，一般游离瓦斯量占煤层赋存的瓦斯总量 10%～20%。

2）吸附状态

由于瓦斯分子和固体颗粒之间的分子引力，瓦斯分子被吸附在煤岩和岩体的微空隙表面，形成一层瓦斯薄膜。吸附瓦斯就是滞留在煤或岩石微孔隙表面的气体，不能自由运动，不服从气体定律。吸附量的大小取决于岩（煤）对瓦斯的吸附能力，而吸附能力又取决于岩（煤）的孔隙率、变质程度以及外界温度和压力。一般吸附瓦斯量占煤层赋存的瓦斯总量的 80%～90%。

2.3　隧道瓦斯来源及涌出特征

隧道施工期间瓦斯来源可大体分为以下几种，其瓦斯涌出形式及特点存在较大差异。

2.3.1　隧道穿过煤层或炭质岩

煤层、炭质岩中含瓦斯，当隧道开挖至含煤层、炭质岩的地层时，煤层、炭质岩中的瓦斯被释放。

隧道穿越煤层、炭质岩时的瓦斯涌出具有明显的分段性。根据经验，一般在掌子面距离煤层 20 m（垂距）时即能检测到瓦斯涌出，可通过打超前钻孔时钻碴及反水观察判定掌子面前方围岩情况，通过检测孔口瓦斯浓度以及钻孔结束后检测超前钻孔内瓦斯浓度提前预判掌子面前方是否出现瓦斯涌出。

根据《防治煤与瓦斯突出细则》（2019 年版），对于平均厚度不超过 30 cm 的煤层，可采取安全防护措施后直接揭煤，对于平均厚度 30 cm 及以上的煤层，应按防突揭煤流程管理。

在隧道爆破揭开煤层的瞬间，一般有较集中的瓦斯涌出，瓦斯涌出来源包括落煤瓦斯涌出和周边煤（岩）壁瓦斯涌出；在过煤层期间，瓦斯涌出量较大；在开挖过煤层后，瓦斯仍会通过初支渗出,但涌出量会呈衰减趋势。

隧道开挖过煤层时的瓦斯涌出量与诸多因素有关,主要因素有煤层瓦斯含量、煤层透气性、开挖断面与循环进尺等。煤层瓦斯含量与煤种、煤质、隧道埋深、是否有煤层露头、煤层上伏围岩封贮条件(岩性、构造、裂隙及节理发育情况等)等因素有关。

隧道揭穿煤层前开挖时瓦斯涌出量主要与掌子面至煤层垂距、煤层瓦斯含量、原始瓦斯压力、煤层透气性、煤层顶(底)板岩性及构造、裂隙、节理发育情况等因素有关。

隧道施工穿过煤层后开挖过程时仍会有瓦斯涌出,主要由两部分组成:一部分为爆破开挖时围岩裂隙积存的瓦斯释放;另一部分为掌子面后部过煤层段煤、岩瓦斯通过支护体渗出。瓦斯涌出量主要与掌子面围岩裂隙发育程度及瓦斯存贮情况、煤层残余瓦斯含量、残余瓦斯压力、煤层透气性、支护体气密性等因素有关。

炭质岩含一定比例的碳并具一定的发热量。炭质岩生成过程中产生的瓦斯以游离状态积存于炭质岩内裂隙、节理中,当隧道开挖至炭质岩时,炭质岩中的瓦斯被释放。隧道开挖至炭质岩时的瓦斯涌出量与炭质岩瓦斯含量、循环开挖方量等因素有关。

2.3.2 隧道周边有煤层或炭质岩

隧道开挖断面不穿煤层或炭质岩,但在隧道开挖轮廓线以外存在煤层或炭质岩,煤层或炭质岩瓦斯通过围岩裂隙、构造、破碎带等通道运移至隧道开挖穿过的地层,积存于隧道开挖地层的围岩空腔、孔隙、裂隙中,当隧道开挖至含瓦斯的空腔、孔隙、裂隙地段时,空腔、孔隙、裂隙中的瓦斯释放;同时隧道周边煤系地层瓦斯可通过构造、裂隙向隧道涌出。例如,隧道下伏煤系地层时,隧道开挖过程中常出现底部、侧帮瓦斯涌出现象;隧道拱顶及两侧含煤层、老窑采空区时,出现瓦斯涌出、老窑水涌出并含硫化氢、一氧化碳等其他有毒有害气体。

隧道开挖断面内围岩裂隙中所含瓦斯存储量很小,放炮后较短时间内释放,之后迅速衰减,根据实际瓦斯监控结果,炮后风流中瓦斯浓度一般不超过 10 min 便降至 0。对于隧道开挖断面内围岩裂隙瓦斯,在实施超前钻孔时可以得到判断,由于是施钻期间钻孔内释放的瓦斯涌出量极小,加之施钻用水量较大,瓦斯得到及时稀释,施钻期间一般在孔口检测不到瓦斯;施钻结束后,围岩裂隙瓦斯释放至超前钻孔内,由于钻孔内处于无扰动状态,有时孔内瓦斯较高,但一般较稳定且孔口感觉不到瓦斯涌出现象。

隧道周边煤系地层或炭质岩瓦斯通过构造、裂隙等通道向隧道涌出,涌出量及其衰减规律主要取决于隧道至煤系地层或炭质岩的距离、隧道与煤系地层或炭质岩之间的围岩性质、构造与裂隙发育情况及性质、煤系地层或炭质岩的瓦斯压力、瓦斯含量、涉及范围内煤层瓦斯储量等。在围岩性质方面,岩石致密程度决定其透气性,常用渗透系数表达,通常透气性较好的是灰岩、砂岩等,较差的是泥岩、页岩等。构造与裂隙的性质及充填物情况直接影响构造与裂隙的瓦斯导通性。周边煤系地层瓦斯向隧道涌出有均匀涌出和集中涌出两种形式,以构造为通道的涌出通常表现为集中涌出,存在明显的瓦斯涌出点;以围岩孔隙为渗透通道的涌出一般表现为沿隧道壁均匀涌出,无明显的瓦斯涌出点。由于隧道周边煤系地层瓦斯涌出存在较大贮量的补给,在隧道开挖接近时,可能出现连续的瓦斯涌出,例如,超前钻孔若穿过贯通性构造,周边煤系地层瓦斯将通过构造向钻孔涌出,出现打钻期间瓦斯涌出甚至喷出现象,打钻结束后,钻孔有明显瓦斯涌出现象,瓦斯涌出一般会有衰减,但涌出时间会很长;隧道围岩裂隙有时也会出现瓦斯涌出,这些涌出瓦斯的裂隙一般位于隧道底部和两侧,涌出量不大但涌出点瓦斯浓度较高,总体呈衰减态势,但衰减极缓慢,衰减至检测不到瓦斯,少则一个月,多则数月。

2.3.3　隧道下伏天然气、页岩气

天然气、页岩气储藏较深,位于隧道下部,少则上千米,多则数千米。

下伏天然气、页岩气在隧道施工中涌出形式大体有两种:一种是隧道开挖断面本层及邻近围岩空腔、裂隙内游离瓦斯释放涌出;另一种是深部天然气、页岩气气田的瓦斯通过导通性构造涌出。

本层及邻近围岩空腔、裂隙内游离瓦斯涌出较为普遍,涌出量一般不大且快速衰减。在施工超前钻孔、打炮眼时也偶尔出现瞬间瓦斯喷出现象,喷出距离数米,钻孔施工结束后一般有较高浓度瓦斯但孔口无明显瓦斯涌出现象;放炮后瓦斯涌出显现明显峰值,正常通风情况下,数分钟至十余分钟后恢复正常。

深部天然气、页岩气气田的瓦斯通过导通性构造涌出现象较少,由于存在补给源,如未完成二衬封闭支护或通道无变化(或未采取注浆封堵措施),瓦斯涌出将持续数月,例如,成渝客运专线龙泉山隧道出现的天然气涌出,发现瓦斯涌出时掌子面底部多处喷涌,衰减后仍呈现"冒泡开锅"状,如图2.1所示,后虽采取底部人为积水、黄泥与混凝土复合填压,瓦斯仍从隧道两侧涌出,持续近5个月,在完成二衬施工后才基本检测不出瓦斯涌出;又如,叙毕铁路(川滇段)下坪隧道进口工区,炮后出现掌子面拱肩部位裂隙瓦斯涌出、燃烧,如图2.2所示。超前钻孔或打炮眼若打穿导通下伏天然气、页岩气气田的构造,则会出现瓦斯涌出甚至喷出,钻孔结束后,钻孔会有瓦斯涌出现象且短时间不会有明显的衰减。

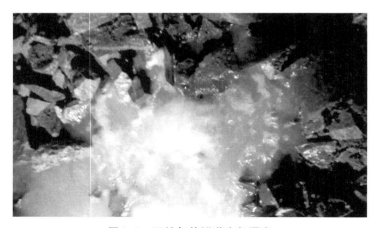

图2.1　天然气从隧道底部涌出

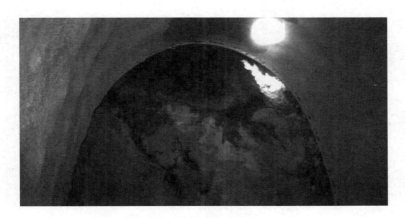

图 2.2　炮后掌子面裂隙瓦斯涌出、燃烧

第3章　隧道瓦斯事故

3.1　瓦斯危害

3.1.1　瓦斯爆炸

瓦斯爆炸是一种热-链式反应(也称为连锁反应)。当爆炸混合物吸收一定能量(通常是引火源给予的热能)后,反应分子的链即行断裂,离解成两个或两个以上的游离基(也称为自由基)。这类游离基具有很大的化学活性,成为反应连续进行的活化中心。在适合的条件下,每个游离基又可进一步分解,再产生两个或两个以上的游离基。这样循环往复,游离基越来越多,化学反应速度也越来越快。因此,瓦斯爆炸就其本质来说,是一定浓度的甲烷和空气中氧气产生的激烈氧化反应。

1)瓦斯爆炸条件

①瓦斯浓度:5% ~16%。

②高温火源:0.28 MJ、650 ℃以上。

③氧气浓度:12%以上。

瓦斯爆炸有一定的浓度范围,我们把在空气中瓦斯遇火后能引起爆炸的浓度范围称为瓦斯爆炸界限。瓦斯爆炸界限为5% ~16%。当瓦斯浓度低于5%时,遇火不爆炸,但能在火焰外围形成燃烧层;当瓦斯浓度为9.5%时,其爆炸威力最大(氧和瓦斯完全反应);当瓦斯浓度在16%以上时,失去其爆炸性,但在空气中遇火仍会燃烧。

瓦斯爆炸界限并不是固定不变的,它还受温度、压力以及煤尘、其他可燃性气体、稀有气体的混入等因素的影响。

2)瓦斯爆炸的危害

①冲击波:剧烈化学反应产生热量和高温,致使空气快速膨胀,形成空气冲击波,导致人员伤亡、设备损坏。

②高温:导致人员伤亡、设备损坏。

③有毒有害气体、窒息:主要是化学反应不充分产生的一氧化碳,导致人员中毒;因化学反应消耗空气中的氧气、空气中的氧气浓度下降导致人员窒息。

3.1.2　瓦斯燃烧

1)瓦斯燃烧条件

①瓦斯浓度:大于16%。

②火源:0.28 MJ、650 ℃以上。

③氧气浓度:12%以上。

2)瓦斯燃烧的危害

①高温:导致人员伤亡、设备损坏。

②有毒有害气体、窒息:一氧化碳中毒、氧气浓度下降使人窒息。

③燃烧过程中转化为爆炸:在燃烧过程中,瓦斯浓度下降,当下降至16%以下时,在氧气浓度许可、高温仍存在的情况下转化为爆炸。

3.1.3　窒息、中毒事故

1)窒息、中毒事故产生的原因

当空气中氧气浓度较低时将导致人员窒息,通常认为,氧气含量低于12%时,人会因缺氧窒息死亡;当空气中有毒有害气体且达到一定浓度时将导致人员中毒。

2)导致空气中氧气浓度下降的原因

①上坡隧道有瓦斯涌出,因未通风或通风不良,瓦斯涌出、积聚导致氧气浓度下降。

②下坡隧道,因未通风或通风不良,二氧化碳积聚导致氧气浓度下降。

③隧道有瓦斯涌出,因未通风或通风不良,瓦斯涌出、积聚导致氧气浓度下降。

④发生异常瓦斯涌出,如瓦斯喷出、煤与瓦斯突出、过煤层时因塌方引起的瓦斯异常涌出,由于瞬间瓦斯涌出量极大,在通风风量相对稳定的情况下,会出现瓦斯浓度高、氧气浓度下降。

3)有毒有害气体的来源

有毒有害气体通常指一氧化碳、硫化氢、二氧化氮、二氧化硫等对人体有毒气体。其主要来源有:

①隧道所穿地层、周边煤系地层、天然气、页岩气中含有毒有害气体。

②隧道穿越煤层或隧道周边存在煤矿采空区,采空区积聚的有毒有害气体向隧道涌出。

③爆破炮烟中含有毒有害气体。

④车辆尾气中含有毒有害气体。

4）窒息、中毒的表现与危害

（1）窒息

当空气中的氧浓度下降到17%时，人会感到喘息和呼吸困难；当下降到15%时，丧失劳动能力；当下降到10%~12%时，会失去知觉，时间稍长有死亡危险。

（2）中毒

每一种有毒有害气体对人体伤害的部位和机理不尽相同，人在中毒时的感觉也不相同。

一氧化碳通过人体血液，阻碍着氧与血红蛋白的正常结合，造成人体组织和细胞缺氧，使之中毒以致死亡。人在中毒时不是通过呼吸系统或眼睛直接感受，所以在一氧化碳略高于允许浓度的环境下劳动，短时间内不会出现急性症状，但由于血液和组织的长期缺氧和对中枢神经的侵害，也会引起头痛、眩晕、胃口欠佳、乏力、失眠等慢性中毒症状。

其他有毒有害气体，如硫化氢、二氧化硫、二氧化氮、氨气等，通过呼吸系统致人中毒，对眼睛和呼吸器官有强烈的刺激作用，中毒轻者流泪、咳嗽，重者失去知觉、抽筋、瞳孔放大，甚至死亡。

3.2 典型隧道瓦斯事故、原因及教训

近年来，全国发生了200多起瓦斯爆炸事故，其中，较为严重的省份有贵州、山西、广东等，云南、宁夏、青海、辽宁、新疆等地也存在瓦斯爆炸问题。通过统计分析近年来隧道建设施工事故可知，瓦斯爆炸事故在隧道施工事故中所占的比例不大，但是爆炸所造成的后果和损失极大，因此，瓦斯灾害应作为隧道施工中的重点防范灾害类型。

1）达成线炮台山隧道瓦斯爆炸事故

1994年4月3日，平导掘进距洞口808 m时，灯泡爆裂引发瓦斯燃烧，死亡1人，伤3人。次日，汽车进洞，由于汽车打火，又引发瓦斯爆炸，死亡12人。

直接原因：瓦斯来源深部天然气，该隧道在事故发生之前设计为非瓦斯隧道，未采取任何瓦斯防控措施。

教训：对瓦斯来源的认识是一个不断进步的过程，即从勘察、设计到施工。次日发生的12人死亡事故完全是可以避免的，不分析、不总结、盲目蛮干造成次日的重大伤亡。

2）都汶高速董家山隧道瓦斯爆炸事故

2005年12月22日，都汶高速董家山隧道发生瓦斯爆炸，死亡44人，伤11人。

直接原因：董家山隧道穿过含煤地层，由于掌子面处塌方，瓦斯异常涌出，致使模板台车附近瓦斯浓度达到爆炸界限，模板台车配电箱附近悬挂的三芯插头电器短路产生火花引起瓦斯爆炸。

教训：异常瓦斯涌出时，瓦斯瞬间集中涌出，正常通风不可能将洞内风流中的瓦斯浓度

稀释到安全浓度以下,遇火源即发生瓦斯爆炸。必须杜绝瓦斯异常涌出,包括涌出量较大的瓦斯喷出、煤与瓦斯突出、含瓦斯地层因塌方引起的瓦斯异常涌出或积聚。

3)成贵铁路七扇岩隧道瓦斯爆炸事故

2017 年 5 月 2 日,七扇岩隧道进口工区平导内发生瓦斯爆炸,死亡 12 人,伤 12 人。

直接原因:平导内应力变化导致底板隆起开裂,爆炸前瓦斯冲破底板致使大量异常涌出,瞬间产生高压瓦斯气流,局部达到爆炸浓度,瓦斯气流致使喷溅的矸石或混凝土块砸在金属件上产生火花引起瓦斯爆炸。

教训:必须严格执行隐患排查制度,且重在落实;杜绝瓦斯事故的根本是防止瓦斯超限、积聚,不论是有人作业地点还是无人作业地点。

4)岩脚寨隧道

1959 年 1 月 27 日,岩脚寨隧道发生第一次爆炸,随后施工方组织进洞抢救,在抢救过程中又发生 4 次爆炸,5 次爆炸共造成 95 人伤亡。同年 6 月 26 日,电闸拉火引起隧道内瓦斯爆炸,造成严重人员伤亡。

直接原因:洞内瓦斯积聚,遇到电线漏电产生火花引起瓦斯爆炸。

教训:思想上不得麻痹大意,对瓦斯危害的认识应加强,重视对瓦斯隧道的管理。

5)新 213 国道友谊隧道

2004 年 12 月 7 日,新 213 国道友谊隧道在施工中发生坍塌,致使岩层中瓦斯涌出,因隧道内空气不流通,导致瓦斯积聚达到爆炸极限后遇火源引起爆炸,事故共造成 4 人死亡,61 人受伤。

教训:时刻警惕瓦斯超限,加强隧道的通风管理和火源电源的管理,尤其是发生坍塌事故后,更应高度重视。

6)龙泉驿区洛带镇五洛路 1 号隧道

2015 年 2 月 24 日,龙泉驿区洛带镇五洛路 1 号隧道,因春节放假期间停工停风,使得隧道内瓦斯大量积聚,并达到爆炸极限。由于运渣车驾驶员违反规程,进入未通风的隧道内检修车辆,产生火花引爆了隧道内瓦斯,致使事故发生。事故造成 7 人死亡,19 人受伤,直接经济损失 1 600 余万元。

大部分的瓦斯隧道事故大多由管理不善、通风设计缺陷、对瓦斯危害认识不足、施工追求进度与忽视安全造成。瓦斯隧道施工除了必须具有一般隧道施工的各项安全监测和管理措施外,还应具备严格的瓦斯监测和专项管理措施。目前,我国隧道施工人员大多由安全意识较为薄弱的社会劳务工组成,缺乏经验丰富、技术全面的管理人员,隧道施工的安全问题日益突出,这些问题短期之内也只能通过安全管理来解决。

国内外隧道瓦斯事故统计详见表 3.1。

表 3.1 国内外隧道重大瓦斯事故

序号	隧道名称	所属国家	岩性构造	安全状况	爆炸原因	伤亡人数
1	Sylmar 隧道	美国	断层带	火灾、爆炸	设施成为点火源	17 人
2	Port Huron 隧道	美国	页岩	爆炸	点火源引爆	22 人
3	Great Apennine 隧道	意大利	含碳页岩	火灾和至少 5 次爆炸	—	97 人
4	Akosombo 水坝引水隧道	加纳	泥岩	爆炸	焊接引起爆炸	11 人
5	Hongrin 引水隧道	瑞士	—	爆炸	通风设备故障	4 人
6	Chingaza 引水隧道	哥伦比亚	无烟煤层和页岩	爆炸	大量瓦斯涌出	—
7	EI Colegio 隧道	哥伦比亚	沥青页岩	至少 5 次爆炸	大量瓦斯涌出	—
8	岩脚寨隧道	中国	背斜西南翼煤系地层	5 次爆炸	大量瓦斯涌出遇高温明火	5 次爆炸死亡人数达 95 人
9	炮台山隧道	中国	断裂带	1 次燃烧、2 次爆炸	照明灯泡爆裂和汽车引发	两次爆炸死亡人数达 13 人
10	紫坪铺隧道	中国	煤系地层	多次燃烧、1 次爆炸	通风不畅瓦斯积聚	死亡 44 人
11	国道 213 线龙眼睛隧道	中国			隧道塌方，导致瓦斯大量泄漏	2 人死亡，61 人受伤
12	野三河电站 1 号隧道	中国			瓦斯涌出	1 人
13	友谊隧道	中国	煤系地层	多次爆炸	发生塌方，瓦斯大量积聚，露出煤层自燃引发爆炸	60 人
14	日本东村地区隧道	日本	泥岩	爆炸	瓦斯积聚，瓦检报警，但未重视	9 人死亡，2 人受伤
15	南昌梁山隧道 1 号斜井	中国		爆炸	违章操作	8 人死亡，5 人受伤

第 4 章 瓦斯隧道设计基本内容及要求

4.1 结构设防设计

1）瓦斯设防理念

传统的瓦斯隧道设计流程是先划分瓦斯地段等级,针对不同等级考虑结构设防措施以封闭瓦斯,然后根据封闭效果分析决定是否采用瓦斯引排措施,最后通过运营期间的瓦斯浓度检测配合机械通风来确保运营安全。当隧道内瓦斯浓度达到 0.4% 时,必须启动风机进行通风;当浓度降到 0.3% 以下时,可停止通风。瓦斯隧道设计理念主要以达到封闭瓦斯为目的,即控制洞内允许的瓦斯渗入量,可总结为"以封为主、以排为辅、检测并重、通风保障"。但工程实践表明,运营期间隧道内瓦斯浓度的大小除受洞内瓦斯渗入量控制外,还受瓦斯迁移能力、自然风、活塞风等的影响。其影响因素主要包含隧道长度、线路平纵断面、列车运行速度和开行频次、气象条件等。因此,结构设防措施除需综合以上各因素外,在考虑控制瓦斯渗入量的同时还应考虑瓦斯的稀释与积聚,最终达到措施合理、工程经济的目的。

《铁路瓦斯隧道技术规范》(TB 10120—2002)按瓦斯地段等级对应确定衬砌防瓦斯措施的方法仅依赖于封闭措施,而实际上对瓦斯采取封闭、排放、通风稀释等单一或综合措施将隧道内瓦斯浓度控制在允许浓度下才是防瓦斯的关键,这些措施是可以根据隧道特点、瓦斯赋存条件按需组合的。

《铁路瓦斯隧道技术规范》(TB 10120—2019)则提出了铁路隧道瓦斯设防的新技术路线:以地层中瓦斯压力为赋存背景、以隧道内允许瓦斯浓度为目标、以瓦斯排放为依托、以瓦斯封闭为结构主体、以运营通风为保障,因地制宜地采取综合瓦斯设防措施,进而拓展了采取综合技术措施及新技术的空间和自由度,尽量避免由规范主观确定工程措施的弊病。在《铁路瓦斯隧道技术规范》(TB 10120—2019)中更加强调综合设防的理念,明确了瓦斯隧道瓦斯隔离层、二次衬砌封闭瓦斯的结构设计方法;在不同瓦斯赋存环境下,建筑材料透气系数与衬砌厚度选择的理论分析及设计参数,并按常见的瓦斯环境给出了瓦斯设防结构体系的设计要求。

铁路瓦斯隧道影响运营安全的关键因素是瓦斯压力,直接因素是隧道的瓦斯浓度。设计时应要求隧道内瓦斯浓度在任何时间、任何地点都不得大于 0.5% 。瓦斯渗入量与瓦斯浓度可由下式计算而得:

$$Q = \frac{KA(P_1^2 - P_2^2)}{2L\gamma_g P_2}t \tag{4.1}$$

式中　Q——固定时间通过二衬渗入洞内的瓦斯含量,cm^3;

　　　P_1——作用在衬砌上的瓦斯渗透压力,MPa;

　　　P_2——衬砌内侧的大气压力,MPa,计算可取 0.1 MPa;

　　　K——衬砌透气系数,cm/s;

　　　L——衬砌厚度,cm;

　　　A——透气面积,cm^2;

　　　γ_g——瓦斯单位容积质量,N/cm^3,计算可取 7.02×10^{-6} N/cm^3;

　　　t——渗透时间,s。

瓦斯浓度按以下公式计算:

$$\mu = \frac{Q}{V} \tag{4.2}$$

式中　μ——瓦斯浓度;

　　　V——瓦斯积聚空间体积,cm^3,结合瓦斯浓度检测探头安装位置,计算时可考虑拱顶以下 25 cm 范围为瓦斯积聚空间。

2)设防标准

各行业、各地区关于瓦斯隧道等级的划分及设防标准存在差异,目前国内各行业瓦斯隧道已有的主要标准有《铁路瓦斯隧道技术规范》(TB 10120—2019)、《铁路隧道设计规范》(TB 10003—2016)、《公路瓦斯隧道设计与施工技术规范》(JTG/T 3374—2020)、《贵州省高速公路瓦斯隧道设计技术指南》(2014 年)、《贵州省高速公路瓦斯隧道施工技术指南》(2014 年)、《公路瓦斯隧道技术规程》(DB 51/T 2243—2016)、《公路瓦斯隧道设计与施工技术规范》(JTG/T 3374—2020)等。各规范对设防的要求见表 4.1—表 4.5。

表 4.1 《铁路瓦斯隧道技术规范》(TB 10120—2019)对瓦斯隧道等级的划分

内容	微瓦斯工区(针对中等及以上跨度隧道,瓦斯涌出量小于 0.5 m^3/min)	低瓦斯工区(针对中等及以上跨度隧道,瓦斯涌出量大于等于 0.5 m^3/min,小于 1.5 m^3/min)	高瓦斯工区(针对中等及以上跨度隧道,瓦斯涌出量大于等于 1.5 m^3/min)	瓦斯突出工区
通风		双风机配置		
人工瓦检		√		
自动监控	×	√		

续表

内容	微瓦斯工区(针对中等及以上跨度隧道,瓦斯涌出量小于 $0.5~m^3/min$)	低瓦斯工区(针对中等及以上跨度隧道,瓦斯涌出量大于等于 $0.5~m^3/min$,小于 $1.5~m^3/min$)	高瓦斯工区(针对中等及以上跨度隧道,瓦斯涌出量大于等于 $1.5~m^3/min$)	瓦斯突出工区
电气设备	可使用非防爆型	应使用防爆型		
作业机械	可使用非防爆型	应使用防爆型		
爆破器材	以区段为单位。1. 煤与瓦斯突出区段爆破应使用安全等级不低于三级的煤矿许用含水炸药;2. 高瓦斯区段爆破应使用安全等级不低于三级的煤矿许用炸药;3. 微、低瓦斯区段的岩层掘进应使用安全等级不低于一级的煤矿许用炸药;煤层、半煤层掘进应使用安全等级不低于二级的煤矿许用炸药;4. 非煤地层低瓦斯区段必须使用安全等级不低于一级煤矿许用炸药			

表 4.2　《铁路隧道设计规范》(TB 10003—2016)对瓦斯隧道等级的划分

项目	分类	判定指标		备注
		小跨	中等、大、特大跨	
瓦斯隧道工区	非瓦斯工区	0		按绝对瓦斯涌出量进行判定
	微瓦斯工区	$<0.3~m^3/min$	$<0.5~m^3/min$	
	低瓦斯工区	$0.3\sim1.0~m^3/min$	$0.5\sim1.5~m^3/min$	
	高瓦斯工区	$\geq1.0~m^3/min$	$\geq1.5~m^3/min$	
	瓦斯突出工区	判定瓦斯突出应同时满足下列 4 个指标:瓦斯压力 $P\geq0.74~MPa$;瓦斯放散初速度 ≥10;煤的坚固性系数 ≤0.5;煤的破坏类型为 Ⅲ 类及以上		按瓦斯压力、瓦斯放散初速度、煤的坚固性系数及煤的破坏类型进行判定

表 4.3　贵州省高速公路瓦斯隧道设计、施工技术指南对瓦斯隧道等级的划分及设防标准要求

工区等级 / 设防标准 / 内容	微瓦斯工区(瓦斯涌出量小于 $0.5~m^3/min$)	低瓦斯工区(瓦斯涌出量大于等于 $0.5~m^3/min$,小于 $1.5~m^3/min$)	高瓦斯工区(瓦斯涌出量大于等于 $1.5~m^3/min$)	煤与突出工区(工区穿突出煤层)
人工瓦检	√			
自动监控	×		√	
固定电气设备防爆	×		√	
行走式机械防爆	×	×	采用加装车载瓦斯监控装置	

续表

内容 \ 设防标准 \ 工区等级	微瓦斯工区(瓦斯涌出量小于0.5 m³/min)	低瓦斯工区(瓦斯涌出量大于等于0.5 m³/min,小于1.5 m³/min)	高瓦斯工区(瓦斯涌出量大于等于1.5 m³/min)	煤与突出工区(工区穿突出煤层)
爆破器材	常规爆破器材	电雷管,总延时不超过130 ms,不低于二级煤矿许用乳化炸药	电雷管,总延时不超过130 ms,不低于三级煤矿许用乳化炸药	

表 4.4　《铁路隧道设计规范》设防标准(TB 10003—2016)对瓦斯隧道设防标准要求

内容 \ 设防标准 \ 工区等级	微瓦斯工区(瓦斯涌出量小于0.5 m³/min)	低瓦斯工区(瓦斯涌出量大于等于0.5 m³/min,小于1.5 m³/min)	高瓦斯工区(瓦斯涌出量大于等于1.5 m³/min)	煤与突出工区(工区穿突出煤层)
人工瓦检	√			
自动监控	×	√(宜采用)	√	
固定电气设备防爆	×	√(矿用一般型)	√(矿用防爆型)	
行走式机械	×	×	采用加装车载瓦斯监控装置	
爆破器材	常规爆破器材	电雷管,总延时不超过130 ms,不低于二级煤矿许用乳化炸药	电雷管,总延时不超过130 ms,不低于三级的煤矿许用乳化炸药	

表 4.5　《公路瓦斯隧道设计与施工技术规范》(JTG/T 3374—2020)
对瓦斯隧道等级的划分及设防标准要求

内容 \ 设防标准 \ 工区等级	微瓦斯工区(瓦斯涌出量小于1.0 m³/min)	低瓦斯工区(瓦斯涌出量大于等于1.0 m³/min,小于3.0 m³/min)	高瓦斯工区(瓦斯涌出量大于等于3.0 m³/min)	煤与突出工区(工区穿突出煤层)	备注
人工瓦检			√		
自动监控	×	√(宜采用)	√		
固定电气设备防爆	×	√(矿用一般型)	√(矿用防爆型)		
行走式机械	×	×	车载瓦斯自动监控报警与断电系统的防爆装置	矿用防爆型柴油动力装置	

续表

内容 \ 设防标准 \ 工区等级	微瓦斯工区（瓦斯涌出量小于 1.0 m³/min）	低瓦斯工区（瓦斯涌出量大于等于1.0 m³/min，小于 3.0 m³/min）	高瓦斯工区（瓦斯涌出量大于等于 3.0 m³/min）	煤与突出工区（工区穿突出煤层）	备注
爆破器材	常规爆破器材	煤层段不低于二级煤矿许用炸药	煤层段不低于三级的煤矿许用炸药	瓦斯地层和揭煤施工不低于三级的煤矿许用含水炸药	

3）瓦斯地段等级划分

瓦斯隧道根据地层赋存瓦斯的严重情况，可划分为非瓦斯地段和三级、二级与一级共 3 种含瓦斯地段。瓦斯地段的设防措施应随着瓦斯地段等级的提高而逐步加强，同时由瓦斯等级较高地段向等级较低地段适当延长，延伸长度不应小于 50 m。隧道断面较大、围岩破碎、节理裂隙发育、岩层倾角较缓时需适当加大延伸长度。瓦斯地段的等级应按表 4.6 确定。

表 4.6　瓦斯地段等级

设防等级	吨煤瓦斯含量 $w_0/(m^3 \cdot t^{-1})$	瓦斯压力 P/MPa
三	$w_0 < 2$	$P < 0.15$
二	$w_0 \geq 2$	$0.15 \leq P < 0.74$
一	—	$P \geq 0.74$

注：当按吨煤瓦斯含量及瓦斯压力确定的地段等级不一致时，应取较高者。

由于瓦斯风化带内瓦斯通过围岩裂隙得到释放，导致瓦斯含量减小，其瓦斯危害较低，因此，可考虑为三级设防。为保证安全，采用风化带吨煤瓦斯含量较小值 2 m³/t 作为二级与三级设防标准判定的阈值。

4）结构体系设计

瓦斯隧道应采用复合式衬砌，其瓦斯结构封闭体系由初期支护、二次衬砌、瓦斯隔离层、水气分离、注浆封堵圈等根据需要组合构成。其构成如图 4.1 所示。

（1）初期支护

瓦斯地段初期支护的喷射混凝土应拱墙、仰拱（底板）全环设置，厚度不小于 10 cm，强度等级不低于 C25。含瓦斯的软弱围岩、断层等构造、煤与瓦斯突出地段，系统锚杆与钢筋网措施可适当加强。初期支护在瓦斯设防功能方面，主要表现为控制围岩变形、减少围岩损伤以约束瓦斯渗透通道的发展。C25 喷射混凝土材料本身具有较好的强度与抗气渗能力，

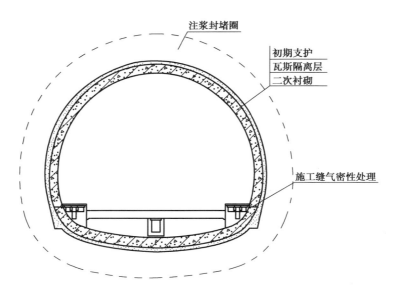

图 4.1　隧道瓦斯设防体系示意图

但随着围岩变形,混凝土会出现裂缝,导致其透气性增大,瓦斯封闭能力降低甚至丧失。因此,尽管《铁路瓦斯隧道技术规范》(TB 10120—2002)对喷射混凝土透气系数作了规定,而《铁路瓦斯隧道技术规范》(TB 10120—2019)对喷射混凝土透气系数则不再作要求。同时,工程实践表明,采用 5 cm 厚的喷射混凝土即可有效减少施工期间的开挖洞壁瓦斯逸出,且单纯增加喷射混凝土厚度对减少开挖坑道的瓦斯涌出总量效果并不显著。

（2）二次衬砌

瓦斯地段二次衬砌厚度应根据瓦斯压力、混凝土抗渗能力等,按式(4.1)通过对二衬的瓦斯封闭效果进行分析计算确定。针对各设防等级的不同瓦斯压力情况,可考虑衬砌封闭预期为"6 h 后瓦斯浓度达到 0.3%",计算二次衬砌满足要求所需的最小厚度(目前国内客运专线、高速铁路较客货共线铁路维修天窗时间最长约 6 h)。通过计算,对于瓦斯压力较小的三级瓦斯地段,二次衬砌结构厚度为 40 cm,混凝土透气系数为 10^{-11} cm/s。因此,一般将二衬厚度 40 cm 与透气系数 10^{-11} cm/s 两项数值作为瓦斯隧道设计的起点标准。当瓦斯压力增大时,结构厚度与透气系数应根据工程实际作相应调整。

通过软弱围岩、断层等构造地段、煤与瓦斯突出的煤层,应采用钢筋混凝土,并合理选用钢筋直径和间距。同时,施工缝与变形缝是瓦斯结构设防的薄弱部位,应进一步加强气密性处理,使其封闭瓦斯性能不小于衬砌本体;存在地下水的瓦斯地段,还应同时考虑防水渗与防气渗相关要求做综合处理设计。

《铁路瓦斯隧道技术规范》(TB 10120—2002)对施工缝和变形缝的气密处理进行了规定,但在《铁路瓦斯隧道技术规范》(TB 10120—2019)中未对瓦斯地段的施工缝、变形缝作特殊要求,主要是由于材料工艺已取得了很大进步,施工缝和变形缝的性能已超过《铁路瓦斯隧道技术规范》(TB 10120—2002)对气密性的要求。

（3）瓦斯隔离层

一级结构设防地段应设置全封闭瓦斯隔离层，二级结构设防地段宜设置全封闭瓦斯隔离层。在分析二次衬砌的封闭瓦斯功能基础上，考虑瓦斯隔离层作为瓦斯封闭的增强措施，当二次衬砌封闭瓦斯功能难以达到要求时，则考虑增设瓦斯隔离层。经过分析计算，一级设防地段的瓦斯压力≥0.74 MPa，仅靠二次衬砌难以有效封闭瓦斯，应设置瓦斯隔离层。二级设防地段瓦斯压力位于 0.15~0.74 MPa 区间，当二次衬砌混凝土透气系数达到 1.0×10^{-12} cm/s 时具备较好的瓦斯封闭性能，瓦斯压力较大时，仍需增加瓦斯封闭措施。因此，二级瓦斯地段适宜设置瓦斯隔离层。

瓦斯隔离层设置在初期支护与二次衬砌之间，在大多数设计中，一般采用防水板作为瓦斯隔离层时，并要求防水板的透气系数不大于 1×10^{-14} cm/s，厚度不小于 1.5 mm，幅宽不小于 3 m。隔离层应设置垫层，垫层应具有减少顶破、刺穿、磨损高分子卷材的功能，可采用不低于 400 g/m^2 且标称断裂强度不小于 20 kN/m 的土工布。

（4）水气分离

为了不使排入洞内水沟的地下水混有瓦斯气体，在地下水排出之前应进行水气分离。具体设计要点为：在设置全封闭瓦斯隔离层地段二次衬砌后设置水气收集和引排系统，将水气混合体引至水气分离装置，分离出的瓦斯气体由专用管道引出洞外在高处放散。

水气分离装置有水气分离管（图 4.2）与水气分离洞室（图 4.3）两种形式，工程经验认为，水气分离洞室更便于运营期间的维护管理。成贵高铁、沪昆高铁及叙毕铁路等项目的多个高瓦斯隧道都采用了水气分离洞室的设计。设计时，重点强调在施做完成后，需进行灌水处理，同时在施工及运营期间要对水气分离洞室进行补水，避免洞室水干涸，导致水气分离失效。

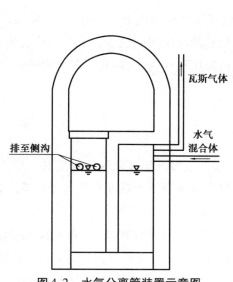

图 4.2　水气分离管装置示意图

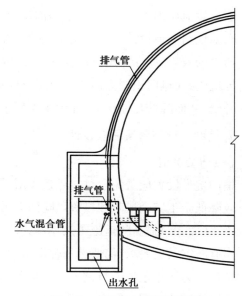

图 4.3　水气分离洞室示意图

（5）注浆封堵圈

注浆封堵圈的透气系数获取较难，一般认为 $>1.0\times10^{-9}$ cm/s，此时封闭圈厚度需提高至 10 m 的数量级才能在运营期间发挥有效的抵抗瓦斯渗漏作用。同时考虑目前工艺下的注浆效果及耐久性难以保证，因此，主要考虑其在施工期间的封闭功能（加固围岩的同时降低封闭圈内岩体的透气系数，减少开挖后的瓦斯渗透量）。对于断层带、褶皱带、裂隙密带、煤与瓦斯突出煤层等一级瓦斯地段，瓦斯压力较大且补给条件较好，可采用注浆措施封闭围岩瓦斯通道，减少瓦斯涌（溢）出量。结合既有工程经验，当采用注浆封堵时，应结合具体情况选择注浆方式、厚度及注浆材料，也可参照下列要求办理。

①单线隧道断面注浆加固范围不宜小于 4 m，双线隧道断面注浆加固范围不宜小于 6 m。

②围岩稳定性较好时宜采用初期支护后进行径向注浆，围岩稳定性较差或煤与瓦斯突出地段应采用超前帷幕注浆、超前周边注浆。

5）瓦斯引排降压设计

对于已建成的隧道，最不利的情况为二次衬砌背后瓦斯压力逐渐恢复到原始瓦斯压力状态。这个附加的瓦斯压力将增加衬砌的作用荷载，当衬砌结构难以承受该荷载时存在工程安全风险。同时，恢复的瓦斯压力将会增加洞内瓦斯逸出量，从而影响运营环境安全。因此，瓦斯压力大的地段采用结构封闭体系防治瓦斯存在困难并影响结构安全，此时需对封堵在二次衬砌背后的瓦斯进行合理地引排，以达到减少瓦斯含量和降低瓦斯压力的作用。

瓦斯引排降压系统可采用下列方式进行泄压：

①衬砌背后预埋通向洞外的降压管，进行自然泄压。

②利用或增设平行导坑钻设瓦斯降压孔，进行自然泄压。

③自然泄压困难时，可采用主动抽排降压。

目前铁路隧道设计一般利用水气分离排出衬砌背后瓦斯与地下水，同时起到降低部分瓦斯压力的效果，而在衬砌背后预埋单独的降压管措施的应用实例较少。工程经验表明，在平行导坑内，通过向正洞方向并沿煤层方向钻设瓦斯降压孔，可有效切断正洞周边围岩内的瓦斯补给，从而降低瓦斯压力，如图 4.4 所示。

6）辅助坑道与附属洞室设计

（1）辅助坑道

辅助坑道设置应避免通过或靠近煤层，不能避免时，应减少通过或靠近煤层的长度。这是有效降低施工安全风险和投资风险的有力措施，可大幅减少施工难度和工后处理难度，节约投资，从而相对提高隧道施工效率。

当有防灾救援要求、需要选用辅助坑道作为紧急出口或避难所时，应谨慎选用含瓦斯的辅助坑道。为防止逃生人员进入含瓦斯的辅助坑道内发生瓦斯事故，通过煤与瓦斯突出地段的辅助坑道严禁用作防灾救援功能，通过高瓦斯地段的辅助坑道不应用作防灾救援。而

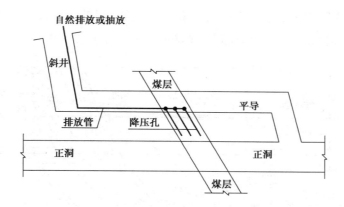

图 4.4　瓦斯钻孔降压系统示意图

对于用作防灾救援的辅助坑道,瓦斯地段设防标准应与正洞一致,以营造良好的逃生与避难环境。

在运营阶段需定期进入人员进行检查和维护的辅助坑道,含瓦斯地段应设置永久性支护,以防止洞内坍塌导致瓦斯大量溢出,影响养护人员人身安全。竣工后废弃的辅助坑道,交付运营前应采用混凝土对辅助坑道洞口及辅助坑道与正洞的交叉口处进行封堵,其中辅助坑道与正洞的交叉口封堵厚度不小于 1 倍正洞洞径,洞口封堵厚度不小于 3 m,并留设排水、排气条件。

（2）附属洞室

洞室是施工与运营期间的通风死角,也是瓦斯容易积聚的处所,故瓦斯隧道内应尽量减少附属洞室的设置。隧道内附属洞室由于工序工艺的原因,是施工质量控制的难点部位,往往成为质量瑕疵的集中点,对于瓦斯的封闭极为不利,洞室内安装电气设备更是极大地增加了运营风险,因此,瓦斯压力较大的煤与瓦斯突出地段不应设置安装电气设备的附属洞室。

4.2　超前地质预报设计

为保障瓦斯隧道施工的安全,利用超前地质预报技术对隧道掌子面前方的不良地质状况与瓦斯赋存情况进行探测显得尤为重要。该设计主要采用物探、钻探、试验分析等手段探明煤层分布位置、煤层厚度,测定瓦斯含量、瓦斯压力、涌出量、瓦斯放散初速度、煤的坚固性系数等,判定煤的破坏类型,分析判断煤的自燃及煤尘爆炸性、煤与瓦斯突出危险性,评价隧道瓦斯严重程度及对工程的影响。

叙毕铁路欧家湾瓦斯突出隧道超前地质预报设计内容如下:采用了地质调查 + HSP 物探 + 超前钻孔 + 加深炮孔,全段拉通设置了超前钻孔。考虑现场施工机具配置及施工效率,超前钻孔采用 $\phi 76$ 钻孔。超前钻孔每循环一次约 30 m,钻孔长度为 30 ~ 50 m,考虑隧道煤层可能存在突出危险,且煤层分布复杂,施工过程中根据钻孔揭示地质情况,局部还进行了补充超前钻孔,以探明掌子面前方煤层赋存情况。超前预报钻孔布置示意图如图 4.5 所示。图 4.6 和图 4.7 为超前地质取芯钻孔施工现场照片和钻孔岩芯照片。

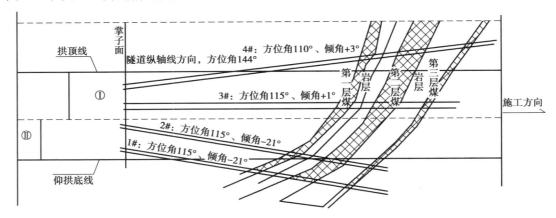

图 4.5　超前预报钻孔布置示意图

图 4.6　超前地质取芯钻孔施工现场　　　　　图 4.7　钻孔岩芯

4.3　瓦斯监测和检测设计

根据目前国内外工程事故统计分析,隧道瓦斯灾害事故主要为瓦斯爆炸,而发生煤与瓦斯突出情况较少。预防瓦斯灾害最有效的手段是施工通风、瓦斯检测及超前预报,通过施工通风驱散、稀释瓦斯,将隧道内瓦斯浓度控制在限值以内,使之不具备瓦斯爆炸的条件。所以,瓦斯工区施工期间必须建立瓦斯通风监控、检测的组织系统,全过程监测瓦斯和通风状况。

1)瓦斯检测方式

瓦斯工区必须开展人工检测,低瓦斯及以上的瓦斯工区应建立瓦斯自动实时监测与人工检测相结合的监测系统。

2）人工检测

高瓦斯工区和煤（岩）与瓦斯突出工区开挖工作面及瓦斯涌出量较大和变化异常区域，应设专人随时检测瓦斯浓度。瓦斯工区内在进行钻孔作业、塌腔及采空区处治和焊接动火时，专职瓦斯检测人员应跟班作业，随时检测瓦斯。

瓦斯隧道施工中，对隧道内各工作面、爆破地点及作业各类机械开关附近 20 m 内风流中、瓦斯易于积聚的空间、过煤层、断层破碎带、裂隙带及瓦斯异常涌出点、隧道内可能产生火源的地点、其他通风死角、通风盲区及通风薄弱区等位置均应进行人工检测。

3）自动监测

瓦斯监控系统主要由 4 部分组成：监控主机、计算机网络及监控软件；传输接口和传输通道；数据采集分站；各种传感器及执行器。

设置了自动实时监测报警系统的瓦斯工区，监控系统由洞口监测中心（配置主控计算机）和洞内控制分站以及在洞内各处设置甲烷、一氧化碳、硫化氢气体传感器、风速等传感器，自动报警器，远程断电仪组成。通过隧道内关键位置瓦斯探头对隧道内瓦斯进行实时监控，并且监控系统与风机进行联动，具备瓦斯超限或风机关停时能够主动切断洞内一切作业设备电源（风电、瓦斯闭锁），防止停风造成瓦斯聚集和电器产生火花引起瓦斯爆炸。

常用的隧道瓦斯自动监控系统可设置甲烷、一氧化碳、硫化氢、温度、风速传感器等，实时监控以上指标情况。

设置了自动实时监测报警系统的瓦斯工区，供电电源必须取自被控开关的电源侧或者专用电源，严禁接在被控开关的负荷侧。瓦斯自动实时监测报警系统必须具有故障闭锁、瓦电闭锁和风电闭锁功能以及断电状态、馈电状态监测和报警功能。

瓦斯隧道施工中，对瓦斯易于积聚的空间、局扇及电气开关附近、作业台车和作业机械附近及回风流中等位置均应设置自动监测传感器，各监测断面处自动监测传感器悬挂位置应能反映风流中瓦斯的最高浓度。

施工期间有害气体自动监测系统断面布设应结合洞内施工布局合理确定，开挖工作面附近必须设置 1 个监测断面，回风流中不得少于 1 个监测断面。监测点的具体位置应根据气体类型合理布设。

4）瓦斯检测处理对策

瓦斯工区浓度超限时，瓦斯检查员有权责令现场人员停止工作，并撤到安全地点，具体按照表 4.7 办理。

表 4.7　铁路隧道内施工瓦斯浓度限值及超限处理措施

序号	地点	限值/%	超限处理措施
1	微瓦斯工区任意处	0.5	超限 20 m 范围内立即停工、查明原因、加强通风监测
2	局部瓦斯聚集 （体积大于 0.5 m³）	2.0	超限附近 20 m 停工、断电、撤人、进行处理、加强通风

续表

序号	地点	限值/%	超限处理措施
3	开挖工作面及其他作业地点风流中	1.0	停止电钻钻孔
		1.5	必须停止工作,撤人、切断电源、查明原因、加强通风
4	回风巷或工作面回风流	1.0	停工、撤人、处理
5	放炮地点附近20 m风流中	1.0	严禁装药放炮
6	煤层放炮后工作面回风流	1.0	继续通风,不得进入
7	局扇及电气开关10 m范围内	0.5	停机、通风、处理
8	电动机及开关附近20 m范围内	1.5	必须停止工作,切断电源、撤人、进行处理
9	竣工后洞内任何处	0.5	查明渗漏点,进行整治

4.4　施工通风设计

施工通风是降低瓦斯浓度、防止瓦斯爆炸的最有效的技术措施。施工通风是瓦斯隧道安全施工最重要的环节,将直接决定瓦斯是否爆炸。所以,瓦斯隧道应先编制全隧道和各工区的施工通风设计,并考虑各工区贯通后的风流调整和防爆要求。瓦斯隧道施工的任何作业面不应存在通风盲区,在施工期间必须实施连续通风。

1)施工通风方式

瓦斯工区施工通风方式可结合通风距离、辅助坑道设置等条件综合选用。常用通风方式有独头通风和巷道式通风两种。隧道埋深较小时,可结合通风距离、地形地质条件等设置通风竖井实现分段式通风。

压入式通风机必须装设在洞外或洞内新鲜风流中,避免污风循环。

《铁路瓦斯隧道技术规范》(TB 10120—2002)中规定"高瓦斯工区和瓦斯突出工区,施工通风方式宜采用巷道式";而《公路瓦斯隧道技术规程》(DB51/T 2243—2016)中规定"高瓦斯工区和煤(岩)与瓦斯突出工区通风长度大于2 km时宜采用巷道式通风"。长期以来,铁路隧道高瓦斯工区和瓦斯突出工区曾大量采用巷道式通风方式。结合公路规范以及现场工程实践,《铁路瓦斯隧道技术规范》(TB 10120—2019)对相关要求进行了调整,规定铁路隧道高瓦斯、瓦斯突出工区可采用压入式或巷道式。当高瓦斯工区或瓦斯突出区段距洞口大于 2 000 m 时,应采用巷道式通风。

2)施工通风风量计算

瓦斯工区施工通风风量计算最重要的是工作面需风量的计算,需风量应按照同时工作的最多人数、最小风速、爆破排烟、洞内作业机械及瓦斯绝对涌出量分别计算,取其最大值。如果瓦斯隧道位于高海拔地区,总需风量应根据大气压力进行修正。需风量计算公式较多,以下仅列常用的一种。

①按洞内同时工作的最多人数计算需风量,计算式为

$$Q = q \cdot k \cdot m \tag{4.3}$$

式中　q——每人每分钟需要的新鲜空气量,m^3/min,瓦斯隧道 $q \geq 4 \text{ m}^3/\text{min}$;

　　　k——风量备用系数,取 1.1 ~ 1.25;

　　　m——洞内同时工作的最多人数。

②按最小风速要求计算需风量,计算式为

$$Q = V \cdot S \times 60 \tag{4.4}$$

式中　V——洞内允许的最小风速,m/s;

　　　S——巷道断面面积,m^2,对正洞可取仰拱填充顶面(或底板顶面)之上初期支护内净空面积,对平导、横洞及斜井可取坑底面之上锚喷支护内净空面积,对竖井可取模筑衬砌内净空面积。

③按爆破排烟计算需风量,该需风量计算公式较多,计算式为

$$Q = \frac{2.25}{t} \sqrt[3]{\frac{A(SL)^2 Kb}{P^2}} \tag{4.5}$$

式中　t——通风时间,min;

　　　A——每循环爆破的炸药用量,kg;

　　　b——1 kg 炸药爆破时有害气体生成量,L,可按岩层中取 40 L,煤层中取 100 L;

　　　S——巷道断面面积,m^2;

　　　L——巷道长度或临界长度,m;

$$L = 12.5 \frac{Ab\beta}{SP^2} \tag{4.6}$$

　　　β——紊流扩散系数,可参考表 4.8 采用;

表 4.8　紊流扩散系数(β 值)

$l/2d$	6.35	7.72	9.60	12.10	15.80	21.85
β	0.40	0.46	0.53	0.60	0.67	0.74

注:l 为出风口至掌子面距离,m;d 为风管直径,m。

　　　K——淋水系数,根据隧道渗水情况,可参考表 4.9 采用;

表 4.9　淋水系数(K值)

级别	淋水特征	系数 K
1	干燥巷道	0.80
2	潮湿巷道	0.60
3	岩层含水或使用水幕	0.30

P——巷道计算长度范围内漏风系数。

④按稀释和排除内燃作业机械废气计算需风量,计算式为

$$Q = q \times \sum N_i T_i \tag{4.7}$$

式中　q——内燃机每分钟 × 每千瓦时所要求的供风量,$\mathrm{m^3/(min \cdot kW)}$,应不小于 4 $\mathrm{m^3/(min \cdot kW)}$;

　　　N_i——各内燃机功率,kW;

　　　T_i——同时工作柴油机设备利用系数。挖掘机、装载机 0.65,运渣车 0.65,混凝土罐车 0.5。例如,西(安)南(京)铁路刘家山双线隧道的利用率系数为:装载机 0.5,出碴车 0.45,混凝土罐车 0.5。

⑤按瓦斯绝对量计算需风量,计算式为

$$Q = \frac{100qK}{n - n_0} \tag{4.8}$$

式中　q——瓦斯绝对涌出量,$\mathrm{m^3/min}$,通过地质勘探或隧道内实测获得;

　　　n——隧道内瓦斯最大容许含量的百分数;

　　　n_0——进风中瓦斯含量的百分数;

　　　K——瓦斯涌出不均衡系数,$K = 1.5 \sim 2.0$,抚顺煤炭研究所建议取 1.6。

⑥由于高海拔地区的大气压力降低,故对总需风量进行修正,计算式为

$$Q_{高} = \frac{760}{P_{高}} Q \tag{4.9}$$

式中　$Q_{高}$——高海拔地区需风量,$\mathrm{m^3/min}$;

　　　Q——正常条件下计算的需风量,$\mathrm{m^3/min}$;

　　　$P_{高}$——高海拔地区大气压力,mmHg。

高海拔地区大气压力 $P_{高}$ 值可参考表 4.10 采用。

表 4.10　海拔高度与大气压力关系表

海拔高度 /m	500	1 000	1 600	2 000	2 600	3 000	3 200	3 400	3 600	3 800	4 000	4 400	5 000
大气压力 /mmHg	716	674	620	592	550	523	510	497	484	471	459	436	403

风量计算过程中有一点需重点注意:瓦斯工区洞内隧道全断面的最低风速不应小于
0.25 m/s,防止瓦斯局部积聚的风速不宜小于 1 m/s。这两个速度的概念有一定区别。瓦斯
工区施工中,为消除瓦斯积聚,对瓦斯易于积聚的空间和衬砌模板台车附近区域,可采用空
气引射器、气动风机等设备,实施局部通风的方法。

3)施工通风设备

①瓦斯工区的洞内风机应采用防爆型;风管应采用抗静电、阻燃的风管,百米平均漏风
率不宜大于 1%。

②瓦斯工区的通风机应设两路电源,保证通风系统在 10 min 内可靠启动和运行;必须有
一套同等性能的备用通风机,备用通风机必须能在 10 min 内开动。

③高瓦斯及瓦斯突出工区的全煤段、半煤半岩段和有瓦斯涌出的岩层段掘进工作面附
近的局部通风机,均应实行"三专两闭锁",即专用变压器、专用开关、专用线路供电、风电闭
锁、瓦电闭锁装置。

④风管出风口距开挖面的距离不宜大于 15 m。

4.5　运营通风设计

隧道在运营期间是否要设置机械通风应根据牵引种类、隧道长度、线路平纵断面、道床
类型、行车速度和密度、气象条件及两端洞口地形条件等因素综合考虑确定。

1)运营通风基本要求

铁路隧道有多个规范对瓦斯隧道的运营通风作了规定。如《铁路隧道运营通风设计规
范》(TB 10068—2010)第 4.0.1 条规定电力机车牵引长度大于 20 km 的高速铁路、客运专线
铁路隧道及长度大于 15 km 的货运专线、客货共线铁路隧道应设置机械通风。

《铁路瓦斯隧道技术规范》(TB 10120—2019)相关要求如下:

①瓦斯隧道在运营中,瓦斯浓度在任何时间、任何地点都不得大于 0.5%。

②瓦斯隧道在运营期间,必须进行瓦斯检测。微瓦斯、低瓦斯隧道可采用人工检测;高
瓦斯和瓦斯突出隧道,则应采用自动检测。

③瓦斯突出隧道应设置运营机械通风,长度大于 3 km 的高瓦斯隧道宜预留机械通风条
件,其余高瓦斯隧道可预留机械通风土建条件。

④瓦斯隧道的机械通风方式,可采用壁龛式射流风机纵向通风、洞口风道式纵向通风或
竖(斜)井分段式纵向通风,应与技术经济比较后确定。高速铁路瓦斯隧道采用机械通风时,
不宜采用壁龛式射流风机纵向通风。

⑤瓦斯隧道运营通风机应采用防爆型,并具有短时反转控制风流大小及方向的消防
功能。

⑥瓦斯隧道运营期间当瓦斯涌出浓度达到 0.5% 时,应启动风机进行定时通风;当瓦斯
浓度降到 0.3% 以下时,可停止通风。

⑦瓦斯隧道运营期间予以利用的辅助坑道,应设置运营维修管理工作需要的瓦斯检测仪表和通风设备。

目前国内大部分高瓦斯隧道未设置运营通风,其中,渝黔线太公山隧道(6 396 m)、松岗隧道(9 468 m)、老周岩隧道(7 536 m)设计阶段均对机械通风预留了土建条件。叙毕铁路斑竹林隧道为天然气高瓦斯隧道,根据地质资料显示,本隧道所揭示的瓦斯储集于灰岩、泥质灰岩的岩溶裂隙或溶洞中,考虑开挖后天然气瓦斯可基本完全释放、无固定补给源,且高瓦斯段采取全封闭式措施隔绝瓦斯气体,按一般高瓦斯隧道进行设计及施工管理,未考虑预留运营通风土建条件。

瓦斯隧道运营期间承担通风、排水以及防灾疏散救援等功能的辅助坑道,需定期进入人员进行检查和维护(如清理水沟、维护机电设备、加固裂损衬砌等),为保证养护人员以及列车疏散人员人身安全,辅助坑道应配置必要的通风和供配电设施,只有在彻底通风使瓦斯浓度小于0.5%以后,才能进入工作或疏散。用于防灾疏散救援的辅助坑道,应设置固定通风设备。检查和维护时,养护人员可配置移动设备。

成贵高铁七扇岩隧道由于辅助坑道内应力变化导致底板隆起开裂,瓦斯冲破底板大量异常涌出,瞬间产生高压瓦斯气流,局部达到爆炸浓度,瓦斯气流致使喷溅的矸石或混凝土块砸在金属件上产生火花引起瓦斯爆炸,造成巨大的人员伤亡。这直接引起业界对辅助坑道内瓦斯管理的高度重视,尤其是运营期间要利用的坑道,并及时研究修订了穿越煤系地层辅助坑道的相关规定。

2)运营监控系统设计

①高瓦斯隧道和瓦斯突出隧道的自动检测系统应具有瓦斯超限报警,通风机自动控制等功能,系统可采用洞口或远程计算机集中控制。

②隧道运营期间瓦斯检测范围和检测断面的位置,应根据施工期间的瓦斯涌出情况及段落确定,并符合以下规定:

一是检测范围应覆盖隧道内所有瓦斯地段,并向瓦斯地段两侧各延伸200~300 m。

二是施工期间含瓦斯地段,检测断面应每50~100 m设置一处,其他地段视具体情况确定。人工检测点或自动检测探头应位于检测断面中部隧道拱顶下25 cm处。

4.6 防突揭煤设计

瓦斯隧道的防突揭煤是一项完整的综合性防治系统工程,结合我国50多年尤其是煤矿行业防治煤与瓦斯突出的理论与实践总结,《铁路瓦斯隧道技术规范》(TB 10120—2019)在《铁路瓦斯隧道技术规范》(TB 10120—2002)基础上对防突揭煤理念进行了调整,引入了煤矿行业"四位一体"的综合防治措施,即突出危险性预测、防突措施、效果检验和安全防护措施。在防突揭煤设计中又以突出危险性预测和防突措施设计尤为重要。

1)防突揭煤总体原则

《煤矿安全规程》及《防治煤与瓦斯突出规定》均明确要求:"防突工作必须坚持区域防

突措施先行、局部防突措施补充的原则。"即通过"区域防突措施"（通常采用开采保护层和预抽煤层瓦斯两种方法）提前在较大范围内消除瓦斯突出,再利用"局部防突措施"进行"查漏补缺",确保防突揭煤作业安全。

隧道工程与煤矿相比,两者的瓦斯防突机理和防突流程是类似的。所不同的是煤矿在煤层中呈多通道掘进,揭煤范围更广,区域更集中,瓦斯的含量及突出风险也更高;而隧道工程更类似于一条"线"状工程,其埋深相对较深,煤层分布更为分散,也不适宜采用开采保护层的方法。

结合隧道工程的自身特点,隧道穿越突出煤层时应遵循"超前综合防突措施先行、工作面综合防突措施补充"的原则。即先在距离煤层一定的掌子面处实施"超前综合防突措施"（主要为预抽煤层瓦斯）,隧道开挖掘进一段长度后,再在距离煤层更近的掌子面处采用"工作面综合防突措施",以确保隧道施工安全。

众多的工程案例和文献表明,厚度在 0.3 m 以下的煤层不易形成灾害性的突出事故。故当隧道在揭穿厚度小于 0.3 m 的煤层时,可直接采用远距离爆破方式揭穿煤层;反之,则必须进行防突揭煤专项设计。

2）防突揭煤工作流程

防突揭煤工作流程可参照图 4.8 进行。

防突揭煤工作流程的各阶段工作内容如下:

（1）超前综合防突

超前综合防突工作包括超前突出危险性预测、超前综合防突措施、效果检验和验证。

超前突出危险性预测:在距煤层位置 10 m（垂距）处,施做不少于 3 个超前取芯钻孔（预测孔）,测定瓦斯压力、瓦斯含量等参数,验证煤层位置、煤层厚度。

超前综合防突措施:以预抽煤层瓦斯法为主,并做好相应的施工参数记录。

效果检验:防突措施实施后,应通过检验孔直接测定预抽区域的煤层残余瓦斯压力或者残余瓦斯含量等指标进行效果检验。

验证:经超前预测或防突效果检验为无突出危险时,在揭煤前仍需按工作面突出危险预测方法与规定进行超前验证。

（2）工作面综合防突

工作面综合防突措施包括工作面突出危险性预测、工作面防突措施、效果检验和安全防护措施。

工作面突出危险性预测:在距煤层 5 m（垂距）处,至少施做 3 个超前取芯钻孔（预测孔）,钻孔应穿透煤层全厚且进入顶（底）板不小于 0.5 m 或见煤深度不少于 10 m。工作面突出危险性预测应选用综合指标法、钻屑瓦斯解吸指标法、复合指标法、"R"指标法、钻屑指标法中的其中两种方法相互验证。

工作面防突措施:一般情况下宜采用钻孔自然排放,当钻孔自然排放瓦斯较困难时,可采用抽放。

效果检验:在实施防突措施后,应进行效果检验。检验结果超标或在打检验孔时发生喷孔、顶钻、夹钻等动力现象时,必须采取补充防突措施。

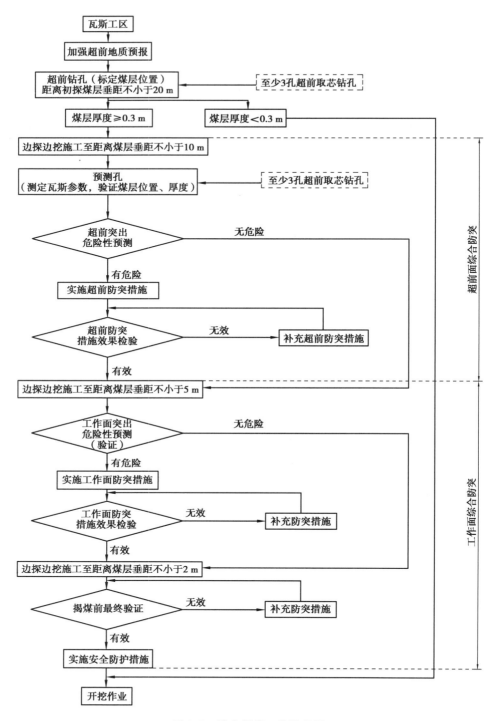

图 4.8 防突揭煤工作流程图

安全防护措施:在揭煤前采用安全防护措施,诸如远距离爆破、加强通风管理等,避免突出预测失误或防突措施失效时出现安全事故。

3）突出危险性预测

瓦斯隧道突出危险性预测是制订后续技术方案的关键依据,其预测的准确性直接影响措施的有效性与经济性,甚至施工安全。结合《煤矿安全规程》《防治煤与瓦斯突出规定》的相关要求和瓦斯隧道的实践经验,当隧道工作面开挖至距煤层 10 m 和 5 m(垂距)时,应对厚度大于 0.3 m 的煤层分别进行超前突出危险性预测和工作面突出危险性预测。

超前综合防突预测可采用实测瓦斯压力或瓦斯含量的方法进行预测,工作面突出危险性预测应选用综合指标法、钻屑瓦斯解吸指标法、钻屑指标法、复合指标法和"R"指标法中的两种方法进行相互验证,当有任何一项指标超过临界指标时,该工作面即为有突出危险工作面。

4）防突措施

煤与瓦斯防突措施是"四位一体"中的关键环节,防突措施的有效与否将直接决定防突揭煤的成败。结合瓦斯的突出机理,防突措施的制订主要遵循如下原则:

①提前释放煤层和瓦斯压力,降低瓦斯压力梯度。

②提前降低瓦斯含量,避免开挖后瓦斯含量瞬间急剧加大。

③增强工作面整体稳定性,提高工作面防突承载能力。

④合理确定开挖工法,减小分部开挖断面。

目前,隧道工程瓦斯防突措施主要有预抽瓦斯、钻孔自然排放和管棚支护几类,在低透气性地层中也会使用水压压裂增透等辅助性措施。另外,国内外大量的工程实践表明,提前卸压和预抽瓦斯又是解决瓦斯突出的根本,这也是目前应用最广、最有效的措施。图4.9为叙毕铁路(川滇段)煤层瓦斯排放孔布置示意图,图4.10为现场掌子面排放钻孔照片,图4.11为瓦斯抽排现场照片。

4.7　管理设计要求

1）进洞人员管理

瓦斯隧道开工前必须对施工作业及管理人员进行安全技术培训。爆破工、电工、瓦检员等特种作业人员必须持证上岗。在有煤(岩)与瓦斯突出危险区段,必须配备足够的专职防突员,并持证上岗。瓦斯隧道各道工序、各种作业施工前,必须严格执行对作业人员的安全技术交底制度。

2）电气及机械设备管理

瓦斯工区应建立专门的机构对通风、防尘、防瓦斯、防火及电气设备与作业机械进行管理,并设置消防设施。瓦斯工区应建立车辆机械进洞运行和检查制度,进洞车辆机械宜设置随车通信系统或车辆位置监测系统。

瓦斯工区使用的防爆电气设备和作业机械,在使用期间,应由专人检查维护,不得带电检修电气设备,不得在洞内进行作业机械和机电设备的拆卸、修理。

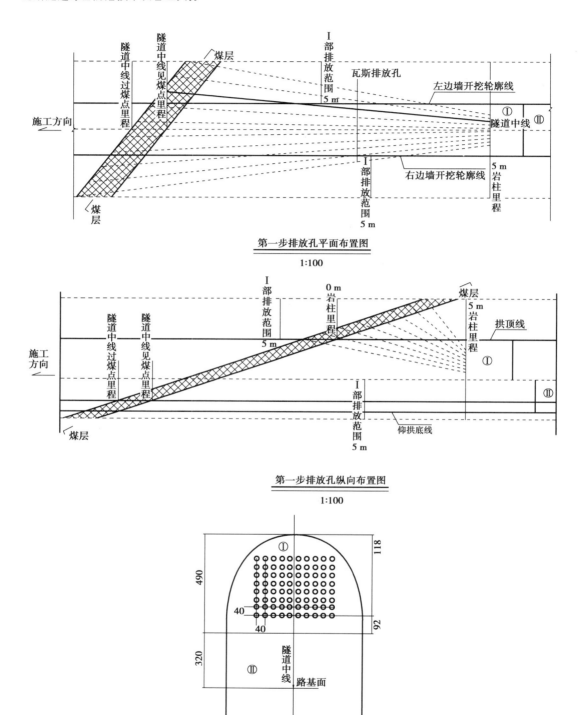

图 4.9 欧家湾隧道煤层瓦斯排放孔布置示意图

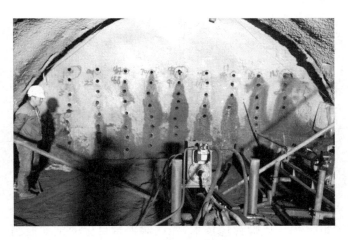

图 4.10　现场掌子面排放钻孔

图 4.11　瓦斯抽排现场

3）动火管理

瓦斯工区必须建立瓦斯隧道内动火作业审批制度,制订动火作业安全技术措施,并组织作业人员学习。

4）瓦斯监测及施工通风管理

为确保通风效果和施工安全,瓦斯工区必须建立瓦斯、二氧化碳和其他有害气体的检查管理体系,体系中应包括瓦斯检查管理机构、瓦斯巡回检查及台账管理制度、瓦斯分级检查及管理制度。

5）应急管理

瓦斯隧道应提前制订事故预防与应急救援预案,按计划配备安全防护用品、应急救援物资及消防设施等;高瓦斯隧道、煤与瓦斯突出隧道应配备救护队或与附近有资质的矿山救护队签订服务协议,按计划组织应急预案进行演练。

第5章 瓦斯隧道风险评估及对策

在隧道工程管理中,引入风险管理技术,强调对项目目标的主动控制,从系统的角度来认识和理解隧道风险,从系统的角度来管理风险,从而减少损失。对于风险管理过程的认识,不同的组织或个人是不一样的。美国系统工程研究所把风险管理的过程主要分成若干个环节,即风险识别、风险分析、风险计划、风险跟踪、风险控制和风险管理沟通。天津大学的余建星等将风险管理分为风险分析、风险评价、风险决策和风险监控4个阶段。本章主要介绍设计阶段瓦斯隧道风险评估方法、风险因素以及瓦斯隧道风险控制对策。

5.1 一般规定

瓦斯隧道在设计阶段应按可行性研究、初步设计、施工图3个阶段开展风险管理工作。瓦斯隧道的风险事件包括煤与瓦斯突出、瓦斯爆炸、瓦斯燃烧、煤层自燃及煤尘爆炸。主要风险管理对象是煤与瓦斯突出隧道和高瓦斯隧道。同时,瓦斯隧道风险管理应贯穿建设全过程,风险管理流程图如图5.1所示。

设计阶段应准确识别风险源,合理评定瓦斯风险等级,采取有效降低风险的措施。瓦斯隧道风险等级应根据风险事件发生的概率等级、后果等级综合确定,煤与瓦斯突出隧道、高瓦斯并具有煤层自燃或煤尘爆炸隧道应评定为极高风险隧道。

5.2 设计风险评估方法及风险因素

5.2.1 设计风险评估方法

设计阶段风险因素辨识可采用核对表法、头脑风暴法、专家调查法、层次分析法等。

（1）核对表法

核对表法（Check List）是通过风险评价指标体系找出风险因素,并以表格形式记录的一

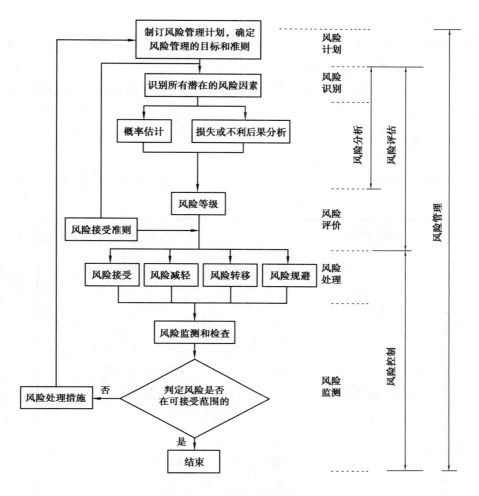

图 5.1　风险管理流程图

种方法。该方法能消除或降低某些风险因素的可能性,是风险辨识的一种有效和可靠方法。由于在项目过程中风险因素会发生改变,采用该方法时应定期检查风险清单的内容是否齐全。

（2）头脑风暴法

头脑风暴法又称智暴法,是借助于专家的经验,通过会议,集思广益获取信息的一种直观的预测和辨识方法。头脑风暴法倡导所有与会人员畅所欲言,鼓励不受任何约束地发表各自意见。该方法简单易行,所得的结论比较充分、正确,但该方法受主观因素影响,可能存在偏差。

（3）专家调查法

专家调查法是通过征集专家意见来判断风险的分析方法,适用于勘测资料少、地质等未知因素多的情况。专家调查法采用函询、多向、匿名、反复和集中的方式,归纳统计了多数人的意见和少数人的意见,避免了一般归纳法不全面的弊端。该方法主要靠主视判断和粗略估计,可能存在偏差。

（4）层次分析法

层次分析法是按照一定的规律把决策过程层次化、数量化，是一种可以对多个方案、多个评价指标进行分析的方法。一般先将一个评价目标分解为若干子项，建立起由这些子项组成的层次结构模型，再建立两两比较矩阵，从而计算出层次结构中各子项的相对权重，最终确定出底层指标的合成权重。

5.2.2 风险因素

全面辨识与排查风险因素，瓦斯事件风险因素识别可参照表5.1进行。

表5.1 设计阶段风险因素表

风险类别	风险因素
自然因素	隧道地形、地貌条件
	煤层及矿藏采空区分布
	地表建(构)筑物、居民区及矿区
	其他
地质及勘察因素	区域地质、地貌、工程地质对方案的影响程度
	区域内已有瓦斯地质工作的成熟程度
	瓦斯地质对隧道方案的影响程度
	地质勘察的不确定性程度
	其他
技术因素	控制性隧道工程的线路情况
	辅助坑道、服务隧道方案比选
	瓦斯隧道类别、瓦斯工区等级
	施工通风、瓦斯检测方案设计
	防突揭煤措施
	瓦斯封闭体系设计
	其他
社会因素	瓦斯排放方案的环境及安全问题
	瓦斯事故对周边的影响
	其他

5.2.3 风险分级和接受准则

风险分级包括事故发生概率的等级标准、事故发生后果的等级标准和风险的等级标准。风险等级应综合考虑隧道工程地质、投资、工期和技术难度等因素，风险事件发生概率等级可按定量和定性的标准进行判别,并应符合表5.2的规定。

表5.2 事故发生概率等级标准

概率范围	概率等级描述	概率等级
>0.3	频繁发生	5
0.03~0.3	可能发生	4
0.003~0.03	偶然发生	3
0.000 3~0.003	很少发生	2
≤0.000 3	极不可能发生	1

注:"~"含义为包括上限值而不包括下限值。

风险事件发生后果等级分为5级,各种后果的等级标准见表5.3。

表5.3 风险事件发生后果等级标准

后果定性描述	灾难性的	很严重的	严重的	较大的	轻微的
后果等级	5	4	3	2	1

风险事件发生的后果可分为人员伤亡、稳定影响、环境影响、经济损失、工期延误和功能缺失,其后果等级标准应符合表5.4—表5.9的规定。

①经济损失是指风险事故发生后造成工程项目发生的各种费用的总和,可按绝对经济损失或相对经济损失进行评定,并应符合表5.4的标准。

表5.4 经济损失等级标准

后果等级	5	4	3	2	1
绝对经济损失/万元	$EL \geq 10\,000$	$5\,000 \leq EL < 10\,000$	$1\,000 \leq EL < 5\,000$	$100 \leq EL < 1\,000$	$EL < 100$
相对经济损失/万元	$EL \geq 100$	$50 \leq EL < 100$	$20 \leq EL < 50$	$5 \leq EL < 20$	$EL < 5$

注:①"EL"指经济损失;
②相对经济损失的基数为原工程的造价;
③后果等级取绝对经济损失或相对经济损失中对应的最高等级。

②人员伤亡是指在参与施工活动过程中人员所发生的伤亡,依据人员伤亡的类别和严重程度进行分级,见表5.5。

表5.5 人员伤亡等级标准

后果等级	5	4	3	2	1
人员伤亡数量/人	$F \geq 30$ 或 $SI \geq 100$	$10 \leq F < 30$ 或 $50 \leq SI < 100$	$3 \leq F \leq 10$ 或 $10 \leq SI < 50$	$F < 3$ 或 $SI < 10$ 或 $MI \geq 5$	$MI < 5$

注:F=死亡人数;SI=重伤;MI=轻伤。

③工期延误是指工程风险事故引起的工程建设时间延长。对不同性质的工程和建设工期采用不同的绝对延误时间,见表5.6。

表5.6 工期延误等级标准

	后果等级	5	4	3	2	1
控制工期工程	绝对延误时间 (月/单一事故)	>12	6~12	3~6	0.5~3	≤0.5
	相对延误时间/%	>50	20~50	10~20	5~10	≤5
非控制工期工程	绝对延误时间 (月/单一事故)	>24	12~24	6~12	1~6	≤1
	相对延误时间/%	>100	50~100	25~50	10~25	≤10

④环境影响是指铁路建设工程施工对环境可能造成的破坏、污染或造成的不良社会影响,根据其涉及范围、影响程度进行分级,并应符合表5.7的规定。

表5.7 环境影响等级标准

后果等级	5	4	3	2	1
自然环境影响	涉及范围非常大,周边生态环境发生严重污染或破坏	涉及范围很大,周边生态环境发生较重污染或破坏	涉及范围较大,邻近区域内生态环境发生污染或破坏	涉及范围较小,邻近区域生态环境发生轻度污染或破坏	涉及范围很小,施工区生态环境发生少量污染或破坏
社会环境影响	恶劣的,或需转移安置1 000人以上	严重的,或需转移安置500~1 000人	较严重的,或需转移安置100~500人	需考虑的,或需转移安置50~100人	轻微的,或需转移安置小于50人

注:后果等级取自然环境影响或社会环境影响中对应的最高等级。

⑤功能缺失是指质量风险事件可能导致的工程预定功能的丧失或缺失,是质量风险发生的后果,可按功能缺失程度进行分级,并应符合表5.8的规定。

表5.8 功能缺失等级标准

后果等级	5	4	3	2	1
功能缺失程度	完全丧失使用功能	主要功能严重缺失	主要功能部分缺失	辅助功能严重缺失	辅助功能部分缺失

注:主要功能是指工程满足安全、适用和结构耐久性等方面需求的属性;辅助功能是指工程满足运营维护等方面需求的属性。

⑥稳定影响是指铁路项目建设和运营可能诱发社会矛盾、群体性或个体极端事件等造成的负面影响。根据其涉及范围、影响程度进行分级，并应符合表 5.9 的规定。

表 5.9　稳定影响等级标准

后果等级	5	4	3	2	1
稳定影响	绝大部分群众有意见、反应极其强烈、引发大规模群体性事件	大部分群众有意见、反应特别强烈、引发较大规模群体性事件	部分群众有意见、反应强烈，引发矛盾冲突	多数群众理解支持但少部分人有意见，通过有效工作可防范与化解矛盾	绝大多数群众理解支持，极少数人有意见，矛盾易化解

⑦根据事故发生的概率和后果等级，将风险等级分为 4 级，见表 5.10。

表 5.10　风险等级标准

概率等级		后果等级				
		轻微的	较大的	严重的	很严重的	灾难性的
		1	2	3	4	5
很可能	5	高度	高度	极高	极高	极高
可能	4	中度	高度	高度	极高	极高
偶然	3	中度	中度	高度	高度	极高
不可能	2	低度	中度	中度	高度	高度
很不可能	1	低度	低度	中度	中度	高度

⑧铁路建设工程风险接受准则与采取的风险处理措施，见表 5.11。

表 5.11　风险接受准则

风险等级	接受准则	处理措施
极高	不可接受	必须高度重视并规避,否则必须采取有效措施处理
高度	不期望	应重视并采取有效措施处理,加强风险监测
度	可接受	宜采取有效措施处理,并进行风险监测
低度	可忽略	可不采取措施,但需关注,防止风险等级上升

5.2.4　风险管理内容

1）可行性研究阶段风险管理内容

①通过瓦斯地质综合选线，对控制性瓦斯隧道作多方案比较，评估各方案存在的安全、

工期、投资、环境、第三方风险,尽力规避极高风险、高风险。

②对不能规避的极高风险、高风险提出风险管理建议和注意事项。

2）初步设计、施工图阶段风险管理内容

①评价瓦斯封闭条件、吨煤瓦斯含量、瓦斯压力、绝对瓦斯涌出量等因素的影响。

②评价线位因素对煤与瓦斯突出隧道、高瓦斯隧道的影响。

③评估揭煤、过煤和煤与瓦斯突出隧道、预防煤与瓦斯突出的专项措施及预案,防治煤层自燃及煤尘爆炸方案。

④评估辅助坑道、服务隧道方案。

⑤提出隧道瓦斯等级及工区划分。

⑥提出超前地质预报、施工通风、瓦斯监测要求。

⑦确定瓦斯设防结构体系和运营通风模式。

5.3 瓦斯风险控制对策

5.3.1 设计阶段对策

①线路选线确定隧道位置时,应尽量避免穿越煤系地层及其他含瓦斯地层,当不可避免时,应以较短距离通过。

②铁路瓦斯隧道应设衬砌,根据瓦斯赋存条件、运营环境要求,建立瓦斯设防综合结构体系。

5.3.2 作业制度要求

①建立安全生产和人员培训上岗制度。从事隧道施工的所有人员,必须经过瓦斯隧道安全技术培训,经考核合格后方可允许上岗。

②建立专职瓦斯、天然气等有害气体的安检机构,加强瓦斯、天然气等有害气体的监测,特别注意拱顶、开挖凹凸处等瓦斯、天然气易产生积聚部位的监测。安检人员必须执行巡检制度。

③各种电气设备和施工机械的防爆性能,必须经专职人员检查,确认合格后方可进洞使用。

④加强火源管理,建立洞口安检制度,严禁将火柴、打火机及其他易燃物品带入洞内,严禁穿着化纤衣物进洞。

5.3.3 超前探测施作要求

隧道正洞及辅助坑道均应进行全断面超前探测,超前探孔孔径一般为 89 mm,单孔长度为 30 m,搭接长度不小于 5 m,探测孔按瓦斯相关规范要求的范围进行布置,并在超前探孔处设置检测点,以检测是否有害气体涌出。若探测到有害气体,应根据记录确定有害气体的涌出位置。

5.3.4　瓦斯控制对策

设计阶段根据瓦斯地质资料划分瓦斯工区和含瓦斯地段的等级后,施工阶段尚应根据开挖后揭示的实际情况进行修正,尤其是对煤层突出危险的判断,必须在开挖工作面进行现场检验和核实。瓦斯隧道应严格按照相关规定进行设计和组织施工。施工中应采用超前瓦斯探孔和掌子面加深炮眼,进行瓦斯信息超前预测预报。施工中应加强通风,防止瓦斯积聚,加强瓦斯及有害气体监测。具体风险控制对策如下:

①设计阶段根据隧道地质资料,确定瓦斯工区,特别是长大隧道应结合施工组织设计确定各段的瓦斯工区和含瓦斯地段的等级。施工阶段尚应根据开挖后揭示的实际情况进行修正,尤其是对煤层突出危险的判断,必须在开挖工作面进行现场检验和核实。

②设计对于瓦斯工区施工作业程序、施工通风方案、施工管理等方面的要求应按照《铁路瓦斯隧道技术规范》和《煤矿安全规程》等规范、规定办理,需重点要求施工通风系统配置、供电应具有 24 h 不间断通风的能力。

③施工中加强瓦斯探测,瓦斯工区作业流程按设计要求办理。施工全过程应采用专用设备加强对 H_2S,SO_2 等有害气体的监测,H_2S 气体的浓度不得超过 0.000 66% ,SO_2 气体的浓度不得超过 0.000 5% 。

④隧道内微瓦斯工区的电气设备可使用非防爆型,低瓦斯、高瓦斯工区及瓦斯突出工区的电气设备应使用防爆型。高瓦斯工区及瓦斯突出工区的作业机械应使用防爆型;微瓦斯和低瓦斯工区作业机械可使用非防爆型。各种固定设备的防爆性能,必须经专职人员检查确认合格后方可进洞使用。

⑤瓦斯工区需按规定采用矿用雷管与炸药,高瓦斯区段须使用安全等级不低于三级的煤矿许用炸药。

⑥建立瓦斯自动监测、检测系统,并与人工检测相结合,对瓦斯进行全过程、全方位监测。加强瓦斯工区施工通风,避免瓦斯事故;并采取喷雾水等防尘措施,避免发生煤尘事故。检测地点及范围应符合下列要求:

a. 开挖工作面风流、回风流中,爆破地点附近 20 m 内的风流中及局部塌方冒顶处。

b. 坑道总回风的风流中。

c. 局扇及电气开关前后 10 m 的风流中。

d. 各种作业台车和机械附近 20 m 内的风流中。

e. 电动机及其开关附近 20 m 内的风流中。

f. 隧道洞室中,如变电所、水泵站、水仓等瓦斯易于积聚处。

g. 煤线或接近地质破碎带处。

每个检测地点应设置明显的瓦斯记录牌。每次检测结果,应及时填写在瓦斯记录本和记录牌上,并逐级上报。瓦斯检测人员必须执行瓦斯巡回检查制度。

⑦高瓦斯工区供电应配置双路电源,工区内采用双电源线路,其电源上不得分接隧道以外的任何负荷。无条件者采用自备电源。高瓦斯工区不得进行电焊、气焊、喷灯焊接、切割等工作。高瓦斯工区须采用 24 h 不间断通风。

⑧有突出可能和威胁的煤层,坚持区域防突措施先导、局部防突措施跟进的原则。在超前预报、瓦斯预测的基础上实现精细化设计与施工,开展动态施工管理。

⑨瓦斯工区要求施工中须采取防坍塌措施,防止隧道坍塌导致瓦斯积聚。隧道施工中加强通风,对于低瓦斯段落应根据施工超前探测及施工揭示情况,对瓦斯涌出地段进行封闭和气密性处理。对围岩节理、裂隙发育且有瓦斯涌出地段可采取径向注浆封闭处理。

⑩临时停工的地点不得停风,否则必须切断电源,设置栅栏和警标,恢复通风后,需经瓦斯检测人员进行检测,达到允许浓度后,方可复工,否则施工人员不得进入。停工区内瓦斯或 CO_2 浓度达到 3%,必须在 24 h 内封闭完毕。

⑪建立安全生产和人员培训上岗制度,实施进洞防火管理,确保施工安全。隧道竣工后进行瓦斯浓度检测,如果浓度仍超过隧道运营期间所允许的标准,应及时设置通风设施。

5.4 风险评估报告的编制

瓦斯隧道各阶段风险管理均应编制风险管理报告,极高风险等级工点以及复杂技术工点应编制专项风险评估报告,竣工后应编制风险后期评估报告。

①阶段风险管理报告应通过审查后并作为后续阶段风险管理的依据。

②铁路建设工程风险评估报告是铁路建设工程风险评估过程的记录,应将风险评估的过程、采用的评估方法、获得的评估结果等写入评估报告中。

③风险评估报告应内容全面、数据完整、客观公正,提出的对策措施具有可操作性。

④风险评估报告应包含编制依据,工程概况,风险评估程序和评估方法,风险评估内容,风险处置方案、措施,残留风险、监测措施及下阶段应注意的事项等,结论,附件(记录表格等)。

5.5 典型风险评估及对策

5.5.1 庙坝隧道(高瓦斯隧道)工程概况

庙坝隧道位于阿罗尼站至果珠站,全长 3 640 m,进口里程 DK256 + 815,出口里程 D1K260 + 455,单线隧道。本隧道除出口端 DK260 + 400 出口段位于平坡外,其余均位于

10‰,11.2‰,11.7‰,11.2‰,10‰的单面上坡。

隧址区为低中山地貌,相对高差 50～500 m,坡度 5°～50°,段内沟谷深切,局部呈陡立的峡谷地貌,坡上植被较为发育,多为松木林,局部被垦为旱地。地表多为季节性冲沟,部分为四季有水流。隧道最大埋深 367 m。

5.5.2　工程地质和水文地质特征

1)工程地质特征

本隧址区内出露的地层主要有第四系坡洪积层、第四系坡残积层、三迭系下统飞仙关组、二迭系上统长兴组、龙潭组和峨眉山玄武岩组、二迭系下统茅口组和栖霞组。

2)水文地质特征

(1)地表水

隧址区内地表水主要为季节性溪沟水,有个别沟槽四季有水,水量随季节变化较大,以大气降水补给为主,融雪和地下水补给为辅。

(2)地下水

①孔隙水:赋存于局部冲沟沟床及坡麓松散堆积层,接受大气降水和地表水补给。由于堆积物分布零星,厚度不大,除冲积层内孔隙水受地表水补给而含水量大外,其余地段孔隙水补给差且径流排泄条件好而含量少。

②基岩裂隙水:赋存于基岩各类结构面内,主要接受大气降水的补给。测区丰富的降雨为裂隙水提供了良好的补给条件。因受构造影响程度不同导致裂隙发育程度不同,富水条件差异较大,段内基岩以含泥质的砂质泥岩和泥质砂岩为主,节理裂隙较发育,赋存水条件较差,局部节理裂隙密集段地下水较丰富。

③岩溶水:隧道洞身揭露的可溶岩有 P_{2c} 灰岩、P_{1m+q} 灰岩。其中,P_{2c} 灰岩在隧道区域内未发现大的岩溶形态,岩溶中等发育;P_{1m+q} 灰岩在线路上出露面积大,岩溶强烈发育,地表岩溶洼地、漏斗、竖井、落水洞、暗河广泛分布,为隧道岩溶水主要的补给区。岩溶水主要赋存于可溶岩的溶孔、溶蚀裂隙及岩溶管道中,分析认为,P_{2c} 岩溶水主要为溶蚀裂隙型,接收大气降雨补给,水量中等;P_{1m+q} 岩溶强烈发育,主要通过地表洼地、竖井、落水洞、溶洞汇集大气降水的补给,水量丰富。

(3)地下水化学特征

根据该段所取的水样进行水质报告分析,根据《铁路混凝土结构耐久性设计规范》(TB 10005—2010)的判定结果,结合地层岩性和地下水径流的复杂性和地下水的交互作用,并考虑隧道排水方向,各段水质的侵蚀性如下:

①D1K256+815～D1K259+390 段,隧道穿越三迭系飞仙关组泥质砂岩、砂质泥岩偶夹灰岩地层,试验显示水质类型为 $SO_4^{2-} \cdot HCO^- —Ca^{2+}$ 型水,根据《铁路混凝土结构耐久性设计规范》(TB 10005—2010),在化学侵蚀环境、氯盐环境时,水质对混凝土结构无侵蚀性。

②D1K259+800～D1K260+100段,隧道穿越二迭系长兴组灰岩夹薄层煤及龙潭组泥岩、页岩夹煤层。试验显示水质类型为SO_4^{2-}—Ca^{2+}型水,根据《铁路混凝土结构耐久性设计规范》(TB 10005—2010),在化学侵蚀环境、氯盐环境时,水质对混凝土结构无侵蚀性。但由于该地层为煤系地层,水中酸性侵蚀对混凝土结构的环境作用等级为H_2,因此建议该段按照酸性侵蚀H_2等级考虑设计。

③D1K260+100～D1K260+455段,隧道主要穿越凝灰质、铁质黏土岩和栖霞、茅口组灰岩。该段水质类型为SO_4^{2-}—Ca^{2+}型水,水对混凝土结构无侵蚀性。

5.5.3 不良地质及特殊岩土

1)岩溶

段内的可溶岩主要分布在出口段的D1K259+800～D1K259+860和D1K260+387～D1K260+454.2;其中,D1K260+387～D1K260+454.2段为二迭系栖霞组和茅口组的灰岩,岩溶强烈发育,D1K259+800～D1K259+860段为长兴组灰岩夹页岩,岩溶中等发育。隧道施工时有遇涌水涌泥的可能,在施工中应加强超前地质预测、预报工作,监测及相关防护工作。

2)煤层瓦斯、有毒有害气体

洞身穿越二迭系上统长兴组(P_{2c})、二迭系上统龙潭组(P_{2l})含煤地层,以下分段说明洞身瓦斯工区分段及煤层瓦斯、有毒有害气体特征。

D1K259+800～D1K259+860段隧道洞身穿行于二迭系长兴组含煤地层,主要以薄层煤、煤线和窝状煤分布在该地层的灰岩和页岩中,该段含煤地层应按高瓦斯工区设防。

D1K259+860～D1K260+100段隧道洞身穿行于二迭系龙潭的含煤(P_{2l})地层,隧道洞身在该段内可能遇多层煤层,其中,可开采煤层一共分为1～3层,根据附近矿区收集资料,该段含煤地层应按高瓦斯工区设防。

3)私采煤窑区

根据调查在隧道洞顶上方D1K260+780～+900两侧各100～150 m范围内存在私采小煤窑。据调查,最大深度达100 m,洞口直径一般为1 m左右,揭煤后一般顺煤层开采,受采掘工艺限制,以开采上山煤为主,开采的最低高程为1 490 m,位于隧道上方,对工程无影响。

4)顺层

隧道进口段的岩层产状为N37°E/22°NW,岩层走向和线路的交角为52°,洞身纵断面上的视倾角为18°,岩层倾向小里程端,洞门仰坡顺层。

5)膨胀土

该隧道出口段D1K260+387～+500土层主要为黏土、膨胀土,褐黄色、土黄色,土质均匀,内富含亲水矿物,具膨胀性,吸水易膨胀、软化、崩解,失水后急剧收缩开裂,广泛分布在测区的坡面上,参考正在修建中的成贵铁路相同成因的黏土层,其自由膨胀率 $60\% < F_s \leq 73\%$,其阳离子交换量 $CEC(NH_4^+)$ 为 280 mmol/kg,蒙脱石含量 M 为 19.1%,自由膨胀率 F_s 为 62%,属于中等膨胀土,由于该层在隧道进出口厚度较薄,对工程影响较小。

6)膨胀岩

隧道洞身在里程 D1K259+800~D1K259+860 段为二迭系龙潭组 P_{21} 含煤地层,地层中发育多层泥岩、铝土岩类,单层最大厚度约 4 m,具相邻工程成贵线相同地层取样试验,铝土岩自由膨胀率 $F_s = 31\% \sim 33\%$,试验室定为膨胀岩。建议隧道施工中加强地质预测、预报工作,并加强支护措施。

5.5.4　地震动参数区划

根据《中国地震动参数区划图》(GB 18306—2015)及《新建铁路隆昌至黄桶线叙永至毕节段工程场地地震安全性评价报告》和《新建铁路成都至贵阳线乐山至贵阳段工程场区地震动参数区划报告》,本区地震动峰值加速度为 $0.1g$,地震动反应谱特征周期为 0.35 s。

5.5.5　洞口位置及洞门形式

隧道进口里程 D1K256+815,采用耳墙式洞门;出口里程 D1K260+455,采用双耳墙明洞洞门。隧道进出口边仰坡永久防护均采用骨架护坡。

5.5.6　衬砌支护设计

全隧均采用复合式衬砌。Ⅲ~Ⅴ级围岩隧道采用曲墙带仰拱的衬砌结构形式,见表 5.12。

表 5.12　庙坝隧道围岩及所占比例统计表

Ⅲ级围岩		Ⅳ级围岩		Ⅴ级围岩	
长度/m	比例/%	长度/m	比例/%	长度/m	比例/%
680	18.68	1 870	51.37	1 090	29.95

5.5.7　初始风险评价

结合风险评估原则,根据本隧道工程地质特点,综合分析,庙坝隧道存在的主要初始风险类型有塌方、突水突泥、瓦斯等有害气体、危岩落石、洞口失稳、变形。庙坝隧道中瓦斯有害气体初始风险事件重点段落及相关风险因素见表 5.13。

表 5.13 正洞瓦斯风险重点段落

起讫里程	长度/m	初始风险等级	风险因素	概率等级	后果等级
D1K258 + 934 ~ D1K259 + 820	886	高度风险	二迭系长兴组含煤地层,主要以薄层煤、煤线和窝状煤分布在该地层的灰岩和页岩中;高瓦斯工区设防	偶然发生	严重的

综上所述,庙坝隧道存在的典型风险类型有塌方、突水突泥、瓦斯等有害气体、变形。有害气体风险主要集中在隧道进穿煤层段。建立庙坝隧道风险评估指标体系见表 5.14。

表 5.14 庙坝隧道风险评估指标体系

风险因素		风险事件				
		塌方	突水突泥	瓦斯	洞口失稳	变形
不良地质	岩溶		★			
	煤层瓦斯			★		
	膨胀土	★				★

5.5.8 风险控制措施

由风险分析及初始风险评估结果可知,本隧道大部分为塌方,全隧正洞塌方初始风险为高度的段落占隧道总长度51%,正洞瓦斯初始风险为高度的段落占隧道总长度26%,突水突泥初始风险为高度的段落占隧道总长度11%,为减缓本隧道中的有害气体风险,降低风险危害程度。本隧道采用了以下风险控制措施:施工期间建立瓦斯监测、报警和施工通风系统,稀释和排出洞内瓦斯,防治瓦斯积聚;加强施工通风和瓦斯的监测,并采用喷雾洒水等防尘措施;加强超前地质预测预报工作;机电、照明等设备均采用防爆设备,作好揭煤防突预设计及安全应急预案措施。

5.5.9 残留风险评估

在采取了风险控制措施后,对本隧道中残留的各种风险进行评估,各主要风险段落的残留风险评估结果见表 5.15。

表 5.15 正洞瓦斯风险重点段落

起讫里程	长度/m	残余风险等级	风险因素	概率等级	后果等级
D1K258 + 934 ~ D1K259 + 820	886	中度风险	①二迭系长兴组含煤地层,主要以薄层煤、煤线和窝状煤分布在该地层的灰岩和页岩中 ②高瓦斯工区设防	不可能发生	较大的

高风险段落采取风险控制措施,见表 5.16。

表 5.16　正洞瓦斯风险重点段落

起讫里程	长度/m	残余风险等级	控制措施	概率等级	后果等级
D1K258+934～ D1K259+820	886	中度风险	①施工期间建立瓦斯监测、报警和施工通风系统,稀释和排出洞内瓦斯,防治瓦斯积聚 ②加强施工通风和瓦斯的监测,并采用喷雾洒水等防尘措施 ③加强超前地质预测预报工作 ④采用全封闭衬砌	不可能发生	较大的

经过风险评估采取相对应的控制措施后,正洞残留风险中已不存在高度风险,正洞中有害气体风险均能降至中度及以下,其余风险等级均控制在中度以下。

5.5.10　评估结论

1)结合本阶段工程地质资料和相关设计文件,对庙坝隧道进行风险评估

本隧道岩层主要为砂质泥岩、(泥质)砂岩夹灰岩,占全隧道长度的 70%,隧道最大埋深约 367 m,隧道以变形和有害气体风险尤为突出,主要集中在隧道通过物探可溶岩与岩溶接触带位置,设计及施工中都应引起足够重视。

在施工图阶段地质资料的基础上,在兼顾了投资和工期的前提下,针对各种风险均采取了合理措施以有效降低隧道中各种风险的等级,残留风险等级已降至中度以下,为可接受范围。

2)施工阶段工作建议

针对施工图阶段残留的有害气体、突水突泥、塌方等风险,在施工阶段应针对性地加深施工期间超前地质预报及监测、检测工作。

针对有害气体风险(主要为煤系地层),需对煤系地层的准确位置、瓦斯的含量,采空区准确位置进行深入调查,严格按照设计采取的针对性措施及施工注意事项,进一步降低风险及控制突发风险。

第6章　瓦斯隧道超前地质预报

6.1　一般规定

结合瓦斯隧道的特点,根据《铁路隧道超前地质预报技术规程》(Q/CR 9217—2015)和《铁路瓦斯隧道技术规范》(TB 10120—2019),在瓦斯隧道实施超前地质预报时,应注意以下要点:

①瓦斯隧道应按先探后掘的原则组织施工,将煤层及瓦斯超前地质预报纳入施工工序进行严格管理,根据预报成果动态调整设计和施工方案。

②瓦斯隧道应以地质调查法为基础、超前钻探法为主,结合物探、洞内地质素描、参数测试等进行综合超前地质预报。

③煤层瓦斯超前地质预报应探明煤层及瓦斯赋存参数,评价隧道瓦斯严重程度及对工程的影响,提出技术措施建议等。

④瓦斯隧道应及时整理超前地质预报资料,并进行综合分析,编制成果报告并反馈有关各方。

6.1.1　地质素描及物探

①瓦斯区段地质素描间距不宜大于 5 m,高瓦斯、煤与瓦斯突出工区过煤层段每开挖循环应作地质素描。

②开挖工作面进入瓦斯地层前不小于 50 m 至整个瓦斯地层结束,应开展物探法超前地质预报工作,前后两次预报重叠长度不宜小于 10 m。

③物探实施过程中应采取安全措施,并符合以下规定:

a. 实施物探的工作位置应避开瓦斯集中涌出段及煤层段;

b. 物探实施过程中应保持工作环境的瓦斯监测和通风,确保瓦斯浓度低于 0.5%;

c. 采用需辅助爆破的物探手段时,其辅助爆破作业应满足瓦斯工区爆破作业相关要求;

d. 高瓦斯及瓦斯突出区段物探设备应采用防爆型。

6.1.2　超前钻探

①瓦斯区段应设置不少于 1 个超前探孔进行全过程探测,并符合以下规定:

a.每循环钻孔长度不宜小于 35 m,前后两循环重叠长度不小于 8 m;

b.探孔宜取芯,当取芯困难时可采用孔内成像方法核实地层情况;

c.实施超前探孔应开展孔口、孔内瓦斯检测工作;

d.物探异常段应增设不少于 2 个探孔。探孔应结合煤(岩)层产状合理布设。

②距预测或初探煤层不小于 15~20 m(垂距)处,应采用超前探孔确定煤层准确位置,掌握其赋存情况及瓦斯状况,并应符合下列规定:

a.超前探孔应不少于 3 个,分别探测开挖工作面前方上部及左右部位煤层位置,探测孔宜结合煤层走向,合理布置煤层倾角。

b.每个探孔均宜穿透煤层并进入顶(底)板不小于 0.5 m。当探孔不能一次穿透煤层全厚时,应保证探孔末端至少超前工作面 20 m。

c.探孔应取完整的岩(煤)芯,湿式钻孔,进入煤层后宜干钻取样,并对煤样和气样进行物理、化学分析。

d.按各孔见煤、出煤点计算煤层厚度、倾角、走向及与隧道的关系,并分析煤层顶、底板岩性。

e.探测确认平均厚度 0.3 m 及以上的煤层还应按要求开展突出危险性预测。

③超前探孔作业应符合下列规定:

a.钻机应采用防爆型,钻孔直径不宜小于 76 mm;

b.当作业地点附近 20 m 以内风流中瓦斯浓度达到 1.0% 时,应停止钻孔作业;

c.高瓦斯及瓦斯突出地段超前探孔应单工序作业;微、低瓦斯地段超前探孔宜采用单工序作业;

d.钻孔过程中应观察记录孔口排出的浆液、钻屑、孔内瓦斯浓度的变化情况,结束后应及时整理钻孔记录表和成果。

④施钻过程中出现顶钻、夹钻、顶水、喷孔等动力现象时,应立即报警,停止工作,撤出人员,切断电源,并进行分析处理。

⑤瓦斯地层掘进过程中应采用加深炮孔对洞周进行探测,加深炮孔应符合下列规定:

a.高瓦斯及瓦斯突出区段拱墙范围不少于 5 个,底部不少于 2 个;

b.微瓦斯及低瓦斯区段拱墙范围不少于 3 个,底部不少于 1 个;

c.炮孔长度不小于 5 m,终孔位置距离开挖轮廓线外不小于 2 m;

d.探测煤与瓦斯的周边加深炮孔严禁装药放炮;

e.当加深炮孔施工中出现异常情况时,应及时采取措施。

6.1.3　煤层瓦斯预报要求

①煤层瓦斯预报应探明煤层分布位置、煤层厚度,测定瓦斯含量、瓦斯压力、涌出量、瓦

斯放散初速度、煤的坚固性系数等,判定煤的破坏类型,分析判断煤的自燃及煤尘爆炸性、煤与瓦斯突出危险性,评价隧道瓦斯严重程度及对工程的影响,提出技术措施建议等。

②煤层瓦斯预报可按下列步骤进行:

a.根据区域地质资料、工程地质勘察报告、工程地质平面图与纵断面图、煤层地表钻探资料和必要的地表补充调查,通过地质作图进一步核实煤层的位置与厚度等;

b.采用物探法确定煤层在隧道内的大致位置和厚度;

c.采用洞内地质素描,利用地层层序、地层厚度、标志层和岩层产状等,通过作图分析确定煤层的里程位置;

d.接近煤层前,必须对煤层位置进行超前钻探,标定各煤层准确位置,掌握其赋存情况及瓦斯状况。

③开挖工作面出现以下征兆时,应立即报警,停止工作,撤出人员,切断电源,并上报有关部门。

a.临近人为坑洞积水的可能前兆主要有:

● 岩层明显湿化、软化,或出现淋水现象;

● 岩层裂隙有涌水现象;

● 开挖工作面空气变冷或出现雾气;

● 有嘶嘶的水声;

● 临近煤层老窑积水的前兆是岩层中出现暗红色水锈或渗水中挂红。

b.煤与瓦斯突出的可能前兆主要有:

● 开挖工作面地层压力增大,鼓壁,深部岩层或煤层的破裂声明显、响煤炮、掉渣、支护严重变形;

● 瓦斯浓度突然增大或忽高忽低,工作面温度降低,有异味等;

● 煤层结构变化明显,层理紊乱,由硬变软,厚度与倾角发生变化,煤由湿变干,光泽暗淡,煤层顶、底板出现断裂、波状起伏等;

● 钻孔时有顶钻、夹钻、顶水、喷孔等动力现象;

● 工作面发出瓦斯强涌出的嘶嘶声,同时带有粉尘;

● 工作面有移动感。

6.2 预报的主要方法及流程

6.2.1 主要方法

目前瓦斯隧道施工阶段的超前地质预报可采用地质调查法、超前钻探法、物探法和超前导坑预报法,各预报方法应包括以下内容。

①地质调查法：包括隧道地表补充地质调查、洞内开挖工作面地质素描和洞身地质素描、地层分界线及构造线的地下和地表相关性分析、地质作图等。

②超前钻探法：包括超前地质钻探、加深炮孔探测及孔内摄影等。

③物探法：包括弹性波反射法（地震波反射法、水平声波剖面法、负视速度法和极小偏移距高频反射连续剖面法等）、电磁波反射法（地质雷达探测）、高分辨直流电法等。

④超前导坑预报法：包括平行超前导坑法、正洞超前导坑法等。

下面就各种方法进行简单介绍：

1）地质调查法

地质调查法是根据隧道已有勘察资料、地表补充地质调查资料和瓦斯隧道内地质素描，通过地层层序对比、地层（煤层）分界线及构造线地下与地表相关性分析、断层要素与隧道几何参数的相关性分析、临近隧道内不良地质体的前兆分析等，利用常规地质理论、地质作图和趋势分析等，推测开挖工作面前方可能揭示的地质情况的一种超前地质预报方法。地质调查法适用于各种地质条件下隧道的超前地质预报。其相关技术要求按《铁路隧道超前地质预报技术规程》办理。

2）弹性波反射法

弹性波反射法包括地震波反射法、水平声波剖面法、负视速度法和陆地声呐法等方法，适用于划分地层界线、查找地质构造、探测不良地质体的厚度和范围。

瓦斯隧道宜采用 HSP 和 TSP 法对软弱夹层、煤层、采空区或破碎带进行预报，每次预报距离宜为 50～120 m（根据现场采集数据质量进行判定），前后两次搭接长度 10 m 以上。其相关技术要求按《铁路隧道超前地质预报技术规程》（Q/CR 9217—2015）办理。

（1）HSP 预报原理

水平声波剖面法是一种典型的弹性波反射法，主要利用声波或地震波传播过程的反射原理进行地质预报。作为典型的弹性波，声波传播过程遵循惠更斯-菲涅尔原理和费马原理。在任意介质中传播的声波当其传播到该介质与另一介质的分界面时，一部分产生反射，且波阻抗变化越大，反射越明显，在钻爆法隧道 HSP-D 预报法利用在开挖工作面后方两侧边墙脚位置阵列式布设声波激震点和接收点，通过分析接收到的反射波信号分析岩体中存在的不良地质体（带）如断层、风化破碎带、岩溶洞穴、地下水富集带等。

实施时，在开挖工作面后方两侧边墙脚位置分别布设激震点和接收点，其中，接收点不少于 6 个，源震点不少于 10 个，确保有效记录道不少于 72 道。接收检波器等间距各布置在左右边墙（左右边墙各不少于 3 个）；按间距 1.5～3 m（结合现场实际情况，但不小于 1.5 m）布设不少于 10 个（左右边墙对称布置）震源激发点，可采用锤击、电火花或炸药进行震源激发。

分析时，对单道记录进行滤波、压制干扰和指数增益调整；对于每一道不同炮的记录和每一炮不同道的记录进行对比分析，以规律性好、重复性好的记录道进行成像处理；结合实际开挖面岩体情况,选择合适的速度范围,进行速度分析与聚焦成像联合反演;应用反演三维成像成果、波速、泊松比和动态杨氏模量等参数特征,结合开挖工作面地质素描和区域地质资料,进行开挖工作面前方的地质判释和预报。

HSP 反射法地质预报工作原理,如图 6.1 所示。

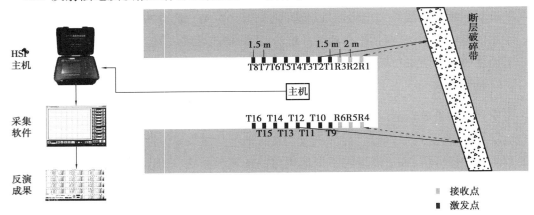

图 6.1　HSP 反射法地质预报工作原理图

（2）TSP 预报原理

TSP 地质预报系统是利用地震波在不均匀地质体中产生的反射波特征来预报隧道掘进面前方及周围邻近区域的地质状况,作为中长期地质预测预报方法,它可以有效预测 80 ~ 120 m 范围内的地质体的特征。

实施时,人工制造一系列有规则排列的轻微震源,由三维地震波接收器在计算机的监控下采集这些震源所发出地震波沿隧道前方及四周区域传播而遭遇不良地质体(如地层层面、节理面、岩溶面特别是断层破碎带界面等)被反射返回的地震波数据。这些回波信号的传播速度、延迟时间、波形、强度和方向是与相应的不良地质体的性质和分布状况紧密相关的,通过分析可得到前方地层的地质力学参数。图 6.2 为 TSP 探测原理示意图。

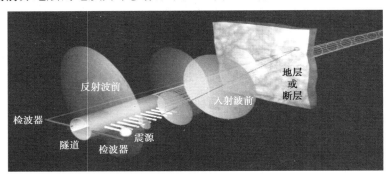

图 6.2　TSP 探测原理示意图

3）地质雷达法

地质雷达法主要用于采空区,也可用于断层破碎带、煤层和软弱夹层等不均匀体的探测,每 30 m 一次,前后两次搭接长度为 5 m 以上。其相关技术要求按《铁路隧道超前地质预报技术规程》(Q/CR 9217—2015)处理。

地质雷达是采用无线电波检测地下介质分布和对不可见目标体或地下界面进行扫描,以确定其内部结构形态或位置的电磁技术。其工作原理为:高频电磁波以宽频带脉冲形式通过发射天线发射,经目标体反射或透射,被接受天线所接收,具有高分辨率、无损性、高效率、抗干扰能力强等特点。检测时采用剖面法,即发射天线(T)和接收天线(R)以固定间距沿测线同步移动的测量方式,高频电磁波在介质中传播时,其路径、电磁场强度和波形将随所通过介质的电性质及几何形态而变化,由此通过对时域波形的采集、处理和分析,结合施工单位提供的设计资料,可确定掌子面前方围岩状况。其结果可用地质雷达时间剖面图像表示,其中横坐标记录了天线在隧道掌子面的位置,纵坐标为反射波双程走时,表示雷达脉冲从发射天线出发经地下界面反射回到接收天线所需的时间。这种记录能准确描述测线下方各反射界面的形态。地质雷达的工作原理,如图 6.3 所示。

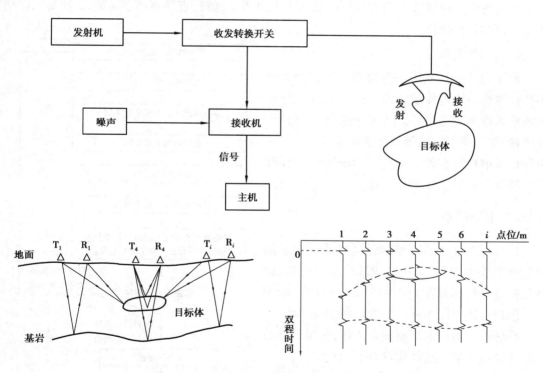

图 6.3　探地雷达反射探测系统及反射剖面示意图

4)瞬变电磁法

瞬变电磁法适用于探测任何地层中存在的地下水体、断层破碎带、采空区富水等。每次预报距离采用 80～100 m,前后两次搭接长度不小于 30 m,但是由于测量线圈和发射线圈的面积及匝数不同,致使前方存在不同深度范围的盲区(多为 20 m),盲区段落的数据不能参与资料解释。其相关技术要求按《铁路隧道超前地质预报技术规程》(Q/CR 9217—2015)处理。

瞬变电磁法也称时间域电磁法(Time Domain Electromagnetic Methods,TEM),它是利用

不接地回线或接地线源向地下发射一次脉冲磁场,在一次脉冲磁场间歇期间,利用线圈或接地电极观测二次涡流场的方法。简单地说,瞬变电磁法的基本原理就是电磁感应定律。衰减过程一般分为早期、中期和晚期。早期的电磁场相当于频率域中的高频成分,衰减快,趋肤深度小;而晚期成分则相当于频率域中的低频成分,衰减慢,趋肤深度大。通过测量断电后各个时间段的二次场随时间变化规律,可得到不同深度的地电特征。瞬变电磁法对低阻体反应敏感,可查明含水地质体。

5)超前地质钻探法

超前地质钻探法适用于各种地质条件下的隧道超前地质预报,富水软弱断层破碎带、采空区地下水富集区、煤层瓦斯发育区、重大物探异常区等地质条件复杂的地段必须采用。

多采用冲击钻和回转取芯钻,验证中近距离物探超前探测存在异常的地段。煤层位置预报时,在接近煤层前 15~20 m(垂距)处的开挖工作面钻 1 个孔,初探煤层位置,在距煤层 10 m(垂距)处的开挖工作面钻 3 个孔,分别探测开挖工作面前方上部和左右部位煤层位置,超前钻孔均应穿透煤层并进入顶(底)板不小于 0.5 m,钻孔直径不小于 φ76,其他要求严格按照设计和规程执行。

6)加深炮孔法

加深炮孔法是利用在隧道开挖工作面上钻小孔径浅孔获取地质信息的一种方法,适用于各种地质条件下的隧道超前地质探测,尤其适用于破碎带、煤层或采空区等地下水富集区。在每一循环钻设炮孔时布设 3~5 个加深炮孔,较循环进尺加深 3 m 以上作为探测孔。

6.2.2 主要流程

结合瓦斯隧道的特点,根据《铁路隧道超前地质预报技术规程》(Q/CR 9217—2015)和《铁路瓦斯隧道技术规范》(TB 10120—2019),超前地质预报应按照图 6.4 的框图开展相关工作。

开展隧道的超前地质预报工作,预报长度的划分和预报方法的选择应符合下列规定:

①长距离预报:预报长度 100 m 以上。可采用地质调查法、弹性波反射法及 100 m 以上的超前钻探等。

②中长距离预报:预报长度 30~100 m。可采用地质调查法、弹性波反射法及 30~100 m 的超前钻探等。

③短距离预报:预报长度 30 m 以内。可采用地质调查法、电磁波反射法(地质雷达探测)及小于 30 m 的超前地质钻探和加深炮孔等。因此,瓦斯隧道综合超前地质预报配套模

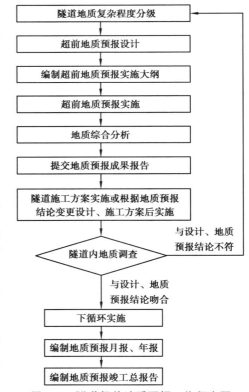

图 6.4　隧道超前地质预报工作程序图

式如图 6.5 所示。

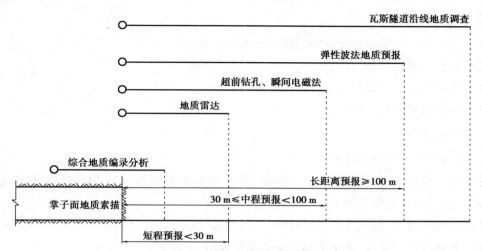

图 6.5　瓦斯隧道综合超前地质预报配套模式示意图

瓦斯隧道超前地质预报一般程序如下：

①在地质调查法的基础上，开展弹性波反射（如 HSP 和 TSP 等）法预报工作，针对软弱夹层、煤层、采空区或破碎带等，进行宏观把控。

②在弹性波反射法（如 HSP 和 TSP 等）预报的物探异常段落进行地质雷达法预报工作；在弹性波反射法（如 HSP 和 TSP 等）预报的破碎带或采空区等，结合地质情况分析认为富水异常段进行瞬变电磁法预报工作。

③在物探法预报工作结束后，对物探异常段落进行超前钻探（超前地质钻探、加深炮孔）法预报和验证工作。

需要强调的是在施工过程中要遵循动态设计原则，根据具体的地质情况，及时调整超前地质预报方法和技术。

6.3　地质预报实施中需要注意的要点

6.3.1　瓦斯隧道地质预报相关参数要求

1）地质调查法

①隧道地表补充地质调查在实施洞内超前地质预报前进行，并在洞内超前地质预报实施过程中根据需要随时补充，做好现场记录，并于当天及时整理。

②地质素描图采用现场草图、室内及时誊清的方式完成，记录时必须在现场根据实际情况进行记录，不得回忆编制或室内制作。地质素描原始记录、图、表须当天整理。

③隧道地表补充地质调查和洞内地质素描资料应及时反映在隧道工程地质平面图和纵断面图上，并分段完善和总结。

④按要求采集标本,及时整理,并按 50 m 为一段整理成册。

2)弹性波反射法

①干扰背景不应影响初至时间的读取和波形的对比。

②反射波同相轴必须清晰。

③不工作道应小于 20% ,且不连续出现。

④初至波时间具有规律性。

3)地质雷达法

①参与解释的雷达剖面清晰。

②解释前宜作编辑、滤波、增益等处理。情况较复杂时还宜进行 FK 滤波、正常时差校正、褶积、速度分析、消除背景干扰等处理。

③结合地质情况、电性特征、探测体的性质和几何特征综合分析。必要时应考虑影响介电常数的各种因素,制作雷达探测的正演和反演模型。

4)瞬变电磁法

①采集中应保证线圈呈标准 1.5 m 边长的正方形,无折叠与弯曲。

②应保证供电电流在 1 A 以上。

③应注意发射线圈与接收线圈接线回路为同一方向,以保证采集曲线为标准衰减曲线。

④采集中应移开金属物体(如台车、施工车辆等)至 200 m 外,保证采集数据中无金属物体干扰。

5)超前地质钻探

①孔数:断层、节理密集带或其他破碎富水地层每循环可采用 1 孔,煤层预报采用 4 孔。

②孔深。

a. 不同地段不同目的的钻孔采用不同的钻孔深度。

b. 钻探过程中进行动态控制和管理,根据钻孔情况可适时调整钻孔深度,以达到预报目的为原则。

c. 在需要连续钻探时,一般每循环可钻 30 m 及以上,必要时也可钻 100 m 以上的深孔。

d. 连续预报时,前后两循环钻孔应重叠 5~8 m。

6)加深炮孔探测法

加深炮孔探测法的孔数和孔深要求以能探明循环进尺前方 3 m 深度范围内有无不良地质体的情况为准。

6.3.2 瓦斯隧道地质预报实施中的安全措施

①参与人员认真学习、执行隧道施工安全规程,超前钻探人员还应认真学习、执行钻探安全技术操作规程。新参加人员上岗前,必须经过安全生产教育,具有安全生产的基本知识,并在班长或技术熟练人员的指导下工作。

②在地质预报实施过程中,应积极识别各种安全危险源,保障人员和机械设备的安全。

③进入隧道工作必须穿戴合体的工作服、防护靴、安全帽和防尘口罩等防护用品。

④严禁上班前和工作中饮酒。

⑤地质预报工作必须在现场找顶作业结束(必要时初期支护)后进行,开始工作前应观察操作空间上方、周围有无安全隐患,特别是钻探开挖工作面附近是否还有危石存在,确保预报人员的安全。

⑥高处作业时作业台架必须安设牢固,台架周围应设置防护栏,凡患有高血压、心脏病等不适应高处作业者不得上架作业。

⑦当隧道岩体中含有煤层瓦斯、石油天然气等易燃易爆物时,必须严格执行现行《煤矿安全规程》和《铁路瓦斯隧道技术规范》等的有关规定。高瓦斯及瓦斯突出段物探设备应采用防爆型。当采用非防爆型时,在仪器设备及操作空间20 m范围内瓦斯浓度必须小于0.5%。超前钻探必须采用水循环钻或湿式钻孔,严禁携带火源进洞。

⑧弹性波反射法(TSP)超前地质预报现场采集数据使用的炸药和雷管必须由持有爆破证的专人领用,爆破作业必须由专业爆破工操作。非专业人员严禁从事爆破作业。

⑨钻机使用的高压风、高压水的各连接部件均应采用符合要求的高压配件,管路应连接安设牢固,并应经常检查,防止管接头脱落、管路爆裂高压风、水伤人;高压电路接线应由专业电工操作。

⑩钻孔时,钻机前方应安设挡板,严禁在钻孔的轴后方向站人,以防钻具和高压冲出的岩屑、泥沙等伤人。

⑪为便于控制超前钻孔揭露大量地下水时的水流及采取措施,孔口应安设孔口管和闸阀,且孔口管必须安设牢固,防止水压将孔口管冲出伤人。

⑫隧道施工前,应有地质人员和隧道施工经验丰富的施工者对掌子面掘进人员进行教育培训,使其了解"临近隧道内不良地质体的前兆标志",以便及时采取应对措施,尽量减少突发地质灾害的发生。

⑬以上为一般规定,各工作面需针对具体的情况制订具有针对性的安全措施并严格执行。

6.3.3　瓦斯隧道地质预报实施中的注意要点

①实施超前地质预报应全面了解隧址区地质情况,分析和掌握存在的主要工程地质问题、主要地质灾害隐患及分布范围等,核实地质复杂程度分级、超前地质预报方案的内容。

②鉴于超前地质预报技术发展水平,目前还未有一种能解决所有地质问题的预报手段,对地质条件复杂的隧道应采用多种手段相互印证的综合预报方法,提高预报准确率。断层预报应以地质调查法为基础,以弹性波反射法探测为主,必要时采用瞬变电磁法探测断层带地下水的发育情况及超前钻探法验证,并应采用宏观预报指导微观预报,长距离预报指导中短距离预报的方法。在可能发生涌水的地段必须进行超前钻探,且超前钻探必须设有防突装置。对于围岩级别预报,由于围岩级别的确定涉及岩(土)的完整程度、坚硬程度、地下水、地应力及隧道埋深等多种因素,通过物探法超前地质预报尚不能准确预报围岩级别,必须结合实际开挖情况和钻探情况加以综合分析判断。

③隧道超前地质预报是保证隧道施工安全的重要环节和重要技术手段,需将其列为隧

道施工的必要工序。当施工进度与超前地质预报发生矛盾时,施工必须为超前地质预报让路,以避免盲目施工,确保超前地质预报工作的实施,并起到指导施工的作用。

④超前地质预报具体实施过程中,应根据隧道的工程地质与水文地质条件、地质因素对隧道施工影响程度及诱发环境问题的程度分级。确定重点预报地段,并遵循动态设计原则,根据预报实施工作中掌握的地质情况,及时调整隧道区段的复杂程度分级、预报方法和技术要求等。

⑤超前地质预报是勘察设计阶段工程地质工作的延续,应进行实际地质状况与设计对比分析,总结经验教训,不断提高隧道工程地质勘察质量。

6.4 预报的典型图谱

6.4.1 瓦斯隧道周边异常图谱

1)地质概况

某隧道穿越某背斜灰岩出露区,山体多为孤立的贝壳状浑圆形山峰;两翼主要为砂、泥岩出露,山体多呈不规则状连成片状的浑圆山体。穿越煤矿南端,局部段过煤层采空区,含瓦斯。同时,地下水主要为第四系孔隙潜水入下伏基岩裂隙水,埋深浅,富水性一般,受地表水及降雨影响明显。隧道段以碳酸盐岩类裂隙溶洞水为主,碳酸盐岩系水文地质条件较复杂,水量较丰富,构面隧道重要涌水或突水层段。隧道施工中存在瓦斯、采空区及涌水突泥等高风险,施工难度大。

该区域地表和地下分水岭南面一线,大致呈东西展布。隧址区位于地下分水岭以北。地下水由大气降雨通过地表各种裂隙、溶隙、落水洞、岩溶漏斗等通道垂直入渗补给,并以泉和横向沟谷的形式由南向北排泄河流。

根据现场调查(图6.6),该段隧道轴线方向约为280°,在 ZK136+930 ~ ZK136+900 范围内,围岩主要为砂岩,钙质胶结,局部夹薄层煤,岩体产状:137∠64°,强风化,属较坚硬岩。岩体较完整 ~

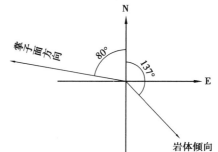

图6.6 岩体倾向与隧道的关系示意图

较破碎,薄层 ~ 中厚层状,互层,层间局部夹泥质。岩体节理裂隙较发育,岩体产状:231∠86°,间距0.1 ~ 0.8 m,延伸 0.1 ~ 1.0 m,微张。地下水发育,主要以点滴或线状产出。

2)物探结果

隧道掌子面开挖时,未发现异常情况,但左侧和右侧边墙位置多见煤线或煤层,为保证隧道结构物的安全,采用物探手段对隧道周边既有巷道或采空区进行探测。测试面为底板,围岩为砂岩夹泥岩,较潮湿,属于软岩,中风化,局部强风化,遇水易软化、坍塌,节理裂隙发育,岩体较破碎~破碎,结构面结合较差,稳定性差,测试面上有 2 ~ 3 cm 泥质物质,测试天线采用拖行。图 6.7 为现场测试照片。

图 6.7　现场测试照片

本次探测采用美国劳雷公司生产的 SIR-20 地质雷达系统及配套分析软件,现场利用中心频率为 100 MHz 屏蔽天线对 ZK136 + 920 ~ ZK136 + 900 布置地质雷达测线进行连续测试,并结合地质调查法对 ZK136 + 920 ~ ZK136 + 900 下方围岩进行分析。图 6.8 为测线布设图,图 6.9—图 6.13 为处理后的雷达剖面图。

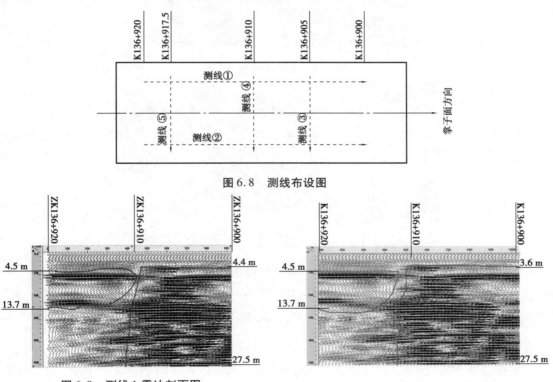

图 6.8　测线布设图

图 6.9　测线 1 雷达剖面图　　　　图 6.10　测线 2 雷达剖面图

从地质雷达剖面图可知,在测试面前方 27.5 m 的范围内雷达反射波总体较强,相位断续变化,局部相位错乱无章,表面围岩较破碎,地下水相对较发育。

根据测试面围岩特征及本次测试结果,分析得出如下结论:ZK136 + 920 ~ + 910 从测试面向下 4.5 ~ 13.7 m 的范围内,主要围岩为砂岩夹泥岩,岩体破碎,呈镶嵌结构,结构面结合

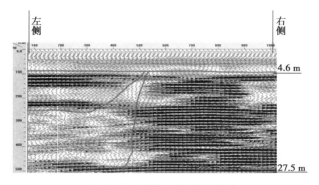

图 6.11　测线 3 雷达剖面图

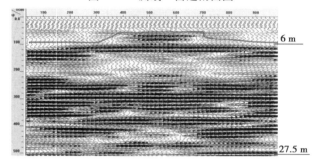

图 6.12　测线 4 雷达剖面图

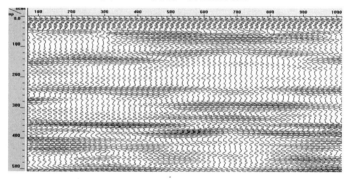

图 6.13　测线 5 雷达剖面图

较差,围岩稳定性较差,易坍塌。向下 13.7 ~ 27.5 m 段围岩为层状砂岩,层间结合一般。
ZK136 + 910 ~ + 900 从测试面向下 4.4 ~ 27.5 m,此段为原采空区,且局部回填不密实。

3)钻孔分析

根据地质雷达探测的报告,决定在 ZK136 + 926 ~ ZK136 + 910 布置 4 个钻孔,均为取芯钻孔,其中 ZK136 + 915 和 ZK136 + 926 垂直向下,ZK136 + 910、ZK136 + 920 与隧道底板有一定的倾角,以便推断隧道底部煤层、巷道和采空区的范围。钻孔位置平面、纵断面和正面示意图分别如图 6.14—图 6.16 所示。

钻孔所采用钻头规格为:φ108 合金钻头、φ94 合金钻头和 φ77 金刚石钻头。岩芯直径有 DN92,DN80 和 DN65 3 个规格岩芯。

1# ~4#钻孔的实际完成情况见表6.1。

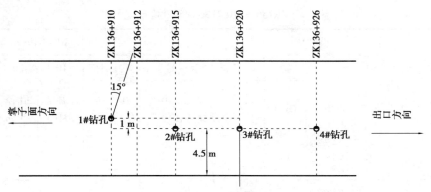

图 6.14 钻孔位置平面示意图

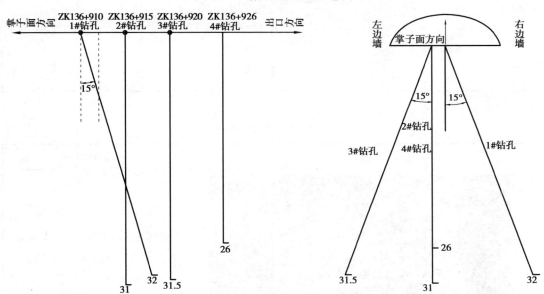

图 6.15 钻孔位置纵断面示意图   图 6.16 钻孔位置正面示意图

表 6.1 工作量统计表

钻孔编号	位置描述	终孔深度/m
1# ZK136 + 910	向右边墙和大里程方向倾斜 15°向下	32.0
2# ZK136 + 915	向下垂直于隧道底板	31.0
3# ZK136 + 920	向左边墙倾斜 15°向下	31.5
4# ZK136 + 926	向下垂直于隧道底板	26

根据设计要求进行钻探,并进行详细的地质编录,见表6.2—表6.9。

(1)1#钻孔地质编录

表 6.2　ZK136 +910 断面 1#钻孔地质编录表

<table>
<tr><td>隧道名称</td><td colspan="2">隧道</td><td colspan="2">钻孔单位</td><td colspan="3"></td><td>开孔时间</td><td colspan="2">10-17-19:20</td><td>立角</td></tr>
<tr><td>孔口里程</td><td colspan="2">ZK136 +910</td><td colspan="2">孔口位置</td><td colspan="3">见布置示意图</td><td>终孔时间</td><td colspan="2">10-18-1:00</td><td>偏角:15°</td></tr>
<tr><td>层底里程</td><td>层底深度/m</td><td>分层厚度/m</td><td>柱状图</td><td>RQD 值</td><td>采样位置</td><td>工程地质简述</td><td>出水位置</td><td>出水量/($m^3 \cdot h^{-1}$)</td><td>水压力/MPa</td><td>孔径/mm</td><td>其他参数</td></tr>
<tr><td rowspan="2">ZK136 +910</td><td>8</td><td>8</td><td></td><td>15</td><td rowspan="2">见钻孔布置示意图</td><td rowspan="2">刚开始钻孔取芯破碎,含煤矸石,推断为巷道影响带</td><td rowspan="2">无出水</td><td rowspan="2">0</td><td rowspan="2">0</td><td>108</td><td rowspan="2"></td></tr>
<tr><td>32</td><td>24</td><td></td><td>88</td><td>94</td></tr>
</table>

表 6.3　岩芯对应描述表

图片	图片描述
	ZK136 +910 钻孔 0 ~ 8 m 岩芯极破碎,夹煤矸石、小煤块,无明显漏水现象,结合巷道走向与岩体倾向之间的关系,判定该段为采煤巷道影响带
	8 ~ 32 m 段以泥质砂岩为主,节理不发育,岩体较坚硬

（2）2#钻孔地质编录

表 6.4　ZK136＋915 断面 2#钻孔地质编录表

隧道名称	隧道		钻孔单位			开孔时间	10-18-1:20	立角
孔口里程	ZK136＋915		孔口位置		见布置示意图	终孔时间	10-18-7:30	偏角
层底里程	层底深度/m	分层厚度/m	柱状图	RQD值	采样位置	工程地质简述	出水位置	出水量/(m³·h⁻¹)	水压力/MPa	孔径/mm	其他参数

层底里程	层底深度/m	分层厚度/m	柱状图	RQD值	采样位置	工程地质简述	出水位置	出水量/(m³·h⁻¹)	水压力/MPa	孔径/mm	其他参数
ZK136＋915	1.2	1.2		0	见钻孔布置示意图	钻孔至4 m开始取芯含煤矸石及煤层,漏水。推断为煤层巷道	无出水	0	0	108	
	4	2.8		76							
	13	8		0						94	
	31	19		92							

表 6.5　岩芯对应描述表

图片	图片描述
	ZK136＋915 钻孔 0～1.2 m,受开挖爆破影响,岩体极破碎,均为碎块状

续表

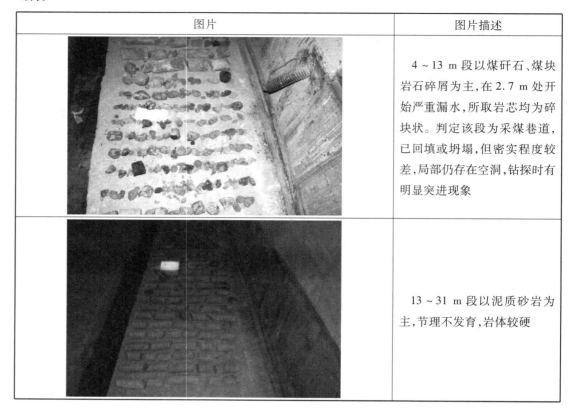

图片	图片描述
	4～13 m段以煤矸石、煤块岩石碎屑为主,在2.7 m处开始严重漏水,所取岩芯均为碎块状。判定该段为采煤巷道,已回填或坍塌,但密实程度较差,局部仍存在空洞,钻探时有明显突进现象
	13～31 m段以泥质砂岩为主,节理不发育,岩体较硬

（3）3#钻孔地质编录

表6.6　ZK136＋920断面3#钻孔地质编录表

隧道名称	隧道		钻孔单位					开孔时间	10-18-8:20		立角
孔口里程	ZK136＋920		孔口位置		见布置示意图			终孔时间	10-18-13:30		偏角
层底里程	层底深度/m	分层厚度/m	柱状图	RQD值	采样位置	工程地质简述	出水位置	出水量/(m³·h⁻¹)	水压力/MPa	孔径/mm	其他参数
ZK136＋920	2	2		0	见钻孔布置示意图	钻孔至2 m开始取芯含煤矸石,漏水。推断为煤层巷道	无出水	0	0		
	15	13		12						108	
	31.5	16.5		89						94	

表6.7　岩芯对应描述表

图片	图片描述
	ZK136 + 920 钻孔 0 ~ 2 m 处,受开挖爆破影响,岩体极易破碎,均为碎块状
	2 ~ 15 m 段,以煤矸石、煤块和岩石碎屑为主,在 3.1 m 处开始严重漏水,所取岩芯均为碎块状。判定该段为采煤巷道,巷道顶部卸荷严重,岩体极易破碎;巷道中已回填,但密实程度较差,局部仍存在空洞,钻探时有明显突进现象
	15 ~ 31.5 m 段以泥质砂岩为主,节理不发育,岩体较硬

（4）4#钻孔地质编录

表6.8　ZK136+926断面4#钻孔地质编录表

隧道名称	隧道		钻孔单位				开孔时间	10-24-06:20	立角
孔口里程	ZK136+926		孔口位置		见布置示意图		终孔时间	10-24-10:00	偏角
层底里程	层底深度/m	分层厚度/m	柱状图	RQD值	采样位置	工程地质简述	出水位置	出水量/(m³·h⁻¹)	水压力/MPa	孔径/mm	其他参数

层底里程	层底深度/m	分层厚度/m	柱状图	RQD值	采样位置	工程地质简述	出水位置	出水量/(m³·h⁻¹)	水压力/MPa	孔径/mm	其他参数
ZK136+926	3	3		0	见钻孔布置示意图	ZK136+926钻孔主要为砂岩，较完整～较破碎，局部岩体较破碎，取芯为煤矸石块体	无出水	0	0	108	8～26 m均存在漏水现象
	8	5		71							
	13	5		46							
	26	13		78						94	

表6.9　岩芯对应描述表

图片	图片描述
	ZK136+926钻孔0～3 m岩芯极破碎，主要为下道开挖后回填及放炮震动影响形成的碎石

图片	图片描述
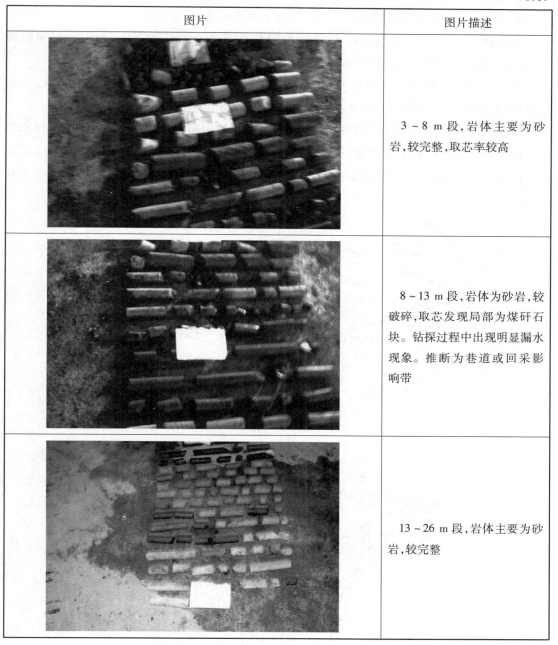	3～8 m 段,岩体主要为砂岩,较完整,取芯率较高
	8～13 m 段,岩体为砂岩,较破碎,取芯发现局部为煤矸石块。钻探过程中出现明显漏水现象。推断为巷道或回采影响带
	13～26 m 段,岩体主要为砂岩,较完整

（5）结论

通过超前地质钻探基本获得隧道 ZK136＋926～ZK136＋910 底板 30 m 左右的围岩状况、裂隙分布及涌水情况等相关地质资料,为安全施工奠定基础。由于该煤层、巷道和采空区开挖距今年代较为久远,无相关记录资料,并且钻探仍存在一定的局限性,有时可能"以点概面",因此,只能根据现场观察和本次钻探成果,初步认为:

①隧道底部无双层或多层巷道。

②煤层、巷道和采空区已经局部回填,但密实程度较差,局部仍存在空洞。

③根据 ZK136+910 钻孔成果,认为所揭露巷道周边岩体卸荷严重,较破碎,甚至极破碎,对隧道底板的稳定性造成极大影响。

④根据 ZK136+915 和 ZK136+920 钻孔所揭露情况,及钻探时发生严重漏水现象,认为该巷道回填的密实程度较差,局部甚至出现空洞,孔隙间连通性较好。

⑤根据现场观察、物探和钻探成果,分析认为该巷道走向呈 Z 字形(受当时开采技术等多方面因素的影响),其示意图如图 6.17 所示。该巷道对围岩稳定性影响程度较大,已造成周边岩体发生坍塌(采空坍塌或回填区),其示意图如图 6.18 所示,对工程安全造成不利影响。

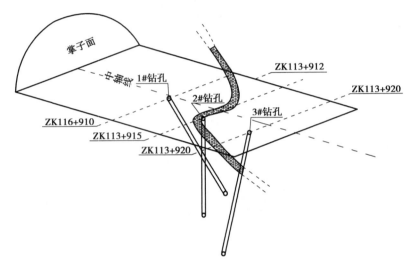

图 6.17　推测巷道大概位置示意图

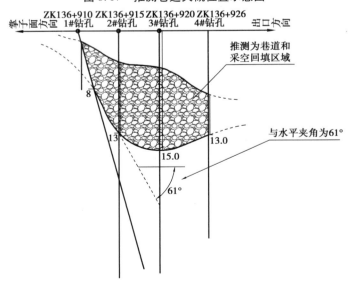

图 6.18　钻探纵断面示意图

4）开挖验证

根据物探和钻探结果进行下台阶和仰拱开挖,发现了年代久远的煤层、巷道和大范围的采空塌陷区。具体揭露情况如图 6.19 所示。

图 6.19　开挖揭露的巷道和采空塌陷区

6.4.2　瓦斯隧道掌子面前方异常图谱

1）地质概况

某瓦斯隧道属中山地貌,穿越连绵山体,地形起伏较大,该段穿越的地层主要有:

灰岩、砂岩、泥岩偶夹煤线(P_{2c}):深灰色、青灰色,薄~中厚层状,岩性以灰岩、砂岩、泥岩偶夹煤线为主,灰岩岩质坚硬,岩溶弱~中等发育,弱风化灰岩属Ⅴ级次坚石;弱风化砂岩属Ⅳ级软石,分布于 D1K285 + 560 ~ + 590 段。

砂岩、泥岩、炭质页岩夹煤层及灰岩(P_{21}):为灰色、黑灰色薄层到中层状砂岩及泥岩或铝土质泥岩夹页岩为主,夹煤层及灰岩,节理裂隙发育,岩体风化破碎严重,强风化层(W_3)属Ⅳ级软石,弱风化层(W_2)属Ⅳ级软石。根据区域地质资料,该地层夹煤 11 ~ 31 层,煤层总厚度 4 ~ 6 m,其中可采煤层 2 ~ 3 层,位于该组上部、长兴组底部;另局部含可采煤层 1 ~ 2 层,厚 0.2 ~ 0.5 m,位于龙潭组下部;但根据地质调查和钻探资料在隧道底至地面未揭露煤层,仅有煤线、煤屑及炭质泥岩、泥岩、铝土质泥岩及页岩岩质软弱,遇水快速软化,物理力学性质差,属Ⅳ级软石,不作填料;弱风化炭质页岩属Ⅳ级软石,不作填料;煤层禁作填料。分布在 D1K285 + 320 ~ + 560 段。

隧道于 D1K285 + 320 附近穿越 F1 断层,断层走向 N40° ~ 50° E,倾向北西,倾角 60° ~ 70°,断层上盘(NW 盘)上升,为二迭系上统为峨眉山玄武岩($P_{2\beta}$)和二迭系下统栖霞至茅口组(P_{1q+m})灰岩,白云质灰岩,岩层产状为 N40° W/68° SE,N30° W/40° SE,下盘(SE 盘)下降,为二迭系龙潭组(P_{21})煤系地层,岩层产状为 N47° E/21° SE,为逆断层,推测断距大于 100 m,破碎带宽不详,破碎带由挤压角砾岩、糜棱岩组成,挤压揉皱现象明显,见摩擦镜面。

隧道区地震动峰值加速度加 $0.05g$。

该段隧道范围内不良地质为地层接触破碎带、煤层瓦斯、顺层及断层破碎带。

①地层接触破碎带:二迭系下统栖霞、茅口组(P_{1q+m})灰岩、白云质灰岩,与二迭系上统龙潭组(P_{2l})砂质泥岩、泥质砂岩夹煤层以断层接触,接触带宽10～20 m,胶结差,岩质软,岩体破碎,接触带上部为可溶岩,地下水活动强烈,岩溶也较发育下部为相对隔水层,对隧道影响较大。

②煤层瓦斯:D1K285+320～D1K285+590段通过二迭系上统长兴、龙潭组(P_{2c+1})砂质泥岩、泥质砂岩及煤层,根据区域地质资料,该地层夹煤11～31层,煤层总厚为4～6 m,其中可采煤层2～3层,位于该组上部,长兴组底部;另局部含可采煤层1～2层,煤层厚0.2～0.5 m,位于龙潭组下部;根据地质调查和钻探资料在隧道底至地面未揭露煤层,仅有煤线、煤屑及炭质泥岩等,连续性差,该段隧道埋深仅50～100 m,由于受两条断层的影响,隧道内岩体风化破碎严重,煤层瓦斯易于释放,故该段属低瓦斯隧道,但由于其含煤层不均匀,施工中有遇鸡窝煤的可能性,局部可能含高瓦斯。

该段地下水分布在测段里程D1K285+320～隧道出口段,赋存于砂质泥岩、泥质砂岩及煤系地层等构造裂隙及风化裂隙之中,水通常呈散流排泄入测区的地表水系,局部溢出成泉,含水地层为三迭系下统飞仙关组(T_{1f})砂质泥岩、泥质砂岩夹灰岩地层;二迭系上统(P_{2c+1})灰岩、炭质灰岩、砂质泥岩、泥质砂岩夹煤。大气降水是泉水的主要补给来源,地下水位动态变化较大,富水性弱,为相对隔水层。

2)物探结果

(1)弹性波法长距离探测(图6.20)

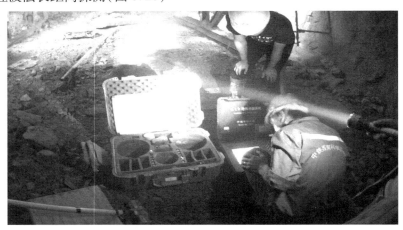

图6.20 弹性波法现场测试照片

本次测试的主要目的是:探测D1K285+590里程隧道掌子面前方围岩工程地质及水文地质情况,并提出相应的建议措施。采用弹性波法探测结果表明:D1K285+590～+490里程范围内,岩体破碎,节理裂隙发育,岩体呈碎块状～散体状结构,结构面胶结差,泥质充填。其中D1K285+560～+530和D1K285+515～+490段落内,软弱夹层、破碎带或腔体发育,地下水较发育,多呈线状或股状,易掉块、坍塌。围岩稳定性差～极差。弹性波法现场测试照片如图6.20所示,弹性波法测试成果图如图6.21—图6.23所示。

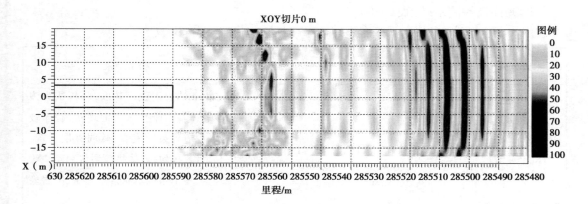

图 6.21　弹性波法反射波分析成果 XOY 向（测试基准面水平）切片图

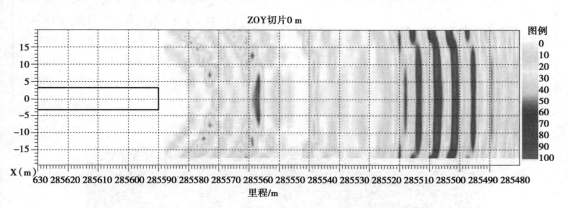

图 6.22　弹性波法反射波分析成果 YOZ 向（隧道中轴线）切片图

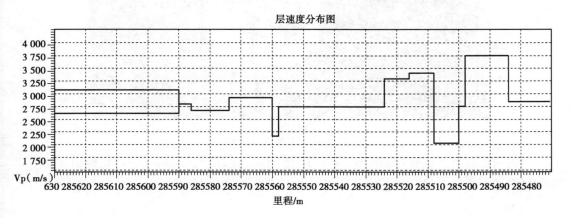

图 6.23　掌子面前方纵波速度图

（2）短距离探测结果（表6.10）

表6.10　掌子面 D1K285+585 前方地质雷达分析结果

测试范围	长度/m	设计围岩级别	建议围岩级别	测试结果
D1K285+585～ D1K285+571	14	Ⅳ～Ⅴ级	Ⅳ～Ⅴ级	电磁波反射强度较弱,分析认为该段岩体基本维持掌子面现状,岩体较破碎,节理裂隙发育,软弱夹层发育,易坍塌、掉块,岩体呈薄层状～碎块状结构,地下水以点状淋水为主,围岩稳定性较差
D1K285+571～ D1K285+555	16	Ⅴ级	Ⅴ级	电磁波反射强度强烈,同向轴不连续,分析认为该段岩体破碎,节理裂隙密集发育,岩体呈薄层状～镶嵌碎裂状结构,结构面胶结差。整个段落里程范围内,软弱夹层、破碎带或腔体较发育,地下水发育。围岩稳定性差

图6.24　现场测试照片

地质雷达现场测试照片如图6.24所示,地质雷达探测成果图如图6.25所示。地质雷达测试掌子面地质素描和掌子面照片如图6.26和图6.27所示。

3）开挖验证

根据物探和钻探结果,进行掌子面的开挖,发现该段煤层厚为2 m、巷道向左侧和下部延伸,由于支护较弱开挖后不久,就造成了掌子面的正面坍塌（图6.28）。

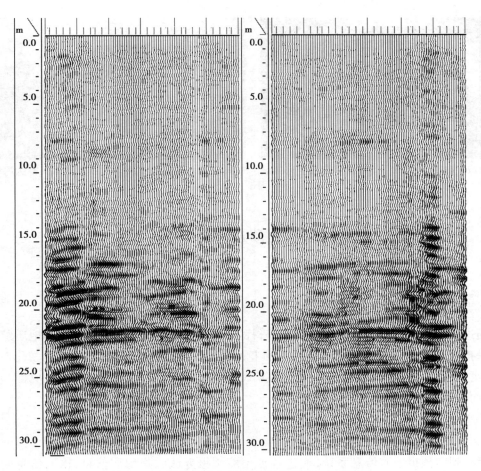

图 6.25 某隧道前方采空区掌子面雷达探测图像

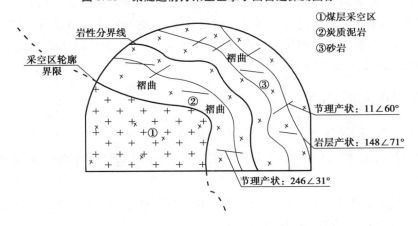

图 6.26 隧道 D1K285 + 560 掌子面素描图

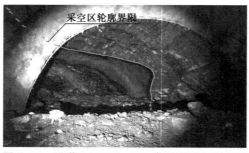 

图 6.27　隧道 D1K285 + 560 掌子面采空区现场　　图 6.28　隧道 D1K285 + 560 掌子面采空区坍塌

6.5　预报成果的验证、信息反馈及总结

6.5.1　瓦斯隧道预报成果的验证

通过对已施工地段各种预报手段所获得的资料进行综合分析与判断,编制地质综合分析成果报告,并根据施工单位反馈的实际开挖地质情况加以对比验证,建立围岩变化对比分析表,定期分析,寻找规律,研究各种预报方式在不同地质条件下的针对性、适应性和准确率,从而提高预报准确率。

6.5.2　瓦斯隧道预报的信息反馈

建立超前预报地质信息系统,通过各种超前预报方法收集地质信息,输入信息处理系统,进行综合分析和判断,并将处理结果反馈给施工,及时调整施工方法和支护参数。采用新的施工体系后,重新从施工过程中获取新的地质信息,更新地质信息系统,经处理后,再次反馈给施工,如此往复。通过地质信息系统的及时、准确预报,为信息化施工提供决策依据。超前地质信息系统如图 6.29 所示。

6.5.3　瓦斯隧道预报的技术总结

施工过程中应将实际开挖的地质情况与预报结果进行对比分析,及时总结经验教训,指导和改进地质预报工作;超前地质方案应根据实际地质情况及时进行调整,并按有关程序经批准后执行。

隧道施工完工后 3 个月内,编制《隧道超前地质预报竣工总结报告》,作为竣工资料的一部分,提交建设单位,总结报告包括以下内容:

①工程概况。

②地质概况,包括原有地质资料的概略情况及结论,施工开挖过程中揭示的不良地质、特殊岩土及存在的主要工程地质问题。

③设计预报方案和根据实际地质情况调整后的预报实施方案。

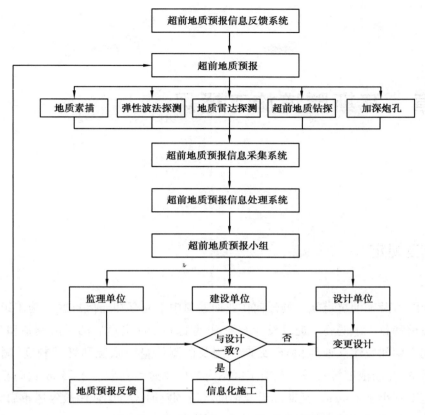

图 6.29　超前地质预报信息反馈系统图

④统计各预报方法实际工作量,并与超前地质预报设计工作量进行对比,分析增减的原因。

⑤预报与施工验证对比情况,包括预报准确率统计结果,对预报绩效进行评价。

⑥设计与施工地质资料对比情况,对勘察资料进行评价。

⑦施工过程中遇到的重大工程地质问题及其处理的经过、措施、效果、运营中应注意的事项。

⑧超前地质预报工作的经验与教训,采用新技术、新设备、新方法的情况及推广应用的建议。

⑨其他需要说明的问题。

⑩附图和附件。

a.各种预报方法的预报报告及图件,其内容按有关章节要求编制。

b.隧道洞身竣工工程地质纵断面图,内容包括设计与施工地质条件的对比、分段围岩级别的对比、不良地质与特殊岩土发育部位和规模的对比及地质纵断面图常规项目(如地层岩性、褶曲、断裂的分布与产状,破碎带及坍塌和变形地段的位置、性质及规模,地下水出露的位置、水质、水量等),地质纵断面图的横向比例为 1∶500～1∶5 000,竖向比例为 1∶200～1∶5 000。

第7章 瓦斯隧道施工通风

7.1 一般规定

在瓦斯隧道及辅助坑道施工的任何作业面通道中不应存在通风盲区。施工组织设计中应编制全隧道和各工区的施工通风设计方案,并考虑各工区贯通后的风流调整和防爆要求。瓦斯工区施工期间应建立通风检查、瓦斯检测及监测的组织系统和管理制度,测定气象参数、风速、风量、瓦斯浓度等参数。瓦斯工区洞内最低风速不应小于 0.25 m/s,防止瓦斯局部积聚的风速不宜小于 1 m/s。瓦斯隧道及辅助坑道调整通风方案或因故停风重启等情况,应根据瓦斯检测及监测结果进行安全评估后,方可恢复正常施工。

微瓦斯、低瓦斯工区的施工通风方式应采用压入式,也可采用巷道式。高瓦斯、煤与瓦斯突出工区可采用压入式或巷道式。当高瓦斯或煤与瓦斯突出区段距洞口大于 2 000 m 时,应采用巷道式通风。瓦斯工区施工中,对瓦斯易于积聚的空间和区域,可实施局部通风的方法,消除瓦斯积聚。

7.1.1 通风系统的一般要求

①瓦斯隧道应根据各工区通风方式合理布置通风系统,根据需风量要求合理选择风机及风管等通风设备。瓦斯工区需风量应符合以下要求:

A. 瓦斯工区施工通风需风量应按照同时工作的最多人数、最小风速、爆破排烟、洞内作业机械及瓦斯绝对涌出量分别计算,取其最大值。

B. 高海拔地区瓦斯隧道总需风量应根据大气压力进行修正。

C. 瓦斯工区作业人员及内燃作业机械需风量标准应满足下列规定:

a. 作业人员需风量不小于 4 m^3/min·人;

b. 作业机械需风量不小于 4 m^3/min·kW;

D. 瓦斯工区各处允许浓度应符合以下要求:

a. 采用压入式通风的瓦斯工区,应将洞内各处的瓦斯浓度稀释到 0.5% 以下。

b.采用巷道式通风的瓦斯工区,应将开挖工作面及回风巷道风流中的瓦斯浓度稀释到0.5%以下。当平导仅作巷道式通风的回风道时,其瓦斯浓度应小于0.75%。

②瓦斯施工通风布置应考虑洞口自然风作用,必要时采取设置气动风机等防反风措施。

③瓦斯隧道各开挖工作面必须采用独立通风,严禁任何两个工作面之间串联通风。

④采用巷道式通风的瓦斯工区,除用作回风的横通道外,其他横通道应及时妥善封闭,并符合下列要求:

a.留作运输用的横通道应设两道风门,防止风流短路。

b.施工不再用的横通道,若运营期间予以利用,在施工期间需设置至少一道风门,并加强瓦斯检测、加强通风;若运营期间不予利用,应按要求永久性封堵。

⑤瓦斯突出工区采用巷道式通风时,在揭煤工作面进风巷必须设置至少两道反向风门。风门之间的距离不得小于4 m,风门距回风巷不得小于10 m,与开挖工作面的距离不得小于70 m。

⑥瓦斯隧道两工区贯通前必须遵循下列规定:

a.两工区开挖作业面相距不小于50 m时,必须停止其中的非瓦斯或瓦斯等级低的工区工作面作业,做好调整通风系统的准备工作。

b.停止作业的工作面必须保持正常通风。

c.当贯通两工区均为瓦斯工区时,掘进的工作面每次爆破前,必须派专职瓦斯检测员到停止作业的工作面检查瓦斯浓度,瓦斯浓度超限时,应停止爆破作业,及时处理。

⑦瓦斯隧道各工区贯通后,必须调整通风系统,待通风系统风流稳定、瓦斯浓度满足安全要求后,方可恢复施工。

⑧瓦斯隧道必须制订主要通风机停止运转的应急预案。因检修、停电或者其他原因停止主要通风机运转时,必须立即停止工作、切断电源,将洞内人员全部撤出,并制订停风和恢复正常通风的措施。

⑨瓦斯工区使用局部通风机通风的工作面,因检修、设备故障、停电等原因导致局部通风机停风时,必须撤出人员,切断电源,设置栅栏、警示标志,禁止人员入内。恢复通风前,必须由瓦检员检查瓦斯浓度,并符合下列规定:

a.当停风区内瓦斯浓度不超过1.0%,且在局部通风机及开关地点附近20 m以内风流中的瓦斯浓度均不超过0.5%时,方可人工启动局部通风机。

b.当停风区中瓦斯浓度超过1.0%,必须制订排除瓦斯的安全措施。只有经检查证实停风区中瓦斯浓度不超过1%时,方可人工恢复局部通风机供风的坑道中电气设备的供电。

7.1.2　通风设备的一般规定

①瓦斯工区通风设备应遵循下列规定:

A.瓦斯工区的通风机应设两路电源,并应装设风电闭锁装置。当采用备用电源供电时,应保证风机在10 min内可靠启动和运行。

B. 瓦斯工区必须配备一套同等性能的备用通风机,并保持良好的使用状态,且能在 10 min 内启动。

C. 高瓦斯及瓦斯突出工区的洞内通风机,均应配备专用变压器、专用开关、专用线路供电、风电闭锁、瓦电闭锁装置。当通风机停止运转或开挖巷道内瓦斯超限时,应立即自动切断通风机供风区段的一切电源。

D. 风管应采用抗静电、阻燃的风管,百米平均漏风率不宜大于 1%,宜采用大直径风管。

②主要通风机必须装设在洞外或洞内新鲜风流中,避免污风循环。洞内风机应采用防爆型。

③通风管布置应遵循下列规定:

A. 通风管的节长尽量加大,以减少接头数量,接头应严密。弯管平面轴线的弯曲半径不得小于通风管直径的 3 倍。

B. 通风管路安装完成后应调整至整个风路平、直,无扭曲和褶皱。

C. 压入通风管靠近工作面的距离可根据具体情况确定,且必须满足以下要求:

a. 开挖工作面附近风速及瓦斯浓度必须满足安全要求;

b. 风管出风口距工作面的距离不宜大于 15 m。

④瓦斯工区施工通风设备设施管理应符合下列规定:

A. 主要通风机和局部通风机必须指定专职人员负责、挂牌管理。当工作通风机需要停运时,必须先启动备用通风机,严禁出现先停后启动或主、备通风机均停止运行的情况。

B. 应定期对风管等通风设施进行检查,并指定专人进行维修和保养。

C. 瓦斯隧道内外均应设置测风牌板。

D. 通风管理人员至少每月检查 1 次主要通风机,每 15 d 至少进行一次风电闭锁和瓦电闭锁试验,每天应进行 1 次正常工作的局部通风机与备用局部通风机自动切换试验,发现问题应及时处理。试验记录要存档备查。

7.2 通风方式

7.2.1 常用通风方式

确定通风方式是与确定施工方案一起进行的,在确定了施工方案后,才能确定采用独头掘进和双头掘进以及是否有平导等,根据独头掘进长度和通风长度,然后计算工作面风量。通风方式主要有以下几种:

1)压入式通风

以风机为动力,利用风管为新鲜风输送通道,将新鲜风送至作业面,污风经隧道排至洞外。

压入式通风是隧道常用的通风方式,风机一般设置在洞外,具有系统简单、可靠、风机供电方便等特点。风机设置在洞外时,可采用普通型,若设置在洞内必须采用防爆型。必须采用阻燃、抗静电风管。

根据相关规范要求,设主、备风机,主、备风机通过风管裤叉与风管连接,以便于主、备风机切换,风机吸风端至洞口距离不得小于 30 m,风管出口至掌子面距离不得超过 15 m,如图7.1 所示。

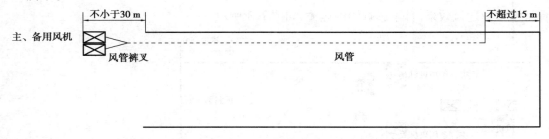

图 7.1　压入式通风系统布置示意图

2）巷道式通风

利用正洞平导、竖井或其他通道做主进、回风路线实施的通风方式。主要有以下几种类型:

（1）主扇抽出式

在平导或隧道口或专用风洞口设密闭墙或门,设主扇向外抽出,从另一隧道进风,经横通道、隧道后从主扇排出,形成隧道主通风系统。在进风侧设压入式风机分别向正洞掌子面及平导掌子面送风。

主扇及压入式风机均应采用隔爆型。

主扇抽出式通风方式的特点是充分利用平导、正洞、横通道,缩短压入式通风风管长度,保证掌子面通风效果,但平导口运输系统中断,可设门供行人通过,如图 7.2 所示。

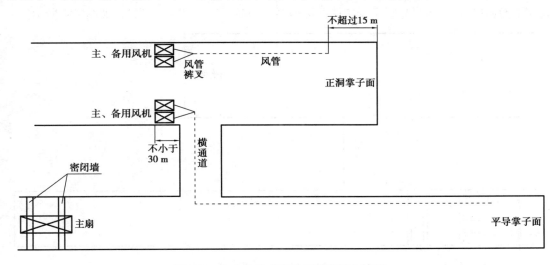

图 7.2　主扇抽出式通风系统布置示意图

（2）射流抽出式

在正洞、横通道、平导内设射流风机以引导隧道风流,形成隧道主通风系统。掌子面供风与主扇抽出式相同。

射流风机及压入式风机均应采用隔爆型。

射流抽出式通风方式的特点是充分利用平导、正洞、横通道,缩短压入式通风风管长度,保证掌子面通风效果,且不影响洞内运输,如图 7.3 所示。

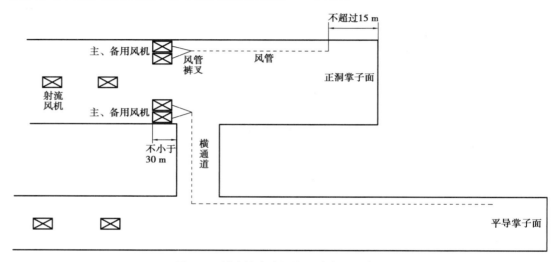

图 7.3　射流抽出式通风系统布置示意图

（3）隔断压入式

在平导（或正洞）某横通道处设置两道密闭墙,在密闭墙新鲜风流侧设压入式风机分别向正洞掌子面及平导掌子面送风。

隔断压入式通风方式的特点是充分利用平导、正洞、横通道,缩短压入式通风风管长度,提高掌子面通风效果,但平导口至密闭墙段运输系统中断,可设门供行人通过,如图 7.4 所示。

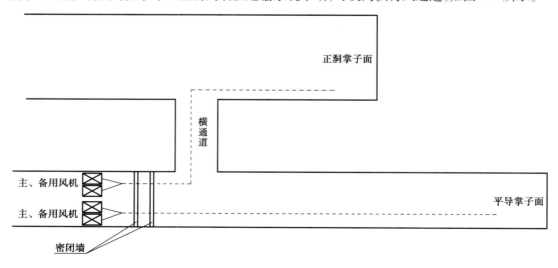

图 7.4　隔断压入式通风系统布置示意图

（4）竖井压入式

在隧道埋深条件及竖井施工条件具备的情况下，可在隧道适当位置施作竖井，竖井通过通风联络硐与横通道连接，在横通道两端施作密闭墙以隔断新、乏风流，密闭墙预留风筒孔和行人通过门，向正洞、平导供风的主、备风机均安设在横通道内，通过风管分别向正洞、平导掌子面供风，回风经正洞、平导排至洞外，如图7.5所示。

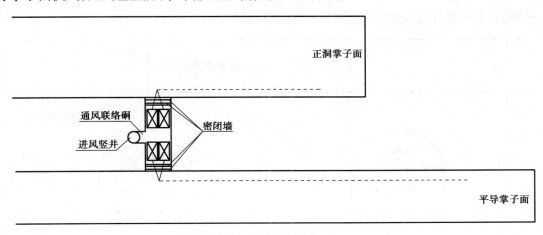

图7.5　竖井压入式通风系统布置示意图

（5）竖井抽出式

竖井及通风联络硐布置与竖井压入式相似，在竖井地面安装隔爆型抽出风机，形成以正洞（平导）进风、横通道、通风联络硐及竖井回风的通风主系统，压入式风机分别安装在正洞、平导内向掌子面供风，如图7.6所示。

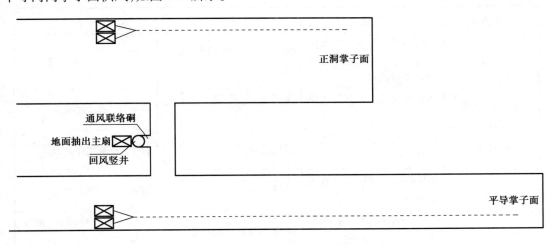

图7.6　竖井抽出式通风系统布置示意图

（6）隔仓式

在通风距离长，无进、回风通道，无条件施工竖井或难度大的情况下，可根据隧道断面布置专用通风隔仓，形成隔仓式通风系统。隔仓可根据断面尺寸，在满足运输的前提下布置在拱顶或侧帮。将压入式风机安装在进风仓的前端，配风管向掌子面供风，回风经隧道排至洞外。隔仓式通风方式的原理是利用风仓代替风管,增大通风断面,减少通风阻力。

主要要求:进风隔仓在洞口应向外延伸至少 30 m,以保证不产生循环风;进风隔仓设置的高度应考虑隧道内最大尺寸运输机械的通行(作业台车、挂布台车及二衬台车在洞内组装、施工期间不出洞,位于进风仓端头前方,不予考虑);进风隔仓底部横梁、隔离板材、固定方式、密封、风机的安装及进风隔仓端头等应进行专门设计以保证不漏风;方案应考虑风机、进风隔仓端头的设置位置以及后期是否需前移,如图 7.7 所示。

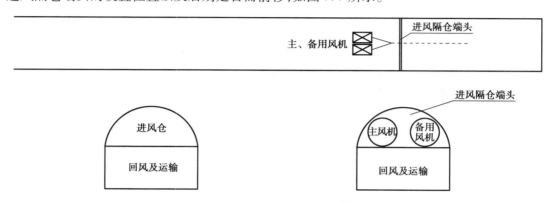

图 7.7 隔仓式通风系统布置示意图

7.2.2 通风方式的运用

各种通风方式的优、缺点及适用条件,见表7.1。

表7.1 各种通风方式的优、缺点及适用条件统计表

通风方式	优点	缺点	适用条件
压入式	系统简单、稳定,风机供电方便,用电节省,可采用普通型风机	风管较长,通风管理要求高	通风距离不宜超过 2 km
主扇抽出式	通风阻力小,掌子面通风效果好	平导运输受限,通风电费高	有平导,通风距离长
射流抽出式	通风阻力小,掌子面通风效果较好	通风电费高	有平导,通风距离长
隔断压入式	通风阻力小,掌子面通风效果好,通风电费低	平导运输中断	有平导,通风距离长
竖井压入式	通风阻力小,掌子面通风效果好,通风电费低	需施工竖井及联络道	设竖井地点埋深浅,地面有施工竖井条件
竖井抽出式	通风阻力小,掌子面通风效果好	需施工竖井及联络道,通风电费较高	设竖井地点埋深浅,地面有施工竖井条件
隔仓式	通风阻力小,掌子面通风效果较好,通风电费低	隔仓施工难度大且成本高,隔仓密封难度大且管理困难	单洞长度大,无法采用其他通风方式或不经济

7.3　通风方案

　　通风方案是编制其他专项施工方案的基础,在施工组织计划确定后,应先确定通风方案,再依据通风方案编制瓦检与监控方案、供配电方案等。

　　通风方案的基本框架如下:

　　①编制依据:编制本方案的依据。

　　②适用范围:说明本方案的适用范围。

　　③工程概况:本工程基本情况;本隧道布置情况及施工组织设计;工区划分及其瓦斯等级;瓦斯来源及勘察、设计说明等。

　　④通风方案:施工通风控制条件;技术上可行的通风方案;通风方案技术比选(必要时);通风方案经济比选与方案确定(必要时),可行方案可多个,在可行方案的基础上初选两个相对较优方案,采用头脑风暴法确定最优方案,见表7.2;需风量计算;风筒直径确定;风阻计算;风机选型。

　　⑤通风管理:通风机的安装与管理;通风管的安装、延接与管理;通风设施的管理。

　　⑥通风组织与管理:施工通风组织管理措施;主通风机管理及防止无计划停风措施;计划停风安全措施;通风测定工作等。

　　⑦相关表格:通风管理与测风工作的相关表格。

表 7.2　头脑风暴法确定最优方案

方案	方案一											方案二										
比选内容、权重及分值	系统可靠性		通风效果		可操作性与管理难度		通风费用		得分合计		系统可靠性		通风效果		可操作性与管理难度		通风费用		得分合计				
	权重	打分	权重	打分	权重	打分	权重	打分			权重	打分	权重	打分	权重	打分	权重	打分					
专家1																							
专家2																							
专家3																							
总分																							

7.4 通风日常管理

选择施工通风设备的程序是:确定通风方式→计算需风量→选择风管→计算通风阻力→选择通风机。根据风机构造可分为离心式通风机、轴流式通风机和射流风机三大类。

7.4.1 风机配置与安装

根据方案选定的风机型号及数量配置隧道施工期间风机;风机安装地点应符合相关规范及通风专项方案要求;风机支座应牢固、可靠;双风机均应接入专用供电系统,并配备风机专用启动柜;根据瓦检与监控方案要求安装风机开停传感器,对主、备风机运行状况实施连续实时监控,当风机停止运转时,瓦斯监控系统自动切断洞内所有非本质安全电气设备电源,实现"风电闭锁"。

在通风方案编制时,风机、风管选型关系到施工期间通风效果、成本等方面。

通风机选择的 3 个原则:通风机产生的风量不能小于理论计算风量;通风机直径不能与选取通风管直径相差太大;风机全风压值应大于理论计算的总通风阻力。

(1)风机选型

通风摩擦阻力计算式为

$$H_f = RQ^2$$

式中 H_f——计算最大通风摩擦阻力,Pa;

R——计算最大风阻,N·s^2/m^8;

Q——计算最大风量,m^3/s。

最大风阻的计算式为

$$R = \frac{\alpha LU}{S^3}$$

式中 α——摩擦阻力系数,kg/m^3;

L——风筒长度,m;

U——风筒周长,m;

S——风筒横截面积,m^2。

工况点是风阻特性曲线与风机静压特性曲线的交点,工况点对应风机运行效率区域应不低于 80%,以达到高效、节能的目的。

风机选型应根据计算风机需风量、最大通风阻力选择风机,并考虑通风最困难时风机的供风量满足要求。

(2)风机质量的评价

结构方面:叶轮、轮毂同心度高,叶片至筒壁间隙小,有利于提高效率、降低噪声。

通风风压、风量方面：从风机性能曲线上，陡峭的曲线性能更好，即通风阻力增大，对风量影响较小，有利于隧道长距离、大风阻通风。

效率方面：效率越高，越节电。

噪声方面：与风机叶片类型、叶轮、轮毂同心度、间隙等有关，是能量的消耗，不仅不利于节能，而且造成噪声污染。

SDZ-12.5 型对旋轴流风机性能曲线如图 7.8 所示。从风机性能曲线可看出风机性能的优劣，曲线陡峭，说明通风阻力增大对通风量的影响较小，更适合隧道高阻力情况通风。

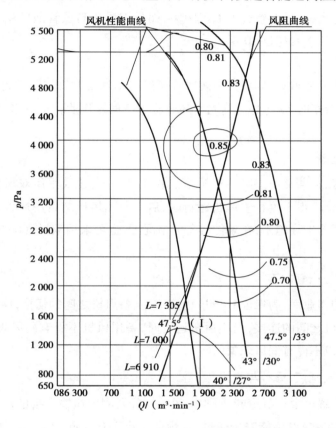

图 7.8　SDZ-12.5 型对旋轴流风机性能曲线

7.4.2　风管的配置、延接与管理

1）风管直径的选择

风管直径的选择要同时考虑风管内风速和隧道断面（包括二衬台车、作业台车等）的通过能力。其主要依据是送风量与通风距离，送风量大、通风距离长，风管直径就应增加，除此之外，还要考虑隧道断面大小及安装难度。除了考虑技术上可行外，还要考虑在经济上是否合理。风管直径小，成本低，但耗电量较大；风管直径大，成本高，但单机送风距离长，耗电量少。

本着经济、合理的原则,配风管直径计算式如下:

$$D = 2\sqrt{\frac{Q_{修}}{3.14 \times V_{许}}}$$

式中　　D——计算风管直径,m;

　　　　$Q_{修}$——修正后的洞内所需风量;

　　　　$V_{许}$——风管内风速上限,取 20 m/s。

(1)风管内风速

风管内风速过大,不仅导致过大通风阻力,而且因风压高风管漏风量增大,影响有效风量。风管内风速一般不宜超过 20 m/s。

(2)风管直径

风管直径要考虑隧道车辆通行,一般风管通风时车辆与风管间距不得小于 0.3 m;在设计二衬台车、作业台车时,应考虑二衬台车风管穿过空间及作业台车后移(爆破时)不影响风管正常通风。

2)风管数量配置

对高瓦斯工区、瓦斯突出工区的正洞施工的通风要求:建议采用双风管配置,当移动二衬台车、延接主风管不得不停止主风机运行时,启动备用风机与备用风管,以保证洞内连续通风。高瓦斯工区的平导施工,在条件具备的情况下,也可采用双风管配置。低瓦斯工区可采用单风管配置。

3)主、备风机与风管的连接

单风管配置的作业面,为保证 10 min 内完成主、备风机之间的切换,应采用三叉风管,实现风管与主、备风机之间的连接,当主风机运行时,备用风机不得有漏风现象,同样,当备用风机运行时,主风机不得有漏风现象。

4)风管的吊挂、延接、修补与更换

风管的吊挂位置可根据隧道断面尺寸、风管直径及洞内运输设备的尺寸予以确定,必须保证最大尺寸洞内运输设备能安全通过,且预留不小于 0.3 m 的安全间距。一般在通风方案编制时即考虑风管直径及吊挂位置。

风管吊挂每 5~10 m 安装一个膨胀螺栓,将钢丝绳或双股 8 号铁丝固定在膨胀螺栓上,用紧线器张紧,以吊挂风管后不下垂为原则。风管吊挂在拉线下。

风管应及时延接,以保证风管出口到掌子面距离不超过相关规范及通风专项方案规定(《铁路瓦斯隧道技术规范》(TB 10120—2019)规定不超过 15 m)。

风管出现破损时,应根据坏损尺寸采用合适的方式进行修补。一般情况下,破损尺寸不超过 0.2 m 时,可直接采用风管胶和风管布进行粘补;破损尺寸超过 0.2 m 时,可先对破损口进行缝合,再采用风管胶和风管布进行粘补,以保证修补后不漏风且具有足够的强度。

风管破损严重,无法修补或修补不经济时,应予以更换。

5）风管对通风效果的影响因素分析

除风机性能因素外,风管对通风效果的影响因素包括以下几个方面:

①风管直径,直接影响通风阻力,通风阻力与风管直径呈负 5 次方关系。

②风管内壁光滑度,影响通风摩擦阻力系数从而影响风阻特性曲线。

③风管接头漏风,接链及针眼漏风。

④风管漏风,因材质本身存在的孔隙导致漏风。

⑤风管变径,过弯道,局部通风阻力。

⑥风管破口,导致漏风,越靠近风机端风压越大,漏风越大。

⑦风管出口至掌子面距离,影响掌子面有效风量。

7.4.3　测风工作

1）测风地点

（1）风机吸入风量

风机吸入风量用于考核风管百米漏风率,在风机吸风口测量,在装载机协助下采用中、高速风表测定风机吸风口风速,测 3 次取平均（若某次测量结果误差超出其他两次测量结果的 10%,应舍弃后重新测量）,根据风机吸风口断面（直径）计算风机吸入风量。条件不具备时,也可在洞口以内 20～30 m 处测量洞口回风风量代替风机吸入风量（仅针对压入式通风）。

（2）风管出口风量

风管出口风量用于考察掌子面有效风量并计算风管百米漏风率,在装载机或其他工具协助下采用中、高速风表测定风管出口风速,测 3 次取平均（若某次测量结果误差超出其他两次测量结果的 10%,应舍弃后重新测量）,根据风管断面（直径）计算风管出口风量,并根据风机吸入风量、风管长度计算风管百米漏风率。

（3）掌子面风速测定

由于风管出口至掌子面段处于风流紊乱区,断面各部位风速差异较大且不稳定,受风管位置、作业台车、作业机械、作业人员影响较大,测定掌子面风速一般在风管出口往回风方向 20～30 m 无明显断面变化且无大型机械设备影响风流稳定地段进行,目的在于考察掌子面风速是否符合相关规范及通风方案要求。

（4）隧道回风（总回风）

采用微速风表在距离回风口（或总回风口）10～30 m 无明显断面变化且无大型机械设备影响地段测定风速,目的在于考察洞内回风（或总回风）风速是否符合相关规范及通风方案要求。

测风地点应根据通风系统图具体确定。

2）测风频率

一般情况下,测风工作每旬进行一次,通风系统调整期间或瓦斯涌出异常时应加密测量。

3）测风方法

（1）全断面路线法

在低速风表底部安装延长杆,风表垂直隧道轴线沿隧道断面均匀行走,测出该次测量的平均风速,连续测量3次,取平均（若某次测量结果误差超出其他两次测量结果的10%,应舍弃后重新测量）得出该断面平均风速,可根据该处有效断面积（隧道断面减去风管及测风人面积）计算该断面风量。该方法的优点是准确性高;缺点是风表底部需配备有延长杆、测风技术要求较高。该方法对测定风机吸入风速及风管出口风速较适用,也常用于瓦斯等级评价时隧道风速测定。

（2）多点法

根据测风处断面形状取多个有代表性的测点测量点位风速,一般为7~9点,计算平均风速,连续测3次取平均（若某次测量结果误差超出其他两次测量结果的10%,应舍弃后重新测量）得出该断面平均风速,可根据该处有效断面积（隧道断面减去风管及测风人面积）计算该断面风量。该方法的优点是准确性较高;缺点是风表底部需配备有延长杆、测风时间较长,一般用于瓦斯等级评价时隧道风速测定。

（3）简易路线法

测风人手举低速风表（风表垂直隧道轴线）,从左帮到右帮,再从右帮至左帮,测出该次测量的平均风速,连续测量3次取平均（若某次测量结果误差超出其他两次测量结果的10%,应舍弃后重新测量）得出该断面平均风速,可根据该处有效断面积（隧道断面减去风管及测风人面积）计算该断面风量。该方法的优点是简便、快速;缺点是未考虑断面内上、下风速差异,测量结果有一定误差,一般用于隧道风速快速测定。

（4）单点法

在隧道断面中央部位测点位风速,连续测量3次取平均（若某次测量结果误差超出其他两次测量结果的10%,应舍弃后重新测量）得出该断面平均风速,可根据该处有效断面积（隧道断面减去风管及测风人面积）计算该断面风量。该方法的优点是简便、快速;缺点是测量结果误差较大（一般是偏大）,一般不用于隧道内风速测定,可用于风机吸入风速及风管出口风速测定。

几种常见通风系统测风地点布置示意图分别如图7.9—图7.11所示,其他类型通风方式的测风点可根据通风效果评价需要在通风方案中明确。

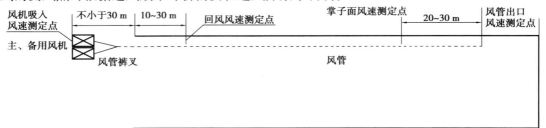

图7.9　压入式通风风速测点布置示意图

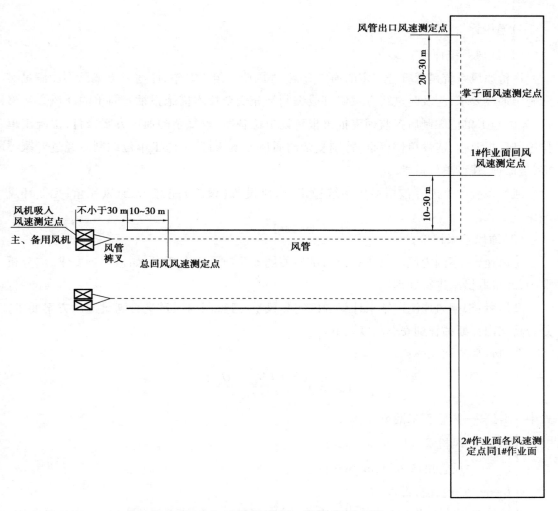

图 7.10　多作业面压入式通风测风点图

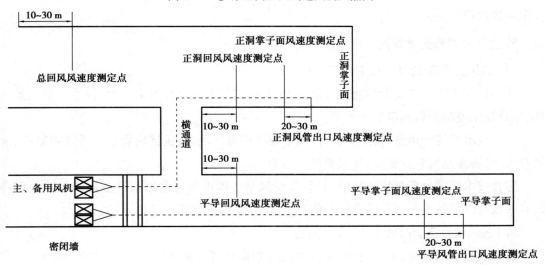

图 7.11　隔断压入式通风风速测点布置示意图

4）通风评价

（1）通风系统评价

评价通风系统是否符合审定的通风方案，如因施工组织调整，原通风方案已不能满足实际施工通风要求，应及时进行方案修订或编制补充安全技术措施报批。简单的通风方案修订，先由施工单位编制后报监理审批再报建设单位备案；较复杂的通风方案修订，由施工单位编制后报监理、建设单位审批；特别复杂的通风方案修订，由施工单位编制后经过专家评审，报监理、建设单位审批。

通风系统评价内容包括通风系统稳定、通风设备（设施）完好、无通风死角、无循环风现象。

（2）通风效果评价

①风速：考察洞内风流风速是否满足相关规范及通风方案要求，如达不到要求，应分析原因，并采取措施进行处理。

②风量：根据风速测定结果计算洞内实际风量，考察洞内风量是否满足通风方案要求，是否将洞内瓦斯稀释到安全浓度以下。

③风管百米漏风率：

$$A_{100} = \frac{100 \times (Q_{吸} - Q_{出})}{L \times Q_{吸}}$$

式中　A_{100}——风管百米漏风率，%；

$Q_{吸}$——风机吸入风量，m^3/min；

$Q_{出}$——风管出口风量，m^3/min；

L——风管长度，百米。

相关规范规定百米风管漏风率不宜超过1%。如以上指标不能达到要求，应分析原因，并采取措施进行处理。

5）通风方案及通风管理技术经济分析

（1）通风方案编制时的技术经济分析

编制较复杂或特别复杂的通风方案时，一般经过技术上可行方案提出、技术方案初步比选、综合技术经济分析确定最优方案。

综合技术经济分析是对相对较优的两个方案的最后比选，比选内容包括系统可靠性、通风效果、可操作性与管理难度、通风费用等方面。

综合技术经济分析与比选一般采用，头脑风暴法即由多名专家根据各自的经验确定各因素的权重以及各方案每一因素的分值，最后汇兑得出各方案的总得分，见表7.2。

（2）通风设备选型时的安全、经济问题

通风设备包括风机、风管，在编制方案时可根据计算的最大需风量以及隧道断面、二衬台车尺寸确定风管直径，根据最大计算风量及最困难时的最大通风阻力选择风机型号。

风管直径一般按风管内风速不超过 20 m/s 计算,以避免阻力过大,造成通风效果不良、通风不经济。

风管质量优劣的判断主要观察风管材质的抗拉强度、受力时伸长率、风管基布涂层的密实程度、风管缝接处防漏风措施、风管接头防漏风措施等。

风机选型时,应根据计算风量、风压,对照风机性能曲线,确定风机对应的工况点是否在风机高效运行区域(风机效率≥80%),以实现保证通风效果、运行成本最优的目标。可以通过类似工程应用实例参考判断。

风机质量的优劣,可通过观察风机叶轮与机壳之间径向间隙、风机运行时噪声、隧道长距离通风(高阻力)时风机吸入风量以及其他工程应用实例来判断。

7.5　通风管理经验与教训

对于瓦斯隧道施工而言,如果不能保障风速和风量,会形成巨大的安全隐患,如何选取通风方式、风管、管理通风和采取有效措施降低风管风阻,减少漏风率,保障通风质量,是通风管理的主要内容。

通风方案的制订以及通风方式的经济性比选也是通风管理重要的一部分,例如,选择压入式通风和巷道式通风在经济上其差异就非常大,且管理难度也不同。通常根据隧道瓦斯等级和施工方案经计算后确定最优通风方案。

由相关理论分析可知,风阻越小,风管漏风率也越小,则风机的送风距离越大。而依据流体力学的有关理论,风管直径的 5 次方与风阻和风机功率均成反比,因此,可通过选取直径大的通风风管来降低风阻。但是,风管直径过大,会使风管投资费用增大,也会影响隧道的施工;如果风管直径减小,可以降低风管的投资费用,但是风管直径减小又会导致通风阻力和风机能耗增大,会使通风系统运行费用增加。所以,风管直径的选取会影响隧道瓦斯的浓度。隧道风流流场主要分为涡流区、涡流影响区和稳定区。风管口距掌子面距离,也会影响隧道的风流流场。而风流流场的改变直接影响隧道瓦斯的运动和扩散,进而影响隧道瓦斯浓度的变化。风管悬挂位置,在隧道施工中,风管的悬挂位置通常分为拱顶、拱腰、下拐角。由于风管位置不同,导致风流场的射流和回流受到影响,进而影响隧道瓦斯的扩散,最终导致隧道瓦斯浓度的不同。

例如,某个隧道通风长度为 2 500 m,计算得到所需风量为 $Q_{需} = \max(Q_{人员}、Q_{爆破}、Q_{内燃}、Q_{瓦斯}、Q_{风速}) = 1\ 596\ \text{m}^3/\text{min}$,通风计算取最大通风长度 2 500 m,当风管百米漏风系数 β 为 1%,风机所需风量为 $Q_{修1}$

$$B = \frac{L}{100} = \frac{2\ 500}{100} = 25$$

$$A = (1 - \beta)^B = (1 - 0.01)^{25} = 0.78$$

$$Q_{修1} = \frac{Q_{需}}{A} = \frac{1\ 596}{0.\ 78}\ \text{m}^3/\text{min} = 2\ 046\ \text{m}^3/\text{min} = 34.1\ \text{m}^3/\text{s}$$

根据所需风量计算配置风筒直径,$Q_{修1}$ 风量配风筒直径计算如下:

$$D_1 = 2 \times \sqrt{\frac{Q_{修1}}{3.\ 14 \times V_{许}}}$$

$$= 2 \times \sqrt{\frac{34.\ 1}{3.\ 14 \times 20}}\ \text{m}$$

$$= 1.\ 47\ \text{m}$$

式中　D——计算风筒直径,m;

　　　$V_{许}$——风筒内风速上限,取 20 m/s。

根据计算,结合本工作面通风距离较长(2 500 m)的实际情况,选用风筒直径 1.7 m。

代入式中经计算风管漏风率为 1% 时的通风阻力为

$$h_{阻} = 2\ 968\ \text{Pa}$$

如果不加强管理,当风管百米漏风系数 β 达到 3% 时,风机所需风量为 $Q_{修2}$

$$B = \frac{L}{100} = \frac{2\ 500}{100} = 25$$

$$A = (1 - \beta)^B = (1 - 0.\ 03)^{25} = 0.\ 467$$

$$Q_{修2} = \frac{Q_{需}}{A} = \frac{1\ 596}{0.\ 467}\ \text{m}^3/\text{min} = 3\ 418\ \text{m}^3/\text{min} = 57.0\ \text{m}^3/\text{s}$$

仍采用相同的风管代入公式计算得通风阻力为

$$h_{阻} = 8\ 207\ \text{Pa}$$

由上述例子可以看出,对风管及通风设备的管理极其重要,施工通风管理水平的高低是影响通风效果的关键因素之一。管理不善则造成管理成本的直线上升。同时将使工作面得不到足够的新鲜空气,瓦斯和沿途污浊空气不能及时排出洞外,不但达不到通风效果,还会埋下极大的安全隐患。因此,在施工过程中通常以"合理布局,优化匹配,防漏降阻,严格管理,确保效果"20 字方针,作为施工通风管理的原则,强化通风管理。

7.5.1　计划停风管理

因通风设备检修、通风系统调整、移动二衬台车或延接、修补风管等原因需停止洞内供风时,必须提前提出书面申请,逐级上报,根据停风时间长短由施工单位和监理单位审批后方可实施。

①停风时间在 30 min 以内的,由作业队报项目分部总工审核同意后,再报副总监(或分站长)审核批准后方可停风。

②停风时间超过 30 min 的,由作业队报项目部总工审核同意后,再报总监(或副总监)审核批准后方可停风。

③计划停风期间,瓦检员在洞内值守检测,洞内除进行风筒延接、二衬台车移动工作外,

禁止进行其他作业。当洞内空气中瓦斯浓度达到或超过 0.5% 时,立即停止洞内所有作业;当洞内空气中瓦斯浓度达到或超过 0.75% 时,立即撤出洞内人员,切断洞内所有非本质安全电气设备电源。

④恢复通风。

a. 如停风区空气中瓦斯浓度不超过 1% 时,并在通风机及其开关地点附近 20 m 以内风流中的瓦斯浓度均不超过 0.3% 时,方可人工启动通风机恢复通风;

b. 如停风区空气中瓦斯浓度超过 1% 但不超过 3% 时,由施工单位项目部编制措施报监理审批后,按措施排放瓦斯后恢复正常通风;

c. 如停风区空气中瓦斯浓度超过 3% 时,由施工单位项目部编制措施报监理、建设单位审批后,按措施排放瓦斯后恢复正常通风。

7.5.2　无计划停风管理

①立即停工、切断洞内所有非本质安全电气设备电源、撤离洞内所有作业人员。

②若为主风机故障,启动备用风机,在 10 min 内恢复洞内通风。

③若为停电,启动备用供电系统,在 10 min 内恢复洞内通风。

④若 10 min 内不能恢复通风,应在切断洞内所有非本质安全电气设备电源、撤离洞内所有作业人员的前提下在洞口设置警戒及禁止入内警示牌,禁止除瓦斯检测人员以外的其他任何人员进洞。

在洞内空气中瓦斯浓度不超过 1.5%、硫化氢浓度不超过 0.000 66%、一氧化碳浓度不超过 0.002 4%、氧气不低于 18% 的情况下,瓦斯检测人员可携带相应的检测报警仪及光瓦边检测边缓慢进入洞内开展检测工作。在洞内有毒有害气体浓度超标或氧气不足的情况下,由专业救护队员佩戴专业防护用具进入洞内检测,或通过瓦斯监控系统观察洞内有毒有害气体情况。

⑤恢复通风:按计划停风恢复通风措施执行。

7.5.3　节假日放假停工的处置

1)停工条件与验收

停工必须具备以下条件:二衬、仰拱支护至掌子面距离不超过安全步距规定;掌子面初支到位,对掌子面进行喷射混凝土封闭处理且厚度不小于 15 cm;洞内传感器按要求吊挂到位且经过调校合格,瓦斯监控系统运行正常;风机完好、风机供电正常,风管顺直、完好,风管出口至掌子面距离符合规定;洞内排水设施数量充足、完好且到位。

停工施工单位编制停工申请报告,由监理现场验收合格后方可停工。停工申请报告写明停工条件、停工期间的门禁、通风、瓦检与监控、排水、洞内供电等管理及安全措施、值班人员配置、工作职责及联系方式、计划复工时间、复工条件及复工验收程序。

2）瓦斯工区停工期间通风建议

①前期施工期间从未检测到瓦斯（包括风流中、放炮后、超前钻孔内、炮后碴堆表面及间隙等），且停工期间不需进行洞内排水，可切断洞内所有非本质安全电气设备电源、停止洞内通风、洞口设栅栏、警示牌、洞口专人值班，严禁任何人员进洞，同时由值班人员观察瓦斯监控系统的数据。

②前期施工期间从未检测到瓦斯（包括风流中、放炮后、超前钻孔内、炮后碴堆表面及间隙等），停工期间需进行洞内定时或不定时排水：在不进行洞内排水期间，可切断洞内所有非本质安全电气设备电源、停止洞内通风、洞口设栅栏、警示牌、洞口专人值班，严禁任何人员进洞，同时由值班人员观察瓦斯监控系统数据；需进洞进行排水前，启动风机高挡位进行通风至少2 h，然后由值班瓦斯检测人员进洞检查洞内瓦斯情况，确认安全后，恢复洞内供电，在瓦斯检测人员的陪同下，抽水工进入洞内进行抽水作业，抽水作业结束，人员全部出洞后，切断洞内所有非本质安全电气设备电源、停止风机运转。

③前期施工期间曾经检测到瓦斯（包括风流中、放炮后、超前钻孔内、炮后碴堆表面及间隙等），停工期间必须进行连续通风，并开展人工瓦斯检测工作。

3）复工与复工验收

若停工期间未采取连续通风措施，复工前，应先开启风机高挡位通风至少2 h，然后由瓦检员进入洞内检查洞内瓦斯情况，在确认无瓦斯隐患的前提下恢复洞内供电、其他人员进洞进行复工前全面检查。

（1）复工条件

执行复工验收标准，具体如下：

①施工管理、技术人员、特种作业人员、作业人员到位且证件有效。

②所有进洞人员经过复工前重新培训并考核合格。

③机械设备满足施工要求。

④监控量测结果显示洞内支护结构处于稳定、正常状态。

⑤按要求进行超前地质预报工作。

⑥通风系统正常。

⑦瓦斯监控系统运行正常，传感器在检定有效期内且经过调校合格。

⑧人工瓦检仪器数量满足要求、在检定有效期内且经过调校合格。

⑨仰拱、二衬至掌子面安全步距符合相关规定，如不符合，不得进行掌子面开挖作业。

⑩无其他安全、质量隐患。

（2）复工验收

由施工单位提出书面复工申请报监理，由监理现场验收合格后复工。

7.5.4　防止局部瓦斯积聚措施

（1）局部瓦斯积聚的定义

局部瓦斯积聚是指瓦斯浓度超过 2%，体积超过 0.5 m^3。

（2）防止局部瓦斯积聚措施

①通风系统稳定、可靠。

②洞内风速、风量符合通风方案要求。

③风管顺直、无破口，出口至掌子面距离符合规定。

④在易出现瓦斯积聚的通风死角，如掌子面作业台车、二衬台车前端、硐室等地点安装局部防爆型风机实施局部通风。

⑤对平行双作业面之间的联络通道进行局部防爆型风机引射，防止因风流不稳定产生局部瓦斯积聚。

⑥加强瓦斯监控与人工检测工作，及时发现局部瓦斯积聚点，并采取相应的安全技术措施。

（3）变相局部瓦斯积聚的定义

瓦斯浓度及体积某单项超过瓦斯积聚的标准。

（4）出现变相局部瓦斯积聚的原因及措施

①浓度超过 2% 但体积小于 0.5 m^3。

A. 超前钻孔或炮眼内存在高浓度瓦斯。

围岩（煤）本层所含瓦斯向钻孔释放，或周边含瓦斯地层瓦斯通过构造、节理、裂隙向钻孔释放。

风险：钻孔附近动火时，火星溅入孔内，引爆孔内瓦斯，导致冲孔伤人。

措施：加强瓦斯检测，并结合隧道施工特点及瓦斯检测的特殊性，检测孔内瓦斯浓度，观察钻孔是否有瓦斯涌出现象，尤其是动火前。对于仅孔内存在高浓度瓦斯但无明显瓦斯涌出现象的情况，若孔内 1 m 处瓦斯浓度超过 1%，可采用黄泥封孔，防止火星溅入孔内，也可在动火前采用压风吹孔，将孔内瓦斯浓度降至 1%，并在动火期间随时检测孔内瓦斯情况。

B. 钻孔瓦斯涌出、喷出，导致孔口附近瓦斯浓度超限。

煤层瓦斯或有补给的天然气涌出，有明显呈压特征。

风险：如在打钻期间出现瓦斯喷出，可能致打钻人员受伤，如遇打钻设备失爆，可能造成瓦斯燃烧、爆炸；若掌子面通风效果差，可能形成局部瓦斯积聚甚至瓦斯超限。

措施：超前钻探必须采用矿用隔爆型钻机，并在每次施钻前进行防爆性能检查，确保完好情况下方可投入使用；对钻孔作业人员进行必要的安全教育培训，使之掌握打钻期间的风险及应急处置措施；加强通风，保证掌子面通风效果，避免造成局部瓦斯积聚和瓦斯超限；检测、观察钻孔瓦斯涌出、喷出的浓度、体积、距离及衰减情况；根据检测结果确定采取不动火工艺作业、20 m 范围内停止作业、洞内停止作业、洞内停电撤人等措施；如判定有煤与瓦斯突出危险,按揭煤流程进行。

C. 裂隙瓦斯涌出。

煤层瓦斯或有补给的天然气涌(喷)出,有明显呈压特征,有时伴有哨声。

风险:放炮时因放炮火焰导致裂隙涌(喷)出瓦斯燃烧、燃爆、爆炸;动火前未检测、发现裂隙瓦斯涌(喷)出,引起瓦斯燃烧;若掌子面通风效果差,可能形成局部瓦斯积聚甚至瓦斯超限。

措施:根据超前地质预报结果,选用符合要求的火工品爆破作业,确定安全的启爆地点;爆破后如发现掌子面出现瓦斯燃烧,人员禁止进入,风机开启至最大功率,通过视频和瓦斯监控系统了解洞内情况,在确认洞内瓦斯燃烧停止、监控瓦斯浓度不超过1%的情况下,由瓦斯检测人员从外向里边检测边观察边进入,在确认燃烧已停止的情况下检测掌子面风流瓦斯的浓度,查看出现瓦斯燃烧的地点,检测瓦斯涌出点瓦斯的浓度,向工区负责人汇报情况,采取相应安全技术措施;针对裂隙口高浓度瓦斯,可采取加强通风、局部通风措施以缩小高浓度瓦斯的体积,采用不动火工艺以防止引燃瓦斯,停止洞内作业观察裂隙瓦斯涌(喷)出衰减情况。

D. 碴堆表面及岩碴间隙瓦斯。

爆破后,碴堆表面及岩碴间隙出现高浓度瓦斯,一般是由于此开挖循环底部出现构造、裂隙且有瓦斯涌出。

风险:爆破后出现瓦斯燃烧、爆炸,装载机装碴时摩擦火源引燃瓦斯,导致风流中瓦斯浓度超限。

措施:根据超前地质预报结果,选用符合要求的火工品爆破作业,确定安全起爆地点;爆破后如发现掌子面出现瓦斯燃烧,人员禁止进入,风机开启至最大功率,通过视频、瓦斯监控系统了解洞内情况,在确认洞内瓦斯燃烧停止、监控瓦斯浓度不超过1%的情况下,由瓦斯检测人员从外向里边检测边观察边进入,在确认燃烧已停止的情况下检测掌子面风流瓦斯的浓度,查看出现瓦斯燃烧的地点,检测瓦斯涌出点瓦斯的浓度,向工区负责人汇报情况,采取相应安全技术措施;出碴前,对岩碴进行洒水。

E. 拱部超挖处局部高浓度瓦斯。

因通风效果差,拱部超挖处局部出现高浓度瓦斯。

风险:动火引燃拱部瓦斯,导致局部瓦斯燃烧或爆炸。

措施:加强通风、局部通风措施,消除拱部局部瓦斯积聚;采用不动火工艺。

②浓度不超过2%但体积大于0.5 m^3。

由于瓦斯涌出量大,通风量不能将风流中瓦斯浓度稀释到安全标准以下。

风险:风流中瓦斯浓度超限,导致洞内必须停止作业或停电撤人。

措施:检测、分析瓦斯来源,观察其衰减规律,制订专项处置措施;采用大功率风机、大直径风管,增大供风量;采用双风机双风管同时供风,以保证风管延接、移动二衬台车时主、备风机不同时停风,确保通风连续,避免因停风导致瓦斯超限。

第 8 章 瓦斯隧道瓦检与监控

8.1 一般规定

①瓦斯工区必须建立瓦斯、二氧化碳等有害气体的检测及监测管理体系。

②微瓦斯工区可采用人工检测,其他瓦斯工区除采用人工检测外,尚应建立瓦斯自动监测报警系统进行瓦斯监测和检测。

③人工检测应配备专瓦斯检测人员,专瓦斯检测人员必须携带便携式光学甲烷检测仪和便携式甲烷检测报警仪,当地层富含 H_2S,CO,N_2 等有害气体时,尚应配备相应的气体测定器。其他进洞技术及管理人员应配备便携式甲烷检测报警仪。

④人工瓦斯检测地点应包含下列地点:

a. 开挖工作面及其他作业地点风流中。

b. 爆破地点附近 20 m 内风流中,即"一炮三检"。

c. 回风、总回风风流中。

d. 作业台车和作业机械附近 20 m 内风流中。

e. 局扇及电气开关 20 m 内风流中。

f. 电动机及开关附近 20 m 内风流中。

g. 瓦斯异常涌出点,如钻孔、裂隙瓦斯涌出等。

h. 易出现瓦斯积聚处,如超挖、断面变化处。

i. 隧道内作业时可能产生高温、火源的地点,执行动火值守瓦斯检查制度。

j. 超前钻探时孔口以及钻孔结束后孔内瓦斯浓度检测。

k. 因移动二衬台车、延接风管需停风时,洞内值守检查瓦斯。

⑤人工瓦斯检测的检查频次应符合下列规定:

a. 微瓦斯工区不少于 2 次/8 h。

b. 低瓦斯、高瓦斯工区不少于 3 次/8 h。

c. 有煤与瓦斯突出危险的地段,瓦斯涌出量较大、变化异常的地段,应设专人经常检查。

d. 停工后重新复工的工作面、发生隧道塌方的工作面,作业前应全面检查瓦斯浓度。

⑥瓦斯监测系统应具备故障闭锁、瓦电闭锁和风电闭锁功能,断电状态、馈电状态监测和报警功能,实时监测瓦斯浓度、上传监控数据的功能,并应符合下列规定:

a. 供电电源应取自被控开关的电源侧或者专用电源,严禁接在被控开关的负荷侧;

b. 传感器应在开挖面附近、作业台车附近、局扇及电气开关附近、回风流中以及其他瓦斯易于积聚的区域设置,各监测断面处自动监测传感器悬挂位置应能反映风流中瓦斯的最高浓度。

⑦隧道内瓦斯浓度限值及超限处理措施应符合表8.1的规定,建设单位、施工单位可结合本工程特点、技术、管理水平以及装备配置情况制订针对性瓦斯浓度限值及超限处理措施,但不能低于表4.7的标准。

⑧瓦斯监控系统应定期进行调校、测试,瓦斯检测设备及仪器、仪表应按要求定期进行标定,调校、维护工作应由专职人员负责。瓦斯监控系统发生故障时,应及时处理,在故障处理期间必须采用人工检测等安全措施,并填写故障记录。

⑨应开展人工检测与瓦斯监控系统数据对比工作,当发现两者数据之间偏差超过规定时,应先按大值处置现场,再分析原因进行处理。

8.2 人工瓦斯检测

1)人工瓦斯检测的内容

①必检内容:甲烷、二氧化碳。

②当发现有涌出时必检内容:硫化氢、一氧化碳。隧道过采空区(或周边有采空区)、岩溶发育区有可能出现一氧化碳、硫化氢涌出;天然气、页岩气涌出隧道有时含一氧化碳、硫化氢成分。

③选测内容:氧气、温度等。根据需要选测。

2)人工瓦斯检测的地点及检测方法

①掌子面风流瓦斯浓度:采取多点检测法,取最大值作为检测结果。由于隧道断面大,容易出现低风速、顶部瓦斯层状积聚现象,检测方法与煤矿传统方法有所区别,要求顶部检测时采用贴顶检测法以便检测到最大瓦斯浓度,防止掌子面动火时发生顶部瓦斯燃烧或爆炸。二衬台车及挂布台车部位:通风断面变化大、存在明显的局部通风阻力。一般在二衬台车前端检测,采取多点检测法,取最大值作为检测结果。顶部检测时采用贴顶检测法。施工防水板地段要检测防水板里侧瓦斯浓度,防止防水板焊接时高温导致防水板内积聚的高瓦浓度燃烧或爆炸。

②回风及总回风:一般在距离回风口20~30 m处检测,为隧道施工期间瓦斯涌出量的

主要评定依据。采取多点检测法,取最大值作为检测结果。顶部检测时采用贴顶检测法。

③洞室:所有洞室均应设对应瓦斯检测点检查是否存在局部瓦斯积聚。一般在洞室最里侧顶部检测。

④联络通道:对有平导的双作业面,两个作业面采用独立压入式通风,中间存在横通道时,容易出现横通道风流不稳定或无风状态,除采取必要的通风措施外,还应开展人工瓦斯检测工作,防止出现局部瓦斯积聚。

⑤塌腔或超挖:通风死角且多为顶部,容易形成瓦斯积聚。若再次坍塌,原有坍腔内所含瓦斯、再次坍塌岩体瓦斯以及再次坍塌后坍腔岩壁渗出瓦斯集中涌出,造成隧道风流中瓦斯浓度短时间内严重超限。应对塌腔顶部进行加密人工检测;必要时采取局部通风措施(如小型防爆风机配小直径风管;高压风稀释)防止局部瓦斯积聚;有再次塌方风险期间,洞内严禁动火作业甚至切断洞内所有非本质安全电气设备电源。如需对塌腔进行封闭处置,必须先处置塌腔瓦斯。

⑥超前钻孔打钻期间:为掌握掌子面前方围岩性质、构造、裂隙、破碎带、岩溶发育等情况、前方含水及涌水情况、瓦斯涌出情况,实施超前钻孔。实施超前钻孔期间,瓦斯检测人员应现场值守检测,每钻进 2 ~ 3 节钻杆检测一次孔口瓦斯浓度,并做好记录。施钻期间检测到有瓦斯涌出、喷出等异常现象时,应立即采取相应安全措施,同时加大瓦斯检测频率。

⑦超前钻孔孔内瓦斯浓度:超前钻孔施工结束后,应检测孔口、孔内 1 m、3 m 处瓦斯浓度,采用延长杆、延长管进行检测,检测频率一般为 2 ~ 8 h 一次。

⑧加深炮眼、炮眼瓦斯抽检:参考超前钻孔孔内瓦斯浓度检测方法。

⑨一炮三检:装药前、放炮前、放炮后及时检测。

⑩碴堆间隙:放炮后,应检测碴堆间隙瓦斯情况,如检测到有瓦斯涌出,表明开挖面底部可能有瓦斯涌出点,在出碴前应对碴体进行全面洒水湿润,防止装载机装碴产生火花引爆瓦斯。

⑪小导管内:掌子面超前小导管如需电焊与拱架连接,应检查小导管内瓦斯的情况,防止管内瓦斯燃烧、爆炸。

⑫裂隙瓦斯涌出点:掌子面出碴结束并排险后,应对掌子面新揭露的岩面进行贴壁扫描检测,发现有裂隙瓦斯涌出点时,在掌子面动火前应采取针对性安全技术措施,防止裂隙瓦斯涌出点发生局部燃烧、爆炸。

⑬计划停风、动火期间的值守检测:计划停风期间,瓦检员应在洞内值守检测,当洞内空气中瓦斯浓度达到 0.5% 时,应停止洞内移动二衬台车、延接风管等工作,当洞内空气中瓦斯浓度达到 0.75% 时,应切断洞内电源、撤出洞内人员。动火期间,瓦检员应在动火点附近 20 m 范围内值守检测,当洞内风流中瓦斯浓度达到 0.3%、存在局部瓦斯积聚或其他安全隐患时,应停止动火作业,当洞内风流中瓦斯浓度达到 0.75% 时,应切断洞内电源、撤出洞内人员。

3)检测频率与记录

检测频率与记录可参考表8.1进行。

表 8.1　检测频率与记录

检测点位	检测频率	瓦检手册	瓦检牌板	瓦检台账
掌子面风流中、二衬台车风流中、回风流、总回风	1 次/2 h	√	√	√
洞室及联络通道	1 次/2 h	√	√	√
超前钻孔打钻期间	1 次/2~3 节钻杆,检测孔口	√	×	√
超前钻孔孔内、加深炮眼、炮眼瓦斯检测	1 次/2~8 h	√	×	√
一炮三检	装药前、放炮前、放炮后及时检测	√	√	√
碴堆间隙	炮后检测	⊙	×	×
小导管内	需动火焊接前检测	⊙	×	×
裂隙瓦斯涌出点	出碴结束并排险后及时检测	⊙	×	×
计划停风、动火期间	值守检测	×	×	×

注:√采用;⊙选用;×不采用。

4)人工瓦斯检测的人员及仪器配置

(1)瓦检人员配置

瓦检人员可采用固定人数法或动态人数法。

①固定人数法:每个作业面 3 名瓦检人员,采用三班作业制。

②动态人数法:根据本工区所有检测地点之间的距离,在综合考虑瓦检员沿途行走时间和各检测点检测时间的基础上动态确定各阶段瓦检员配置。

(2)人工瓦检仪器的配备

光干涉式甲烷测定器,俗称"光瓦",有 10% 和 100% 两种。一般每个工区要保证瓦检员每人 1 台 10% 光瓦的基础上至少还有 1 台备用,每个工区至少配备 100% 光瓦 1 台。甲烷检测报警仪以满足管理人员、工班长、特种作业人员使用为原则,一般每个工区不少于 10 台;多参数或其他有毒有害气体检测报警仪根据现场需要配备,如图 8.1—图 8.4 所示。

图 8.1　光干涉式甲烷测器

图 8.2　甲烷检测报警仪

图 8.3　H₂S 气体检测仪

图 8.4　CO 气体检测仪

8.3　瓦斯监控系统

8.3.1　瓦斯监控系统的组成

瓦斯监控系统包括主控计算机、数据接口、洞内、外监控分站、各类传感器(瓦斯、开停、一氧化碳、硫化氢、风速、温度等)、远程断电仪、声光报警器、UPS 电源、通信电缆、防雷设施等。其结构组成如图 8.5 所示。

8.3.2　瓦斯监控系统的工作原理

传感器将被测物理量转换为电信号,并具有显示和声光报警功能;执行机构(含声光报警及显示设备)将控制信号转换为被控物理量;分站接收来自传感器的信号,并按预先约定的复用方式远距离传送给数据接口,同时,接收来自数据接口多路复用信号。分站还具有线性校正、超限判别、逻辑运算等简单的数据处理能力,对传感器输入的信号和数据接口传输来的信号进行处理,控制执行机构工作;电源箱将交流电网电源转换为系统所需的本质安全型直流电源,并具有维持电网停电后正常供电不小于 2 h 的蓄电池;数据接口接收分站远距离发送的信号,并送至主控计算机处理;数据接口接收主控计算机信号,并送相应分站(传输接口还具有控制分站的发送与接收、多路复用信号的调制与解调、系统自检等功能;主控计算机主要用来接收监测信号、校正、报警判别、数据统计、硬盘存储、显示、声光报警、输出控制、控制打印输出、联网等)。

8.3.3　瓦斯监控系统的主要功能

(1)数据采集

各类模拟量(甲烷、一氧化碳、硫化氢、二氧化碳、氧气、温度、风速、风压、瓦斯抽放量等)采集、显示与报警;各类开关量(风机开停、馈电状态等)采集、显示与报警。

(2)控制

当出现停风或瓦斯超限时,系统自动切断洞内所有非本质安全电气设备电源,实现"风

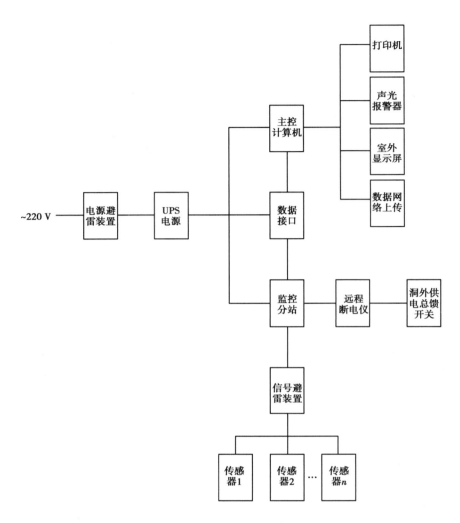

图 8.5　瓦斯监控系统的组成

电、瓦斯电"两闭锁功能；自动解锁后，手动恢复洞内供电。

（3）显示、存储、查询、打印

实时显示各模拟量、各开关量地点、数据、工作状态等信息；自动存储各模拟量、各开关量数据；可查阅各模拟量、各开关量历史数据和状态；可根据需要打印历史数据及报表。

8.4　视频监控系统

可根据工程需要，配备视频监控系统。

在隧道洞口、洞内布设摄像头，对隧道洞口及洞内掌子面、二衬台车施工现场进行视频监控。视频监控系统网络拓扑结构如图 8.6 所示。

摄像头的位置与数量可根据需要布设。洞外摄像头可采普通型，洞内采用防爆型摄

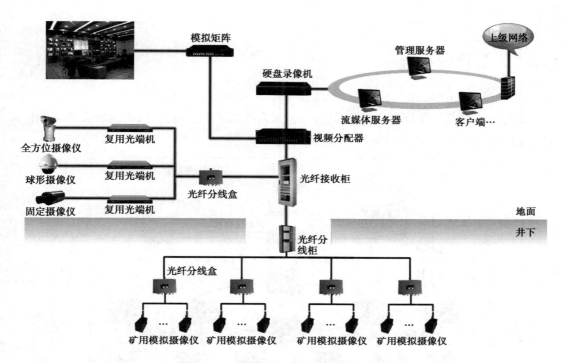

图 8.6　视频监控系统网络拓扑结构

像头。

摄像头通过同轴电缆或光纤将视频信号传输至地面监控中心的硬盘录像机,地面监控中心显示屏可实时显示各摄像头画面。

地面监控中心的硬盘录像机实行数据自动存储更新,根据所配硬盘的大小,一般至少保存一个月内资料供查阅。

根据需要,可通过网络将图像传输至指定端口,供上级管理部门查阅。

单洞典型摄像头布置如图 8.7 所示。

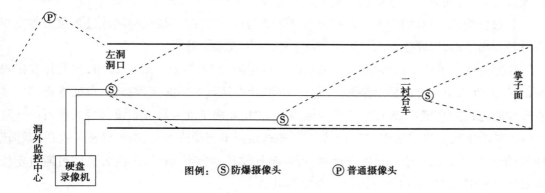

图例: Ⓢ 防爆摄像头　　　Ⓟ 普通摄像头

图 8.7　视频监控系统布置示意图

8.5 人员管理系统

在隧道关键部位安装读卡器,进洞人员佩戴人员识别卡,实现进洞人员的自动统计和洞内人员的区域定位,如图 8.8 所示。

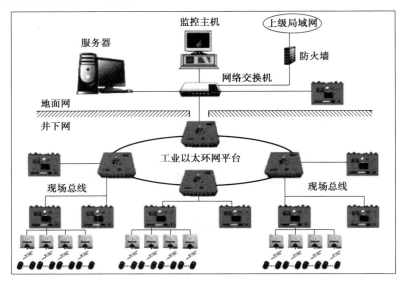

图 8.8 人员管理系统结构图

①自动识别功能:乘车出入的工作人员无须下车,在车辆进入监测区域后,就可自动完成人员考勤及定位功能。

②门禁功能:根据需要在瓦斯隧道洞口设置。如果有未经许可人员或进入隧道可发出声光报警信号,同时监控主机也会发出报警信号。

③报警功能:可对洞内人员限制出入时间及地点,如果超过授权时间或进入都会触发报警设备发出警示,以便控制人员迅速作出反映,采取安全措施。

④隧道内人员应急救援功能:当隧道内人员遇险时,可触发"求救"按钮,向洞外发出报警信号,洞外人员可查询显示是谁、在什么时间、什么地点发出的何种报警,以便管理部门排查安全隐患;在洞内某区域有危险需要撤离人员时,地面调度人员或系统管理人员可向危险区域人群发紧急撤离通知,洞内人员即可通过定位卡震动或声音、指示灯及时收到"撤离"信号;洞外需要洞内某个人员回电话时,可在洞外发送"呼叫"信号,洞内人员即可通过定位卡收到"呼叫"信号,洞内人员即可向洞外回电话。

单洞隧道典型人员管理系统布置,如图 8.9 所示。

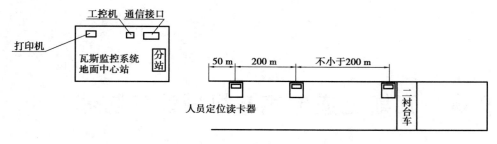

图 8.9　人员管理系统布置示意图

8.6　瓦检与监控专项施工方案编制要点

瓦斯监控系统、视频监控系统、人员管理系统统称为安全监控系统,也可根据需要增加语音广播系统或通信系统。

根据工程布置、工区划分、施工组织设计,在确定通风专项方案后,编制《瓦检与监控专项方案》。

《瓦检与监控专项施工方案》的基本框架如下:

①编制依据:列出编制本方案的依据。

②适用范围:说明本方案的适用范围。

③本工程基本情况;本隧道布置情况;工区划分及其瓦斯等级;瓦斯来源及勘察、设计说明;施工组织设计相关内容等。

④通风方案简述。

⑤瓦斯检测体系介绍。

人工瓦斯检测包括瓦检人员的配置、瓦检仪器的配置、检测地点、检测内容、检测方法、检测频率及瓦斯浓度卡控标准等。

⑥安全监控系统的配置标准。

a.瓦斯监控系统包括瓦斯监控系统的选型、系统的构成及其功能、特点、主要技术指标、瓦斯监控系统布置原则、系统布置(附设备配置清单、布置平面图)等。

b.视频监控系统包括系统选型、系统构成及其功能、特点、主要技术指标、摄像头布置原则(附设备配置清单、布置平面图)等。

c.人员管理系统包括系统选型、系统构成及其功能、特点、主要技术指标、读卡器布置原则(附设备配置清单、布置平面图)等。

d.语音广播系统或通信系统,如配备,应说明系统选型、系统的构成及功能、特点、主要技术指标、广播、电话布置原则(附设备配置清单、布置平面图)等。

⑦瓦斯检测报警仪的类型与数量配置。

⑧瓦检仪器、瓦斯监控系统传感器的检定、调校与管理。

⑨瓦检与监控管理制度。

第9章 瓦斯隧道电气与机械设备防爆

9.1 一般规定

9.1.1 电气设备

①隧道内微瓦斯工区的电气设备可使用非防爆型,低瓦斯、高瓦斯工区及瓦斯突出工区的电气设备应使用防爆型。

②高瓦斯工区和瓦斯突出工区的作业机械应使用防爆型;微瓦斯和低瓦斯工区作业机械可使用非防爆型。

③高瓦斯工区和瓦斯突出工区供电应配置两回路电源。工区内采用双电源线路,工区电源线路不得分接隧道以外的任何负荷。当不具备两回路电源条件采用单回路供电时,必须有备用电源,备用电源的容量应满足通风、排水、监控等要求。

④瓦斯工区内各级配电电压和各种机电设备额定电压等级应符合下列规定:

a. 高压不应大于 10 000 V;低压不应大于 1 140 V。

b. 照明、手持式电气设备的额定供电电压:低、高瓦斯工区及瓦斯突出工区不应大于 110 V。

c. 远距离控制线路的额定电压不超过 36 V。

⑤电压在 36 V 以上的电气设备的金属外壳、构架,铠装电缆的钢带(钢丝)、铅皮(屏蔽护套)等必须有保护接地。

⑥瓦斯工区洞内的配电变压器严禁中性点直接接地;严禁由洞外中性点直接接地的变压器或发电机直接向瓦斯隧道内供电。

9.1.2 电缆

①瓦斯工区内电缆主线芯的截面应满足供电线路负荷的要求。电缆应带有供保护接地用的足够截面的导体。

②瓦斯工区内高压电缆的选用应符合下列规定：

a. 电缆应采用铜芯。

b. 正洞、平导、横洞及斜井内固定敷设的电缆，应采用煤矿用钢带或者细钢丝铠装电力电缆。竖井内则应采用煤矿用粗钢丝铠装电力电缆。

c. 非固定敷设的高压电缆，必须采用煤矿用橡套软电缆。

③瓦斯工区内低压电缆的选用应符合下列规定：

a. 固定敷设的低压电缆，应采用煤矿用铠装或者非铠装电力电缆或者对应电压等级的煤矿用橡套软电缆。

b. 非固定敷设的低压电缆，必须采用煤矿用橡套软电缆，移动式和手持式电气设备应使用专用橡套电缆。

c. 开挖面的电缆必须采用铜芯。

④电缆的敷设应当符合下列规定：

a. 电缆应悬挂。悬挂点间的距离，在竖井内不得大于 6 m，正洞、平导和斜井内不得大于 3 m。

b. 电缆不应与风、水管敷设在同一侧，当受条件限制需要敷设在同一侧时，必须敷设在管道上方，其间距应大于 0.3 m。

c. 在有瓦斯抽采管路的洞内，电缆（包括通信电缆）必须与瓦斯抽采管路分挂在巷道两侧。

d. 通信、信号电缆应与电力电缆分挂在洞内两侧。当受条件限制时，在竖井内，应敷设在距电力电缆 0.3 m 以外的地方；在正洞、平导及斜井内，应敷设在电力电缆上方 0.1 m 以上的地方。

e. 高、低压电力电缆敷设在同一侧时，其间距应大于 0.1 m。高压与高压、低压与低压电缆间的距离不得小于 0.05 m。

⑤电缆的连接应符合以下要求：

a. 电缆与电气设备连接时，电缆线芯必须使用齿形压线板（卡爪）、线鼻子或快速连接器与电气设备进行连接。

b. 不同型电缆之间严禁直接连接，必须经过符合要求的接线盒、连接器或者母线盒进行连接。

c. 在低瓦斯、高瓦斯工区及瓦斯突出工区内，电缆之间若采用接线盒连接，其接线盒必须是防爆型。

9.1.3　洞内照明

①瓦斯工区洞内照明供电应从洞外或洞内低压变压器专用电缆单独引出。照明配电装置应具有短路、过载和漏电保护的综合保护功能。

②低、高瓦斯工区及瓦斯突出工区的照明灯具应符合以下要求：

a. 固定照明灯具应采用 Exd Ⅰ 型防爆照明灯。

b. 移动照明应使用矿灯;洞内工作面作业照明亮度要求较高处,可配置移动隔爆型投光灯。

9.1.4 电器与保护

①瓦斯工区的电气设备不应大于额定值运行。

②瓦斯工区严禁使用油浸式电气设备。40 kW 及以上的电动机,应使用真空电磁起动器控制。

③容易碰到的、裸露的电气设备及其机械外露的转动和传动部分,必须加装护罩或遮拦等防护设施;手持式电气设备的操作手柄和工作中必须接触的部分需良好绝缘。

④隧道内高压电网的单相接地电容电流不得大于 10 A。

⑤瓦斯工区内禁止高压馈电线路单相接地运行,当发生单相接地时,应立即切断电源。低压馈电线路上,必须装设能自动切断漏电线路的检漏保护装置。

⑥直接向洞内供电的馈电线路上,严禁装设自动重合闸。手动合闸时,必须事先和工区内联系确认。

⑦所有电气设备的保护接地装置与局部接地装置应与主接地极连接成一个总接地网,其接地电阻值应符合下列规定:

a. 接地网上任一保护接地点的接地电阻值不得超过 2 Ω。

b. 每一移动式和手持式电气设备与接地网间的保护接地,所用的电缆芯线和接地连接导线的电阻值不得超过 1 Ω。

⑧瓦斯工区的避雷措施应符合下列规定:

a. 由地面架空线引入洞内的供电线路,必须在隧道洞口处装设避雷装置。

b. 由洞外直接进入隧道的轨道和露天架空引入(出)的管路,必须在洞口附近对金属体设置不少于两处良好的集中接地。

c. 通信线路必须在洞口设置熔断器和避雷装置。

9.1.5 作业机械

①瓦斯工区内作业机械应使用电力、蓄电池或柴油动力装置,严禁使用汽油动力装置。

②低瓦斯工区使用的非防爆型作业机械,应配置便携式甲烷报警仪,当瓦斯浓度超过 0.5% 时,应停止作业机械运行。

③采用内燃机械导致施工通风困难或需大量增加辅助坑道时,应进行有轨运输的技术经济比较。

9.2　洞内电气防爆简述

9.2.1　瓦斯隧道电气防爆的必要性

据我国煤矿系统统计,煤矿瓦斯爆炸事故中,由于电气火花造成的事故比例高达 67% 以上,而瓦斯隧道的作业环境与煤矿的作业环境基本类似,消除瓦斯隧道施工过程中由于电气火花导致的瓦斯爆炸,是电气防爆系统的首要任务。瓦斯隧道内电气设备的防爆是排在通风、瓦斯检测与监控之后的第三道防线,也是最后一道防线。

除此之外,整个防爆电气体系必须采用可行的保护措施,保障施工过程中操作人员的人身安全,做到安全用电。

9.2.2　瓦斯隧道防爆电气体系的建立

1)建立防爆电气体系

(1)隧道内防爆供配电方案的制订和规划

制订的依据主要是:隧道设计方案、施工组织方案、通风方案、排水方案、隧道内负荷统计及分布情况。《铁路瓦斯隧道技术规范》(TB 10120—2019)、《煤矿安全规程》(2016 版)和其他有关国家现行标准及行业规范。

(2)防爆供电方案内容

洞内防爆供电方案的内容应完整、齐全、合规、可行,具有对现场安装、施工的具体指导性,其主要内容应包括工程概况、方案设计说明、防爆电气系统接线图或原理图、负荷统计及计算、根据计算结果进行的设备选型、防爆电气设备及主要材料的物资清单(包括规格型号、主要参数、数量、安装地点、投入时间等)。

2)防爆电气系统方案评审

防爆电气系统方案制订后,应对方案进行必要的评审,评审方式一般为专家评审或第三方专业机构评审,评审的目的主要是对方案的安全性、可靠性、经济性进行全面评估。

3)防爆电气体系专业管理队伍配置

瓦斯隧道防爆电气系统的安装、验收、日常维护等操作及管理工作对人员的专业技能素质要求相对较高,而多数施工单位由于瓦斯隧道施工较少,缺乏相关专业人员和管理经验,导致不重视或管理效果差,造成电器失爆,形成安全隐患。

针对瓦斯隧道防爆电气体系管理工作,每个工区现场操作维护人员均应要求配置不少于 1 名隧道洞内电工,其在煤矿或瓦斯隧道从事本专业工龄不少于 3 年(或有相应资质,并具备相应工作技能的人员);每个分部或项目部的安全管理部门根据该分部或项目部瓦斯隧道工区的多少,应配置煤矿井下电气专业技术管理人员,对工作现场履行常规检查、验收、监督和业务指导。

①专业管理人员具体配置应为:瓦斯隧道工区≤3处,配备1名;瓦斯隧道工区>3处,配备2名。

②瓦斯隧道防爆电器检查频次应为:工区现场电工每班1次(班前);技术管理人员每周≥2次。

4)瓦斯隧道内防爆电气方案的实施

防爆电气方案的实施是在专业人员配置到位的情况下,严格按照专业评审后形成的技术方案进行购置、验收、安装、调试运行的工作。

防爆电气设备采购质量的优劣,将直接影响安装质量和工程项目的总体防爆安全技术水平,同时劣质设备故障率高,对工程进度也有较大影响,为了确保建设项目安全、顺利施工,应从源头上把好防爆电气设备采购验收关。

在防爆电气设备、材料采购及验收过程中,应有专业技术人员全程参与,同时应特别注意以下事项:

①检查防爆合格证书的有效性和适用性。

②核对产品的铭牌信息和证书的一致性。

③依据防爆标准和设备的外观特征及部分可观察的结构特征,判断是否满足防爆要求。

④设备随机配件、附件、工具是否齐全。

⑤设备随机资料是否齐全。

⑥运输及装卸过程是否损坏及损坏程度。

⑦规格、型号及主要参数与技术方案清单是否吻合。

防爆电气设备的安装应由专业电工具体操作,安装前应全面检查设备是否失爆或有无缺陷,必要时应按规定使用专业的仪器仪表对电气设备的电气性能进行测试,以确认是否达到技术规范要求的指标,安装完毕应由专业技术管理人员进行全面检查,确认无误后方可通电。

9.3 隧道安全用电的技术措施

9.3.1 供电系统与隧道瓦斯监控系统联锁控制

根据相关规定,瓦斯隧道施工洞内供电必须做到"三专""两闭锁",即专用变压器,专用开关,专用供电线路,瓦斯浓度超标时与供电的闭锁以及压入式通风的风机与洞内供电的闭锁。因此,高瓦斯施工区和瓦斯突出施工区内的主通风机、局部通风机、射流风机和洞内与之相应的工作面的电气设备,必须与瓦斯监控系统进行风电、瓦电闭锁,当通风机停止运转时,应能立即自动切断局部通风机供风区段的一切电源。风机的瓦斯风电闭锁设施,由监控系统控制。

9.3.2　接地保护系统

根据规定,瓦斯巷道施工区内的配电变压器严禁中性点直接接地,严禁由洞外中性点直接接地的变压器或发电机直接向瓦斯隧道供电。瓦斯隧道必须采用独立的接地保护系统。因此,隧道的接地保护系统采用线缆作接地保护线,从洞口集中接地处向洞内架设,洞内每隔 200 ~ 300 m 处作重复接地,洞口的集中接地与洞内的重复接地处的接地电阻不得大于 1.5 Ω。洞内重复接地极使用厚度不小于 6 mm 面积不小于 0.7 m^2 的镀锌钢板,可安装在洞内积水坑、水沟或预留洞室内。专用保护接地线不允许断线且不允许安装任何开关,洞内 36 V 以上的和由于绝缘损坏可能带有危险电压的电气设备的金属外壳、构架等,都必须与专用保护接地线可靠连接,其接地网上任何一保护接地点的接地电阻值不得大于 2 Ω。

9.3.3　设置检漏继电器

低压馈电线路上,各分支馈电开关必须使用带有选择性漏保护的检漏装置的馈电开关。

施工现场的总隔爆馈电开关至分支线路隔爆馈电开关设置两级检漏继电器装置,两级检漏继电器的额定漏电动作电流和额定漏电动作时间应作合理配合,使之具有分级保护的功能(当其中一条支路发生故障时不影响其他支路正常供电,使其影响面降低对整体工作进度影响小)。

9.3.4　防雷接地

为了防止雷电波及隧道内引起瓦斯爆炸,所有进洞线路,包括动力电缆、照明电缆、瓦斯监控系统电缆及通信电缆均需在洞口安装避雷器。因此,在各种电缆向洞内敷设时,必须严格执行本规定,安装与其相配套的氧化锌避雷器,洞口防雷接地电阻不得超过 2 Ω 且要定期检查测试。进洞的其他风、水管线也必须在洞口处与专用保护接地极进行连接,以防雷电和静电传入洞内。具体防雷方案及安装实施,统一由地面防雷系统统一部署安装,必须符合以上要求。

9.3.5　备用电源

根据有关规定,高瓦斯隧道主扇风机等一类负荷的供电由地面供电,地面应采用双电源供电,其电源线上不得分接隧道以外的任何负载。为保证隧道通风、照明及监测系统等一级负荷供电,当主电源停电或故障时,备用电源应保证及时投入,其容量应能保证隧道内一类负荷的电量需求。

9.3.6　洞内电气设备的设置原则

①配电系统设置总隔爆馈电开关、分支隔爆馈电开关、单台设备的隔爆电磁起动器,实

行三级配电。设置配电系统应使三相负荷平衡。

②总隔爆馈电开关应设置在靠近移动变电站区域,分支隔爆馈电开关设置在用电设备或负荷相对集中的区域,分支隔爆馈电开关与单台设备的隔爆电磁起动器的距离不得超过30 m,隔爆电磁起动器开关与其控制的固定式用电设备的水平距离不应超过5 m。

③每台用电设备必须有各自专用的隔爆开关,禁止用同一个隔爆开关直接控制两台及两台以上用电设备。

④隔爆开关不得装设在易受外来固体物撞击、强烈振动、液体浸溅及热源烘烤的场所。否则,应予清除或做防护处理。隔爆开关周围应有足够两人同时工作的空间和通道,其周围不得堆放任何有碍操作、维修的物品。

⑤隔爆开关要放置在洞内其他机械设备不易碰撞的地方,要设立警示标记或警示灯。

⑥高压入洞后,高压配电装置及矿用隔爆型干式变压器的其配电点,所有电气设备应安设移动保护栅栏,并布置必要的消防设施。

9.4 安全用电防火措施

9.4.1 施工现场发生火灾的主要原因

(1)电气线路过负荷引起火灾

线路上的电气设备长时间超负荷使用,使用电流超过了导线的安全载流量。这时如果保护装置选择不合理,时间长了,线芯过热使绝缘层损坏燃烧,造成火灾。

(2)线路短路引起火灾

因导线安全部距不够,绝缘等级不够,持久老化、破损等或人为操作不慎等原因造成线路短路,强大的短路电流很快转换成热能,使导线严重发热,温度急剧升高,造成导线熔化,绝缘层燃烧,引起火灾。

(3)接触电阻过大引起火灾

导线接头连接不好,接线柱压接不实,开关触点接触不牢等造成接触电阻增大,随着时间的增长引起局部氧化,氧化后增大了接触电阻。电流流过电阻时,会消耗电能产生热量,导致过热引起火灾。

(4)变压器、电动机等设备运行故障引起火灾

变压器长期过负荷运行或制造质量不良,造成线圈绝缘损坏,匝间短路,铁芯涡流加大引起过热,变压器绝缘油老化、击穿、发热等引起火灾或爆炸。

(5)电热设备、照明灯具使用不当引起火灾

电炉等电热设备表面温度很高,如使用不当会引起火灾;大功率照明灯具等与易燃物距离过近会引起火灾。

（6）电弧、电火花引起火灾

电焊机、点焊机使用时电气弧光、火花等会引燃周围物体，引起火灾。施工现场电气引发的火灾原因绝不止以上几点，还有许多，这就要求用电人员和现场管理人员认真执行操作规程，加强检查。

9.4.2　预防电气火灾的措施

针对电气火灾发生的原因，施工组织设计中要制订出有效的预防措施。施工组织设计时要根据电气设备的用电量正确选择导线截面，从理论上杜绝线路过负荷使用，保护装置要认真选择，当线路上出现长期过负荷时，能在规定时间内动作保护线路。

①导线架空敷设时其安全间距必须满足规范要求，当配电线路采用熔断器作短路保护时，熔体额定电流一定要小于电缆或穿管绝缘导线允许载流量的 2.5 倍，或明敷绝缘导线允许载流量的 1.5 倍。经常教育用电人员正确执行安全操作规程，避免作业不当造成火灾。

②电气操作人员要认真执行规范，正确连接导线，接线柱要压牢、压实。各种开关触头要压接牢固。铜铝连接时要有过渡端子，多股导线要用端子或涮锡后再与设备安装，以防加大电阻引起火灾。

③配电点的耐火等级要大于三级，配置砂箱和绝缘灭火器。严格执行变压器的运行检修制度，按季度每年进行 4 次停电清扫和检查。现场中的电动机严禁超载使用，电机周围无易燃物，发现问题及时解决，保证设备正常运转。

④施工现场内严禁使用电炉子。使用灯具必须是矿用隔爆型的，洞内不准使用功率超过 100 W 的白炽灯泡。

⑤使用焊机时要执行用火证制度，并有人监护，施焊周围不能存在易燃物体，并备齐防火设备。电焊机要放在通风良好的地方。

⑥施工现场的高大设备和有可能产生静电的电气设备要作好防雷接地和防静电接地，以免雷电及静电火花引起火灾。

⑦存放易燃气体、易燃物仓库内的照明装置一定要采用防爆型设备，导线敷设、灯具安装、导线与设备连接均应满足有关规范要求。

⑧配电箱、开关箱内严禁存放杂物及易燃物体，并派专人负责定期清扫。

⑨施工现场应建立防火检查制度，强化电气防火领导体制，建立电气防火队伍。施工现场一旦发生电气火灾时，扑灭电气火灾应注意以下事项：迅速切断电源，以免事态扩大。切断电源时应戴绝缘手套，使用有绝缘柄的工具。当电源线因其他原因不能及时切断时，一方面派人去供电端拉闸，另一方面灭火时，人体的各部位与带电体应保持一定的距离，必须穿戴绝缘用品；扑灭电气火灾时要用绝缘性能好的灭火剂如干粉灭火器、二氧化碳灭火器、1211 灭火器或干燥砂子。严禁使用导电灭火剂进行扑救。

9.5 供电系统失爆现象汇总

①电缆的连接未采用规定的连接装置(防爆接线盒),如图9.1所示。

②通电电缆末端未接防爆电气设备或防爆元件,如图9.2所示。

③橡套电缆护套损坏露出芯线或伤痕深度及长度超标。

④橡套电缆修补未采用硫化热补或冷补胶修补工艺,如图9.3所示。

图9.1 电缆的连接未采用 　图9.2 通电电缆末端未接 　图9.3 不按规定对橡套
　　　规定的连接装置 　　　　　防爆元件 　　　　　　电缆修补

⑤电气设备内接地线未接或外接地不可靠,如图9.4所示。

⑥电气设备接线(腔)室内有大于10 mm的导电物体和异物。

⑦防爆照明灯具使用不符合规定的灯泡或保护网(罩)损坏。

⑧防爆插销的电源侧应接插座,负荷侧应接插头;反之,即失爆。

⑨防爆开关未使用的接线口无密封挡板(图9.5)或密封挡板不符合要求。

图9.4 电气设备外接地不可靠 　　图9.5 防爆开关未使用的接线口无密封挡板

⑩防爆电器每一接线口只能有一根电缆,超过一根即失爆。

⑪电缆剥除外护套后引入密封圈。

⑫防爆开关接线口未装密封圈,或密封圈与电缆间隙超标,或密封圈与接线口间隙超标。

⑬接线嘴电缆出口处不平滑,出现死弯,如图9.6所示。

⑭各种防爆电气设备的保护装置和影响防爆性能的附属元件不齐全（图9.7）、不完整、不可靠，如损坏、拆除或失效均为失爆。

图9.6　接线嘴电缆出口处出现死弯

图9.7　开关前盖螺丝不齐全

⑮防爆开关的隔离开关断开后负荷侧仍带电、防爆电气设备的闭锁装置未起到闭锁作用。

⑯使用明令禁止或淘汰的电气设备。

⑰使用非阻燃、不抗静电的电线电缆。

⑱采用非防爆电气，如家用插线板，如图9.8所示。

　　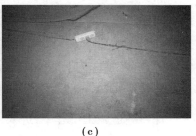

(a)　　　　　　　　　(b)　　　　　　　　　(c)

图9.8　使用不防爆的民用开关或插线板

⑲采用非防爆用电设备。

⑳电气设备无整机防爆合格证。

㉑电气设备保护电路的整定值大于使用说明书上的设计值。

㉒电气设备隔爆装置结合面紧固件缺损或未按规定安装到位。

㉓隔爆外壳因挤压、碰撞严重变形，外壳因焊缝开焊、有裂纹、砂眼、通孔。

㉔隔爆结合面法兰厚度小于设计值的85%。

㉕隔爆外壳结合面上不允许涂有油漆和存在机械性杂物，结合面间隙超标。

㉖人为拆除防爆开关的保护及闭锁元器件。

㉗瓦斯隧道洞内供电变压器中性点不绝缘。

9.6　防爆体系的误区及对策

在瓦斯隧道施工过程中,由于当时的《铁路瓦斯隧道技术规范》对电气设备爆的内容描述比较模糊,基本上源于当时的《煤矿安全规程》。而现行的《煤矿安全规程》(2016 版)已经过多次改版,随着科学技术的进步,煤规的内容也更加翔实、丰富、具体化,作为铁路瓦斯隧道建设单位、设计单位、施工单位无疑应从中汲取有益于隧道施工安全的合理、有效元素,以更好地指导施工作业。瓦斯隧道施工与煤矿井下开采毕竟是有区别的,在汲取新煤规的同时,也不能照搬照抄,生搬硬套,而应在符合基本科学技术的范畴下,具体问题具体分析,制订出符合客观实际的施工方案和措施。

1)误区 1:瓦斯隧道的电气设备只要是防爆产品即可

①根据我国对防爆电气设备适用的环境,分为 I 类:矿井用;II 类:工厂用;III 类:爆炸性粉尘和纤维环境用 3 类。

②根据我国对爆炸性危险物质的性质,分为 I 类:矿井甲烷;II 类:爆炸性气体混合物(含蒸汽、薄雾);III 类:爆炸性粉尘和纤维 3 类。

瓦斯隧道的施工环境及电气设备的爆炸危险物质与煤矿基本一致,因此,瓦斯隧道的防爆电气设备应明确选用防爆等级为 Exd I 类型,而不应选用 Exd II 或 Exd III 类型。

除此之外,Exd I 类型矿用型电气设备经过国家有关科研制造单位的不断革新和完善,已形成国家行业标准,产品强制认证(防爆证、安标证、生产许可证)齐全,而 Exd II、Exd III 类型的防爆电器产品除防爆检验合格证外,尚无其他强制认证,而且产品的设计、生产均为企业标准,电气保护功能不完善。

2)误区二:瓦斯隧道只要加强通风,电气设备是否防爆不重要

瓦斯隧道施工过程中,进入瓦斯区域后,瓦斯的涌出是持续的,通风效果的优劣肯定是决定隧道安全风险的至关因素,但具体的管理过程中,未必能做到完全的连续通风,如意外停电造成风机停机,风机故障意外停机、风筒损坏修补或更换、风筒向前延伸,二衬台车移动等都可能造成一定时间的停风,导致瓦斯积聚超限,如未采用防爆电气设备,就有可能引起灾难性后果。

3)误区三:瓦斯隧道施工过程中,控制好火源就可以避免瓦斯爆炸风险

瓦斯隧道施工过程中的火源主要有两类:其一是施焊作业时产生的明火源;其二是电火花。前者一般用动火管理制度来控制,后者则用洞内的电气防爆体系来杜绝。

控制好火源,但未必就能彻底地控制好爆炸源,除了火源外,还有一些潜在的爆炸源,应引起足够的重视并加以防范。

（1）施工作业高温点

根据爆炸性危险物质的点燃特征,煤系地层的瓦斯主要成分为甲烷(CH_4),点燃温度为540 ℃左右;天然气瓦斯的主要成分为甲烷等混合气体,点燃温度根据成分不同为270～540 ℃。

隧道作业中,防水板、瓦斯隔离板等都需要使用热熔电焊机等发热设备,而这些发热设备正常使用时的温度高达近千摄氏度,且使用场所都在壁、帮、台车、仰拱等通风不畅容易引起瓦斯积聚之处,极易引起瓦斯爆炸风险。

另外,洞内动力车辆,如挖机、运渣车、罐车等经过一段时间运行后,排放的尾气温度都有可能超过瓦斯的点燃温度,造成一定程度的爆炸风险。

（2）其他爆炸火源

瓦斯隧道施工操作时,除了电气设备失爆引起的火花外,还有其他诸多因素会引起爆炸火源,如爆破火花、摩擦撞击火花、静电火花等。

摩擦撞击火花主要以下几种:

①金属之间的摩擦撞击火花:如洞内使用的旋转机械设备,其金属材料间在摩擦撞击运动工况下,金属器具从高空自由落体打击其他金属物件时,金属手锤敲击其他金属材料时,履带机械碾压其他金属材料时均会产生。

②岩石摩擦撞击火花:此类情况发生较少,主要是在岩层垮落或坠落的情况下易产生。

③机械与岩石摩擦撞击火花:如挖掘机在掌子面挖掘岩石、岩石自由坠落与金属器具碰撞、掘进机械截齿切割岩石等。

静电火花的诱因是:隧道施工过程中大量使用了高分子聚合物制品,如风管、管材、电缆、塑料网、防水板等,这些高分子制品在使用过程中受到机械摩擦、高速风流及风流中所含的粉尘与其表面发生摩擦而产生静电。由于高分子材料都是绝缘材料,因摩擦产生的静电荷积聚在表面不易消失,当积聚到一定程度时会对接地体产生放电现象,即产生静电火花。当放电能量达到 0.28 mJ 时,如果瓦斯浓度正好处于爆炸范围,就会引起瓦斯爆炸。因此,瓦斯隧道的风管、电缆等均应要求为抗静电材料。

爆破火花是指掘进放炮瞬间释放巨大的能量,一般在过煤层或瓦斯段落时,采用控制装药量,使用矿用安全型火工产品进行控制。

4）误区四:选用了防爆电气设备就一定防爆

瓦斯隧道的防爆电气设备仅仅是防爆供配电体系的一个组成部分,除了配置合理的防爆电气设备,还应使整个配电体系做到符合规范,如规范中明文规定,严禁在瓦斯隧道中使用中性点直接接地的变压器供电等,在很多项目中就未得到很好的重视和采用,从而造成系统失爆。

另外,洞内防爆电气设备由于现场管理不善或操作工人操作不当,都有可能造成防爆电气设备的失爆,在此情况下,防爆电气设备实质上就等同于普通电气设备。

9.7 移动机械设备防爆改装

9.7.1 防爆改装基本要求

在隧道内所有设备,包括运料、运渣车、装载机等须进行防爆改造,改造应达到《矿用防爆柴油机无轨胶轮车通用技术条件》(MT/T 989—2006)中的要求。无轨运输改装方案主要是通过控制明火以及排气温度、机体表面温度使得改装车辆达到基本防爆要求,并在工程完成后所有改装项目可以进行拆除复原而不影响设备的后续使用。

①无轨胶轮车所配套的防爆柴油机,应符合 GB 3836.1~3836.4 的规定,并取得防爆合格证和煤矿矿用产品安全标志证。

②无轨胶轮车上的电气设备应符合 GB 3836.1~3836.4 的规定,并取得煤矿矿用产品安全标志证。

③无轨胶轮车上连接电气设备的缆线,除应符合 MT818.1,MT818.9,MT818.14 的有关规定外,还应具有耐油性能,并应可靠固定和保护,不可使缆线弯折过度而导致内部导体不导电。

9.7.2 防爆改装原则

①对发动机尾气进行处理,彻底消除排气火焰,同时降低排气温度。不但使得发动机尾气中的明火不能与外界的可燃气体接触,而且高温尾气也不能直接排出车外与外界的可燃气体接触。

②对发动机温度较高的部位用隔热材料进行包裹,使其与外界隔离。

③改装电器系统包括照明系统、启动系统、发电机系统、蓄电池系统、控制系统,以消除电器系统的明火与外界接触的机会。

④增加监控装置,实时监测防爆系统的工作状态以及工作环境的瓦斯浓度。作为一种预警措施,从而进一步增加系统的安全性。

9.7.3 防爆改装的组成

1)尾气处理系统

尾气处理系统主要由双层水冷排气弯管、双层水冷排气波纹管、废气处理箱、防爆栅栏、补水箱等组成,如图 9.9 所示。

①双层水冷排气弯管和双层水冷排气波纹管在工作时夹层中走水,通过水的冷却来降低排气管表面温度,将温度控制在 100 ℃左右,并对尾气进行冷却。同时双层水冷波纹管使得发动机与固定在车架上的废气处理箱连接在一起,降低发动机与车架之间的震动耦合,减

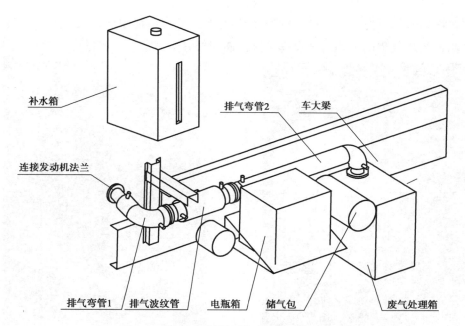

图 9.9　防爆改装尾气处理系统组成示意图

小发动机震动能量向车架的传递,降低噪声,并能提高刚性排气管的寿命。双层水冷排气弯管和双层水冷排气波纹管的安装,如图 9.10 所示。

图 9.10　双层水冷排气弯管和双层水冷排气波纹管的安装

②废气处理箱的主要作用是消除尾气中的火花,在废气进入废气处理箱后通过其中的特殊结构,让废气与废气处理箱中的冷却水有充分的接触面积和接触时间,从而提高了废气与冷却水的热传递效率,迅速降低废气温度已达到彻底熄灭废气中火花的目的,这一过程称为水洗。通过废气处理箱的水洗不但熄灭了火花,也降低了排气温度(68 ± 10) ℃,同时在水洗过程中大量的碳烟和各种有害气体一并溶解在水中,净化发动机尾气。大大降低车辆在隧道内相对封闭狭小的空间对空气的污染,改善隧道内的工作环境,最终使得发动机的尾气实现安全排放和清洁排放。废气处理箱如图 9.11 所示。

③防爆栅栏是尾气处理系统中另一道阻火装置,它能熄灭尾气中的火焰传播。在尾气

经过废气处理箱后,再经过防爆栅栏排到外界,是废气处理系统中防止火焰向外界传递的又一道保险,使得尾气中的火焰完全没有可能传递到外界空气中。防爆栅栏如图9.12所示。

图9.11　废气处理箱

图9.12　防爆栅栏

2)电气系统

电气系统的防爆改装主要涉及隔爆电瓶箱、隔爆控制箱、防爆灯具,以及经过防爆处理的发电机和启动马达。

(1)隔爆电瓶箱

蓄电池在工作中或发生故障时可能会产生火花。为了将其与外界进行隔绝,保证与外界空气无接触。采用隔爆电瓶箱将这些设备全部封装在内,同时所有的接线口采用橡胶胀紧密封和注胶密封。隔爆电瓶箱如图9.13所示。

(2)隔爆控制箱

隔爆控制箱内封装了启动马达的控制开关、照明灯的控制开关等以及各个工作指示灯,隔绝了与外界的接触,保证无明火与外界空气接触。隔爆控制箱如图9.14所示。

图9.13　隔爆电瓶箱

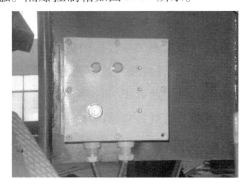

图9.14　隔爆控制箱

（3）防爆灯具

为了在隧道内昏暗的环境下给车辆提供安全充分的照明,使用矿用防爆灯替代原车的照明系统,包括车前的两只矿用防爆照明灯和车后位置两只矿用防爆照明灯,保证车辆在隧道内有一个良好的照明环境。防爆照明灯如图9.15所示。

（a）前防爆照明灯　　　　　　　　　　　（b）后防爆照明灯

图9.15 防爆照明灯

（4）塑封启动马达及发电机

由于车型较多,启动马达和发电机与发动机各自不同的匹配关系,无法使用现有的矿用防爆发电机和启动马达。但为了防止在发生故障时发电机和启动马达有可能出现的火花向外传递,采用耐高温型阻燃材料进行塑封使其与外界隔绝,以基本达到防爆的目的。

为了解决温度升高后的耐用性问题,发电机采用改进后的耐高温型,保证其长期可靠的工作。塑封马达及发电机如图9.16所示。

（a）塑封马达　　　　　　　　　　　（b）塑封发电机

图9.16 塑封马达及发电机

（5）电器系统的防爆改装

电器系统的防爆改装中所采用的各种电缆均是定制的特种矿用防爆电缆,有较好的耐候性和安全性。

3）监控系统（瓦斯闭锁装置）

配置车载煤矿用甲烷传感器,当甲烷浓度超过设定值0.5%的瓦斯浓度,工作环境中瓦斯浓度达到 0.5% 时,瓦斯报警器自动声光报警;当工作环境中瓦斯浓度达到 0.75% 时,在 1 min 以内自动停机,人员迅速撤离工作场地。待隧道内经通风、排风处置后,方能进入隧道重新作业。熄火油缸和熄火电磁阀照片如图 9.17 和图 9.18 所示,改装后的挖掘机如图 9.19 所示。

图 9.17　熄火油缸

图 9.18　熄火电磁阀

9.7.4　防爆改装方案及优劣分析

通过对国内高瓦斯隧道采用无轨运输方式内燃设备改装现状调查,目前施工现场主要采用车载瓦斯监控和电气隔爆等方式对洞内施工内燃设备进行改装。结合高瓦斯隧道实际情况,本书特提出 3 种改装方案,即车载瓦斯监控改装、电气隔爆改装和综合防爆改装。

方案一:车载瓦斯监控改装(主动防御方案)

1)改装方法

通过在施工车辆上加装通过防爆或煤安认证的监控设备,实时监测车辆工作环境的易爆危险气体浓度,当易爆气体浓度达到报警限值时,监控设备发出声光报警,提示车辆驾驶人员及时停止作业,查明环境实际情况,当工作环境不具危险时,再启动设备恢复工作。若

图 9.19　改装后的挖掘机

环境危险气体浓度快速上升,达到断电限值时,监控系统会在首次检测到报警时刻开始延迟一定时间(10~30 s)后自动输出控制信号,强制停止车辆工作,断开车辆所有供电线路,车辆将无法启动工作,监控系统使用自带的电源持续工作。当环境危险气体参数浓度降至安全限值后,监控系统自动解锁车辆供电,车辆可重新启动作业。自动保护装置系统工作原理示意图如图 9.20 所示,车辆改装系统布置示意图如图 9.21 所示。

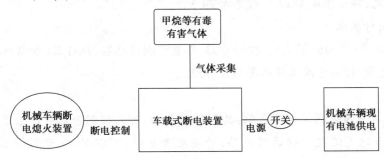

图 9.20　自动保护装置系统工作原理示意图

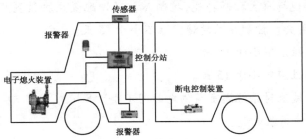

图 9.21　车辆改装系统布置示意图

2）改装技术要求

（1）一般要求

监控系统中的设备应符合有关标准及各自企业产品标准的规定，满足在可爆炸性气体环境下使用的基本要求。

（2）环境条件

①系统中用于驾驶室的设备，应能在下列条件下正常工作。

a.环境温度：0~40 ℃。

b.相对湿度：40%~70%。

c.温度变化率：小于10 ℃/h，且不得结露。

d.大气压力：80~106 kPa。

②系统中安装在车身外部的设备应在下列条件下正常工作。

a.环境温度：0~50 ℃。

b.平均相对湿度：不大于95%（+25 ℃）。

c.大气压力：80~106 kPa。

d.有爆炸气体混合物。

e.有较强的振动和冲击、无破坏绝缘的腐蚀性气体。

（3）供电电源

监控系统应采用独立的直流电源供电：

a.额定电压：12/24 V，允许偏差±10%。

b.供电电流：不大于4 A/12 V 或2 A/24 V。

（4）系统设计要求

①系统组成：一般由配置主机、控制分站、参数检测传感器、执行器（含断电器、声光报警器）、电源箱、电缆、接线盒及其他必要的设备组成。

②硬件。

a. 配置主机一般采用笔记本电脑，具备USB接口，可与控制分站进行通信，设置控制参数。主机采用当时主流技术的通用产品，并满足可靠性、可维护性、开放性和可扩展性等要求。

b.控制分站具备现场自主控制功能，控制参数通过配置主机设置后存储在分站存储器内，掉电后配置不会丢失。控制分站的稳定性不小于15天。

c.传感器的稳定性应不小于15天。

d.执行器的稳定性应不小于15天。

e.电源箱应可持续地对系统满负荷供电时间不小于8 h。

f.电缆采用阻燃抗高温电缆。

g.监控系统设备能在9~26 V 范围内正常工作。

③软件：具有可视化的人机软件界面，软件可靠性高、开放性好、易操作、易维护、安全、

成熟,软件应有详细的汉字说明和汉字操作指南。

(5)基本功能

①数据采集:系统必须具有甲烷浓度、一氧化碳浓度、二氧化碳浓度、氧气、温度等模拟量采集,存储及显示功能。

②控制:系统必须由现场设备完成甲烷浓度超限声光报警和断电/复电控制功能。

a.检测气体浓度达到或超过报警浓度时,声光报警。

b.检测浓度达到或超过断电浓度时,切断被控设备电源并闭锁;检测气体浓度低于复电浓度时,自动解锁。

c.检测浓度达到或超过熄火控制浓度时,向执行器输出熄火控制信号并闭锁;检测气体浓度低于复电浓度时,自动解锁。

③显示功能:控制分站具有状态指示灯和显示屏,可显示当前的工作状态及检测参数。

(6)技术指标

①监测参数类型:甲烷($0 \sim 100\%$)、氧气($0 \sim 25\%$)、一氧化碳($0 \sim 2\ 000 \times 10^6$)、二氧化碳($0 \sim 5\%$)、温度($0 \sim 150\ ℃$)等。

②防爆类型:矿用本安或隔爆(Exd Ⅰ,Exia Ⅰ,Exib Ⅰ)。

③气体浓度检测反应时间:$CH_4 \leqslant 35\ s$,$O_2 \leqslant 30\ s$,$CO \leqslant 30\ s$,$CO_2 \leqslant 30\ s$,$T \leqslant 10\ s$(水中)。

④控制执行时间:$\leqslant 1\ s$。

⑤控制分站通道数:$\geqslant 4$。

⑥供电电压:直流 12 V 或 24 V。

⑦供电方式:本安电池供电。

⑧报警方式:声光报警,1 m 处声强不低于 80 dB,光感应范围$\geqslant 2$ m。

3)防爆改装验收检验方法

(1)单位及产品资质检测

改装施工单位应提供企业营业执照、税务登记证、第三方机构出具的产品检验合格证书(如安标证、防爆证)、相关行业的从业资质证书、成功案例证明资料等。

(2)技术方案评审

改装施工单位应根据项目实际情况提供详细合理的改装技术方案,改装方案经业主、监理、项目部等多方专家评审通过后方可实施。

(3)改装性能检测

①试运行。车辆改装完毕后交由施工方在现场试用至少 5 天,试运行期间前三天故障率不得大于 10% ,3 天后故障率不得大于 5% 。

②现场实测。试运行期结束后,组织专家到现场实测改装后的性能。改装后的车辆动力特性不得受影响,且必须实现以下基本功能:

a.通信及配置功能。监控分站可通过配置主机进行参数修改设置,并保存在分站内,重上电后能自动恢复设置。

b. 检测功能。监控系统可以检测车辆工作周边环境的气体参数,必须包括但不限于甲烷气体浓度。

c. 显示功能。监控系统控制分站能实时显示所检测到的气体浓度参数,并通过发光指示灯指示出系统的工作状态及故障提示。

d. 报警功能。当检测参数超过设定的报警限值时,系统能发出声光报警提示,报警提示在施工环境噪声中应清晰可辨。

e. 熄火控制功能。当检测参数超过设定的熄火限值时,系统能通过执行器控制车辆熄火并闭锁,车辆不能重启动。当检测参数低于熄火恢复值时,车辆方可再次启动。

f. 断电功能。当检测参数超过设定的断电限值时,系统能通过执行器断开车辆的供电电源,并闭锁。当检测参数低于断电恢复值时,系统自动解锁,车辆恢复供电。

方案二:电气隔爆改装

1)改装方法

按照车辆原有的电气线路原理及功能,使用一系列防爆组件或设备对车辆进行全范围的改装,这些改装内容涉及蓄电池、发电机、启动器(点火装置)、用电设备(如照明指示灯具、喇叭、音箱、收音机、点烟器、空调设备等)、发热部件、排气口等。改装后的设备本身即具备防爆能力,可工作在有危险易爆气体场合。

2)改装技术要求

(1)结构

①改装车辆结构参数设计合理,充分考虑隧道内使用的特殊环境,外延、外露部件,要充分考虑与围岩或支架物的撞击。可开口(孔)的结构和位置应避免堵塞及损坏。车辆应尽可能地设置减振系统。

②改装车辆上防爆柴油机排放气体时,排放孔应避免朝向驾驶室。

③改装车辆运载松散装备或材料,运载工具上应加装固定装置。车辆采用自卸式时,货箱举升和回落时间不得超过 30 s。

④用于运送人员的改装车辆,应由安全带或其他牢固的依托物,并应设置顶棚。

⑤改装车辆装配悬挂系或摆动物体,要加装固定装置,以防物体和车轮接触。

⑥改装车辆在额定载荷下最小离地间隙应大于 160 mm。

⑦改装车辆在设计的最大坡道(纵向或横向)上运行时,冷却水箱和冷却净化水箱水位应不低于设定的最低水位。

⑧改装车辆在运行和维修期间,可能受到撞击的零部件,均不允许使用轻金属制造。其他非金属材料的零部件应采用表面电阻值不小于 $1 \times 10^9 \ \Omega$ 的阻燃性材料。

(2)驾驶室

①改装车辆驾驶室应坚固、结构合理,具有良好的视野,高度应能满足驾驶员佩戴安全帽工作,座椅应符合人体舒适的要求,司机工作空间内不应有尖锐物或角状物。

②改装车辆各显示仪表应设在驾驶员易于观察的位置,各控制部件应设在驾驶室内,操作方便、动作明确,符合要求和习惯。

③驾驶室开门应为外开式(侧向驾驶除外)。如果不设车门,则应设置活动栅栏或其他安全设施。

④驾驶室如配防风玻璃,玻璃窗应使用安全玻璃或其他具有同等效力的材料。

⑤在驾驶室内驾驶员正常工作的显著位置,应设置警示牌,警示内容主要包括行车时的警告事项、紧急情况下所采取的相应措施、必要的操作提示等。

⑥自动保护装置的显示仪应安装在驾驶员正常工作的显著位置。

(3)操纵系统

①改装车辆的离合操纵机构、换挡机构、加速踏板等应操作灵活可靠,转向机构应使改装车辆在最小转弯半径转向时操作灵活。车辆采用动力转向的,其转向动力源应取自柴油机本身,使柴油机一启动就有转向动力源,不受其他操作系统的影响。

②改装车辆设有两个驾驶室(双向驾驶)及双套控制装置时,两套控制装置应为互锁。但紧急制动装置、停车制动装置及自动灭火系统不受互锁限制。

③改装车辆的运行速度不得超过设计规定值。

(4)消防装置

①改装车辆应配置自动灭火系统或便携式灭火器等消防装置,便携式灭火器应能方便地从改装车辆两侧取出使用。

②改装车辆的动力矿用防爆柴油机的功率超过70 kW(含70 kW)时,应配备车载灭火器或至少两台便携式灭火器。

③启动车载灭火系统,则防爆柴油机应能自动熄灭。

(5)自动保护装置

①改装车辆应设置自动保护装置,在监控参数出现异常情况时能及时发出报警信号并能使改装车辆动力系统停止运转。

②改装车辆若采用单缸类矿用防爆柴油机,当出现下列情况之一时,自动保护装置应能及时发出声、光报警信号,其声光信号应使驾驶员能够清晰辨别,并在报警后1 min内使改装车辆动力系统停止运转:

a.排气温度最高至70 ℃时。

b.表面温度最高至150 ℃时。

c.冷却水位(蒸发冷却)低至设定最低水位或冷却水温度(强制冷却)最高至95 ℃或设计值时。

d.冷却净化箱水位低至设定最低水位时。

e.机油压力低至设定最低压力时。

(6)照明及信号

①改装车辆应在运行前方安装照明灯,尾部设置红色信号灯。

②设有两个驾驶室(双向驾驶)的改装车辆,照明、信号系统应为复式。

③改装车辆如装配倒车灯,倒车时,应有视听警示信号。

④改装车辆运行方向的照明灯,应使改装车辆前方 20 m 处至少有 4 lx 的照明度。尾部红色信号灯能见距离至少 60 m。

（7）警声装置

改装车辆应安装警铃等警声装置,警声装置的声压值在距离改装车辆 40 m 处,应不小于 70 dB。

3）防爆改装验收检验方法

（1）单位及产品资质检测

改装施工单位应提供企业营业执照、税务登记证、第三方机构出具的产品检验合格证书(如安标证、防爆证)、相关行业的从业资质证书、成功案例证明资料等。

（2）技术方案评审

改装施工单位应根据项目实际情况提供详细合理的改装技术方案,改装方案经业主、监理、项目部等多方专家评审通过后方可实施。

（3）改装性能检测

①试运行。车辆改装完毕后交由施工方在现场试用至少 5 天,试运行期间前三天故障率不得大于 10%,3 天后故障率不得大于 5%。

②现场实测。试运行期结束后,组织专家到现场实测改装后的性能。具体指标如下:

a.车辆整体结构。改装后车辆的整体结构应合理,不影响驾驶人员的日常操作。车辆的高度、宽度不得超出规定的尺寸。

b.车辆的动力特性。改装后的车辆载质量不得低于原车辆的 80%,自重不得高于原车辆的 20%。烟气排放不得低于原车排放标准。

c.自动保护功能。改装后的车辆在出现以下情况之一或几种情况时,最多延时 1 min 即能自动熄火保护:排气温度最高至 70 ℃时;表面温度最高至 150 ℃时。

d.冷却水位(蒸发冷却)低至设定最低水位或冷却水温度(强制冷却)最高至 95 ℃或设计值时。

e.冷却净化箱水位低至设定最低水位时。

f.机油压力低至设定最低压力时。

③照明指示功能。照明指示灯必须满足技术要求。

④警音提示功能。当车辆出现故障时,报警器能发出声音提示,音量范围必须满足 40 m 外不低于 70 dB。

方案三:综合防爆改装

1）改装方法

安装车载瓦斯监控,同时进行车辆电气隔爆改装,达到更全面可靠的防爆性能。

2）改装技术要求

分别执行车载瓦斯监控改装和电气隔爆改装的技术要求。

3）防爆改装验收检测方法

按方案一和方案二中的方法综合检测分别验收。

国内瓦斯隧道施工期间行走式机械的改装研究与使用从2006年开始，形成了车载瓦斯监控改装与电气隔爆改装两种形式。目前尚没有供瓦斯隧道施工期间使用的防爆型行走式机械（挖机、装载机、运渣车、水泥罐车等），也没有相关规范或文件规定具体执行办法。

由于没有相关规范和文件支撑，移动机械设备防爆改装一般采用专家评审方式确定其合理性和可靠性。3种改装方式的优劣分析，见表9.1。

表9.1　3种改装方式的优劣分析

改装方式	优点	缺点	适用条件
车载瓦斯监控改装	对车辆动力性能无影响，成本低	传感器对气体的反应采用扩散式，有时间滞后	低瓦斯工区、高瓦斯工区
电气隔爆改装	从本质上消除火源	对车辆动力性能有明显影响，成本高，整车不能取得防爆证	低瓦斯工区、高瓦斯工区、瓦斯突出工区
综合改装	更可靠；更安全	对车辆动力性能有明显影响，成本高	低瓦斯工区、高瓦斯工区、瓦斯突出工区

在厘清改装方案的基本原理及防爆系统组成的情况下，除上述3种传统方案外，还可以进一步衍生一些新方案，如"车载瓦斯监控改装＋尾气抑爆装置"。最终方案的采用，需进行技术、经济比较，但最终目的均需回归防爆改装的基本要求，即消除瓦斯爆炸基本条件之一的"火源"（或高温源）。

9.7.5　防爆改装操作规程与常见故障

①进入隧道作业前，驾驶员必须检查监控系统是否工作正常。

②隧道内作业时，监控系统必须保持开启状态。

③监控系统发出声光报警时，表明环境瓦斯浓度出现异常，驾乘人员应立即停止作业通知相关人员查明现场情况，解除报警后方可继续作业。

④监控系统发出声光报警并控制车辆自动熄火，表明环境瓦斯浓度已经非常危险，为了防止中毒、窒息、引发爆炸，确保人身安全，驾驶人员应立即下车撤离现场，同时通知相关受威胁人员；车辆熄火后，在报警未解除前，驾驶人员禁止尝试点火操作。

⑤若通过其他手段检测出隧道瓦斯含量异常，应立即停止作业，待确认安全后方可重新作业。

⑥监控系统异常时必须向相关负责人员汇报。

⑦监控系统所带的瓦斯传感器必须每隔15天进行零点校准，同时做好除尘工作。

⑧车辆洞外长时间停放应关闭监控器电源。

⑨系统与监控系统、人工检测等预防措施搭配使用。

机械设备改装后,在施工过程中的常见故障及排除措施见表9.2。

表9.2　常见故障及排除措施

常见故障	故障原因	排除措施
开关打开灯不亮	①开关接触不良或损坏 ②灯泡损坏	①检查或更新 ②更换灯泡
发电机不充电或电流很小	①皮带过松 ②线路接头松动或搭铁锈蚀 ③调节器失灵	①调整皮带的松紧度 ②检查线路接头、除锈、紧固 ③检修调整或更换
发电机在运转时声音不正常	①皮带过紧 ②轴承缺油而磨损 ③磁极螺钉松动	①调整合适 ②加添润滑油或更换轴承 ③拧紧螺钉

9.7.6　防爆改装后的注意事项及日常维护

1)注意事项

①加入补水箱中的水应是经过处理的干净的软水或自来水,不可使用防冻液。

②补水箱、废气处理箱出水口,进水口等处的结垢要及时清理,这些地方若堵死,则会造成系统失效。

③冬季野外停放时,应将补水箱、废气处理箱中的水放掉,以免冻坏有关装置。

④进入隧道使用防爆照明灯,关闭原车灯光和其他不必要的电器。

⑤对各种电气和电缆要细心保护,各防爆面不允许磕碰划伤,导线保护层不允许磨损,导线不允许折断。出现上述损坏将使防爆性能丧失。

⑥自动保护装置报警后,必须找出原因,故障排除后方能重新启动投入运行。

⑦启动前务必按规定检查油、水是否符合要求。

⑧瓦斯报警仪发出报警,必须立即停止工作,撤离工作现场。

⑨自动保护系统报警后须待报警原因排除后,柴油机方可重新投入工作。

⑩严禁在发动机熄火时下坡、转向。

⑪防爆电器部件严禁在洞内拆检。

⑫受控零部件不得随意更换或拆除。

⑬机器所加燃油、机油必须按规定牌号,用清洁的容器加入时必须进行过滤。

⑭定期清洗排气火栅栏,保证排气畅通。

2）日常维护、维修及管理

①聘请专业的车辆改装日常维护管理员，专职负责对所有改装设备的日常维护、维修及管理。

②专职维护管理员每 7 天对车辆甲烷传感器、监测装置、断电装置等进行详细的检查和维护，确保各个装置有效正常，并做好维护、维修记录。

③检修时必须执行挂牌制度，在控制位置悬挂"正在维修，严禁启动"警示牌。

④检修时必须设置专人负责指挥。

⑤在设备的隐蔽处及通风不畅的空间内检修，必须由安全员和瓦检员跟班作业，确保瓦斯浓度不超标。

⑥在车上进行焊接和切割作业时，必须在洞外距离洞口 20 m 以外的场地进行，同时要防止火花溅落到下方作业区或油箱。

9.8　电气及机械设备管理

①高瓦斯工区和瓦斯突出工区，洞口至进入第一个瓦斯区段前的施工，在瓦斯自动实时监测报警系统、施工通风系统正常工作的前提下，可采用非防爆型作业机械；一旦出现高瓦斯情况，必须换装采用防爆型作业机械，换装后，非防爆作业机械严禁再进入该工区。

②瓦斯工区应建立车辆机械进洞运行和检查制度，进洞车辆机械宜设置随车通信系统或者车辆位置监测系统。

③瓦斯工区电气设备的防爆安全应符合下列规定：

a. 瓦斯工区使用的电测距仪及其他有电源的设备，应采用防爆型，当不得不使用非防爆型时，在仪器设备 20 m 范围内瓦斯浓度必须小于 1.0%。

b. 安装后的机电设备，必须经过外观、防爆性能、操作性能的检查，合格后方可投入使用。

c. 机电设备应重点检查专用供电线路、专用变压器、专用开关，瓦斯浓度超限与供电的闭锁、局扇与供电的闭锁情况。供电线路应无明接头，无接头连接不紧密或散接头，有漏电保护装置，有接地装置，电缆悬挂整齐，防护装置齐全等。

d. 电动装碴、开挖等作业机械在操作中，防爆开关表面温度过高时应立即停止作业。

e. 蓄电池机车及矿灯充电房应距洞口 50 m 以外。

f. 瓦斯工区内使用的机电设备，在使用期间，除日常检查外，尚应按照规定的周期进行检查，其检查周期应符合表 9.3 的规定。

④瓦斯工区使用的防爆电气设备和作业机械，在使用期间，应由专人检查维护。不得带电检修电气设备，不得在洞内进行作业机械和机电设备的拆卸、修理。

表 9.3　机电设备和电缆进行检测的周期规定

序号	检查调整项目	检查周期	备注
1	使用中的防爆电气设备的防爆性能检查	每月 1 次	专职电工应每日检查外部 1 次
2	配电系统继电保护装置检查、整定	每半年 1 次	负荷变化应及时调整
3	高压电缆的泄露和耐压试验	每年 1 次	
4	主要电气设备绝缘电阻的检查	每半年 1 次	
5	固定敷设电缆的绝缘及外部检查	每季 1 次	专职电工应每周检查外部和悬挂情况 1 次
6	移动式电气设备橡套电缆绝缘检查	每月 1 次	每班由当班司机或专职电工检查 1 次外皮有无破损
7	接地电网接地电阻值测定	每季 1 次	
8	新安装电气设备绝缘电阻或接地电阻值测定		投入运行前

9.9　安全用电组织机构和组织措施

9.9.1　组织机构

成立瓦斯隧道安全用电管理领导小组,设组长 1 名、副组长 1～2 名,组员若干名,并在供配电专项方案中明确各岗位职责。保障安全供电,严格按照电气设备操作规程以及瓦斯隧道用电管理制度,保证安全生产。

9.9.2　组织措施

(1)建立瓦斯隧道用电施工组织设计和安全用电技术措施

建立瓦斯隧道用电施工组织设计和安全用电技术措施的编制、审批制度,并建立相应的技术档案。

(2)建立技术交底制度

向专业电工、各类用电人员介绍瓦斯隧道临时用电施工组织设计和安全用电技术措施的总体意图、技术内容和注意事项,并应在技术交底文字资料上履行交底人和被交底人的签字手续,注明交底日期。

（3）建立安全检测制度

从瓦斯隧道临时用电工程竣工开始,定期对临时用电工程进行检测,主要内容是接地电阻值,电气设备绝缘电阻值,低压检漏装置动作参数等,以监视临时用电工程是否安全可靠,并作好检测记录。

（4）建立电气维修制度

加强日常和定期维修工作,及时发现和消除隐患,并建立维修工作记录,记载维修时间、地点、设备、内容、技术措施、处理结果、维修人员、验收人员等。

（5）建立工程拆除制度

工程竣工后,临时用电工程的拆除应有统一的组织和指挥,并须规定拆除时间、人员、程序、方法、注意事项和防护措施等。

（6）建立安全检查和评估制度

设备与安全管理部门要按照瓦斯隧道相关安全技术规范的规定定期对现场用电安全情况进行检查评估。

（7）建立安全用电责任制

对瓦斯隧道临时用电工程各部位的操作、监护、维修分片、分块、分机落实到人,并辅以必要的奖惩。

（8）建立安全教育和培训制度

定期对专业电工和各类用电人员进行瓦斯隧道用电安全教育和考核,凡上岗人员必须持有劳动部门核发的上岗证书,严禁无证上岗。

第 10 章　瓦斯隧道爆破作业

10.1　一般规定

①瓦斯区段应严格控制超欠挖,避免塌方,减少开挖面坑凹形成瓦斯局部积聚。

②隧道内同一瓦斯区段宜划分在同一工区,各工区间的贯通点不应处于揭煤段。

③瓦斯工区爆破工作应由专职爆破工担任;瓦斯区段爆破作业必须执行"一炮三检"和"三人连锁爆破"制度。

④瓦斯区段必须使用煤矿许用炸药和煤矿许用电雷管。一次爆破必须使用同一厂家、同一品种的煤矿许用炸药和电雷管。

⑤具有煤层自燃倾向、煤尘爆炸危险的瓦斯工区应采取相应的预防措施。

⑥瓦斯区段应根据地质条件、断面大小、煤层及瓦斯的赋存情况合理选择开挖方法,高瓦斯及煤与瓦斯突出区段宜采用分部开挖。

⑦瓦斯工区钻孔作业应符合下列规定:

a. 开挖工作面附近 20 m 风流中瓦斯浓度必须小于 1.0% 。

b. 必须采用湿式钻孔。

c. 炮眼深度不宜小于 0.6 m。

⑧瓦斯区段炮眼封泥必须使用水炮泥。水炮泥外剩余的炮眼部分应用黏土炮泥或者不燃性、可塑性松散材料制成的炮泥封实,其长度不应小于 0.3 m。严禁用煤粉、块状材料或者其他可燃性材料做炮眼封泥。无封泥、封泥不足或者不实的炮眼,严禁爆破。严禁裸露爆破。

⑨炮眼深度和炮眼封泥长度应符合下列要求:

a. 炮眼深度小于 0.6 m 时,不得装药、爆破;在特殊条件下确需进行炮眼深度小于 0.6 m 的浅孔爆破时,必须制订安全措施并封满炮泥。

b. 炮眼深度为 0.6~1 m 时,封泥长度不得小于炮眼深度的 1/2。

c. 炮眼深度超过 1 m 时,封泥长度不得小于 0.5 m。

d. 炮眼深度超过 2.5 m 时,封泥长度不得小于 1 m。

e. 深孔爆破时,封泥长度不得小于孔深的 1/3。

f. 光面爆破时,周边光面爆炮眼应用炮泥封实,且封泥长度不得小于 0.3 m。

g. 工作面有两个及以上自由面时,在煤层中最小抵抗线不得小于 0.5 m,在岩层中最小抵抗线不得小于 0.3 m。浅孔装药爆破大块岩石时,最小抵抗线和封泥长度都不得小于 0.3 m。

⑩瓦斯区段爆破严禁使用导爆管或普通导爆索、火雷管,应使用煤矿许用瞬发电雷管、煤矿许用毫秒延期电雷管或者煤矿许用数码电雷管,并应符合下列规定:

a. 使用煤矿许用毫秒延期电雷管时,最后一段的延期时间不得超过 130 ms。

b. 使用煤矿许用数码电雷管时,一次起爆总时间差不得超过 130 ms,并应与专用起爆器配套使用。

⑪瓦斯区段煤矿许用炸药的选用应遵守下列规定:

a. 煤与瓦斯突出区段应使用安全等级不低于三级的煤矿许用含水炸药。

b. 高瓦斯区段应使用安全等级不低于三级的煤矿许用炸药。

c. 微、低瓦斯区段的岩层掘进应使用安全等级不低于一级的煤矿许用炸药;煤层、半煤层掘进应使用安全等级不低于二级的煤矿许用炸药。

d. 非煤地层的微、低瓦斯区段应使用安全等级不低于一级的煤矿许用炸药。

⑫瓦斯工区装药和爆破作业应符合下列规定:

a. 爆破地点附近 20 m 内,风流中瓦斯浓度小于 1.0 %。

b. 爆破地点 20 m 内,各类施工机具设备、碎石、煤渣或者其他物体堵塞隧道断面不得大于 1/3。

c. 开挖工作面应保证通风风量足、风向稳定、局扇无循环风。

d. 炮眼内无异状、无温度骤高骤低、无显著瓦斯涌出、无煤岩松散、无透老空区等情况。

e. 装药前,炮眼内煤粉、岩粉应清除干净。

f. 瓦斯区段严禁反向装药起爆。

⑬爆破网路及连线必须符合下列要求:

a. 爆破母线应符合标准。

b. 爆破母线和连接线、电雷管脚线和连接线、脚线和脚线之间的接头相互扭紧并悬空,不得与轨道、金属管、金属网、钢丝绳等导电体接触。

c. 巷道掘进时,爆破母线应随用随挂,不得使用固定爆破母线。母线的长度应大于规定的爆破安全距离。

d. 爆破母线与电缆、电线宜分别挂在巷道的两侧。如果必须挂在同一侧,爆破母线必须挂在电缆的下方,并保持 0.3 m 以上的距离。

e. 必须采用绝缘母线单回路爆破,严禁用轨道、金属管、金属网、水或者大地等当作回路。

f. 爆破前,爆破母线应扭结成短路。

⑭电力起爆必须使用防爆型发爆器作为起爆电源,一个开挖工作面不得使用两台发爆器同时进行爆破。

⑮微、低、高瓦斯工区爆破后通风 15 min,爆破工、瓦检员和班组长应先巡视爆破地点,检查通风、瓦斯、煤尘、支护、瞎炮、残炮等情况。如有危险情况必须立即处理。在瓦斯浓度小于1%,二氧化碳浓度小于1.5%,解除警戒后,工作人员方可进入开挖工作面工作。

⑯处理瞎炮、残炮时,应在当班组长的指导下处理完毕,处理残炮时必须符合下列规定:

a.由于连线不良造成的瞎炮,可重新连线起爆。

b.在距瞎炮眼 0.3 m 以外另打与瞎炮眼平行的新炮眼,重新装药起爆。

c.严禁用镐刨或者从炮眼中取出原放置的起爆药卷,或者从起爆药卷中拉出电雷管。不论有无残余炸药,严禁将炮眼残底继续加深;严禁使用打孔法往外掏药;严禁使用压风吹瞎炮、残炮炮眼。

d.处理瞎炮的炮眼爆炸后,爆破工必须详细检查炸落的煤和岩体,收集未爆的电雷管。

e.在瞎炮处理完毕前,严禁在该地点进行与处理瞎炮无关的工作。

⑰所有爆破作业,必须符合专项钻爆设计方案,并严格执行《爆破安全规程》(GB 6722—2014)和《铁路瓦斯隧道技术规范》(TB 10120—2019)以及行业有关规范、规程内容。

⑱爆破材料的运输应严格执行《民用爆破物品安全管理条例》(国务院令第 466 号)等有关规定。

⑲瓦斯工区爆破作业应采用远距离放炮,工区内必须停电、撤人。

⑳在半煤半岩中掘进应在岩石炮眼中装药;煤层需爆破时,必须采用松动爆破。

10.2　爆破方案编制要点

①明确爆破施工工艺,采用水压爆破,并对水袋进行改装,加装"盐"类等惰性物质,起"盐消焰"作用。

②明确爆破器材的选用:高瓦斯工区使用三级煤矿许用乳化炸药;低瓦斯工区使用一级煤矿许用乳化炸药,瓦斯工区必须采用电力起爆,并使用煤矿许用电雷管,严禁使用秒或半秒级电雷管。明确选用煤矿许用毫秒延期电雷管(1,2,3,4,5 段),或添设 0 号段作为全断面爆破时的时差补偿,将最后一段的延期时间不超过130 ms,起爆器材采用煤矿专用防爆型电容放炮器起爆,放炮母线采用紫铜或铝制电阻较小的导线,并具有良好的绝缘层。

③规范炮眼位置:Ⅲ级围岩根据现场情况采用全断面开挖斜眼楔形掏槽。Ⅳ,Ⅴ级围岩分别采用台阶法开挖和斜眼楔形掏槽。

④隧道钻爆法施工的方法。采用钻孔台架配 YT-28 手持式风动凿岩机钻孔,人工装药起爆。钻爆作业按照爆破设计进行钻眼、装药、接线盒引爆。

a.测量:是控制开挖轮廓精确度的关键。使用隧道断面激光测量仪进行断面和炮孔画线。每循环都由测量技术人员在掌子面标出开挖轮廓和炮孔位置,其误差不得超过 5 cm。

b. 定位开眼:采用钻孔台车钻眼时,台车与隧道走线保持平行,台车就位后按照炮眼布置图钻孔。对于掏槽眼和周边眼的钻眼精度要求比其他眼高,开眼误差应控制在 3～5 cm 以内。

c. 钻孔:钻工要熟悉炮眼布置图,熟练操作风钻,特别是钻周边眼,一定要有丰富的经验。周边孔外插角 100～200,炮孔相互平行,周边孔在断面轮廓线上开孔,周边眼眼口允许误差为 ±5 cm,眼底不得超出开挖断面轮廓线 15 cm,掏槽孔对孔误差不大于 3 cm,其他炮孔开眼误差不大于 5 cm。同时,根据眼口位置岩石的凹凸程度调整炮眼深度,力求炮眼底在同一平面上。

d. 清孔:装药前,用竹竿和小直径高压风管输入高压风将炮眼石屑刮出吹净。

e. 装药:分片分组,按炮眼设计图确定的装药量自上而下装药,雷管"对号入座",外圈眼的延时必须大于或等于内圈眼的延时,如图 10.1 所示。爆破网络连接、检查及起爆,按照爆破设计要求和《爆破安全规程》(GB 6722—2014)执行。装药采用正向装药(即起爆雷管放在离孔口最近的药卷中,传播方向指向孔底),雷管以外不得装药卷,严禁反向装药。

在岩层内爆破,炮眼深度不足 0.9 m 时,装药长度不得大于炮眼深度的 1/2;炮眼深度在 0.9 m 以上时,装药长度不得大于炮眼深度的 2/3。在煤层中爆破,装药长度不得大于炮眼深度的 1/2。

f. 连接起爆网络。只允许采取串联网络。网络连接从掌子面开始,然后向安全的起爆地点连接主线网络。在未发起起爆令前,掌子面网络不能与主线相连,同时要求主线短接,在正式连接时再解开。起爆时洞内所有人员全部撤离至洞外,起爆人员在安全掩体保护下,可在洞内一定的安全距离外作业。

母线与电缆、电线、信号线应分别挂在巷道的两侧,如必须在同一侧时,母线必须挂在电缆下方,并保持 0.3 m 以上的距离。

母线应采用具有良好绝缘性和柔软性的铜芯电缆,并随用随挂,严禁将其固定。

必须采用绝缘母线单回路爆破。

严禁将瞬发电雷管与毫秒电雷管在同一串联网络中使用。

g. 堵塞。所有炮孔必须用炮泥堵塞 0.3～1 m 以上,孔深超过 1 m 的堵塞长度不小于 0.5 m,周边孔的堵塞长度不小于 0.3 m;炮泥应采用水炮泥和黏土炮泥。水炮泥外剩余的炮眼部分应用黏土炮泥填满封实。严禁用煤粉、块状材料或其他可燃性材料作炮泥。

h. 瞎炮处理。发现瞎炮,首先查明原因。采取重新装药引爆,或在查明炮眼方向的情况下,在其周围间隔一定距离打眼、装药,利用周围眼的爆破振动起爆瞎炮。

⑤钻爆设计原则。

a. 确保现场施工人员的安全,严格按照《爆破安全规程》(GB 6722—2014)的规定进行设计和施工,制订具体的安全施工措施;

b. 严格控制光面爆破的单段起爆药量,尽可能多地创造爆破临空面,尽可能减小爆破振动对围岩的扰动深度;

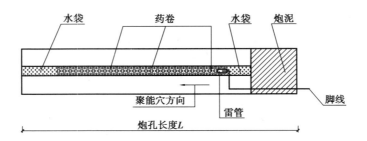

图 10.1　炮孔装药图

c. 瓦斯隧道施工应符合《铁路瓦斯隧道技术规范》(TB 10120—2019)的有关规定,瓦斯工区必须采用煤矿许用安全炸药,并使用矿用电雷管起爆;

d. 对设计确定的钻爆参数进行现场爆破试验,以取得合理的爆破参数。爆破参数需根据地质地形条件及相应的爆破效果,适时调整、动态管理。

⑥光爆基本参数。隧道初步开挖时,光面爆破参数参照表 10.1,实际施工时根据对应各级围岩爆破效果对本参数进行适当调整。

表 10.1　光面爆破参数表

参数岩性	饱和单轴抗压极限强度 R_b/MPa	装药不耦合系数 D	周边眼间距 E/cm	相对距 E/V	周边眼装药集中度 q/(kg·m^{-1})
软 岩	≤30	2.00 ~ 2.50	30 ~ 50	0.5 ~ 0.8	0.07 ~ 0.15
中硬岩	30 ~ 60	1.50 ~ 2.00	45 ~ 60	0.8 ~ 1.0	0.20 ~ 0.30
硬 岩	>60	1.2 ~ 51.5	70 ~ 85	0.8 ~ 1.0	0.30 ~ 0.35

每循环进尺如下:

Ⅲ级围岩控制在 150 ~ 200 cm;Ⅳ级围岩控制在 100 ~ 150 cm;Ⅴ级围岩控制在 60 ~ 80 cm;完成具体数据与根据围岩实际情况相结合而定。

炮眼布置参数:炮眼由掏槽眼、周边眼、辅助眼组成,具体参数为:

掏槽眼采用锲形掏槽(图 10.2);为了提高爆破效果,在 1,2,3,4 号眼中间上下各打一个 ϕ100 的中空孔,中空孔采用水平钻机打眼,孔径 = 10 cm,打眼深度一次可达 30 余米,中空眼也可作为地质超前探孔。

辅助眼布置参数为:钻孔直径 d = 42 mm;炮孔间距 a = 80 ~ 100 cm(视围岩硬度而调整);最小抵抗线 W = 80 cm;孔深为进尺长度 + 10 cm;药卷直径采用 ϕ32 mm。

周边眼布置参数为:炮眼直径 d = 42 mm;炮孔间距 a = 40 ~ 60 cm(视围岩硬度而调整);孔深为进尺长度 + 10 cm;装药直径均采用 ϕ32 的药卷间隔装药。

在钻爆施工中,针对不同的围岩并结合施工现场情况要不断地进行优化,每一循环爆破后,对爆破效果评估,包括炮眼利用率、残留率、药量大小、装药结构、爆破深度、抛碴距离及碴块大小等,通过统计、评估优化爆破设计,从而提高爆破效果,减少对围岩的扰动,充分发挥爆破后围岩的自稳能力,确保施工安全,提高施工生产率。

各级围岩参数明确:Ⅲ,Ⅳ级围岩采用台阶法光面爆破技术,尽可能地减少超挖、减轻对

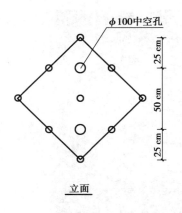
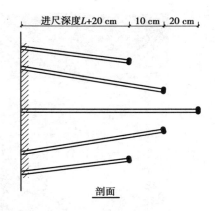

图 10.2　掏槽眼布置示意图

围岩的扰动和破坏。台阶长度 5 ~ 10 m,初步拟定开挖进尺为 1.2 ~ 1.5 m,施工时根据实际调整开挖进尺。上下台阶均采用 YT-28 风枪钻孔,复式楔形掏槽,上下断面同时打眼,同时装药起爆。施工中,根据不同级别的围岩和隧道断面大小,采用不同的钻眼深度,并控制好上下台阶间的距离,根据理论围岩钻爆参数表中的各项参数完成自身的数据比对与调整。

10.3　典型爆破方案实例

10.3.1　爆破要求

在瓦斯隧道施工时,为使爆破后岩壁尽量平整、岩体保持稳定,尽量采用光面爆破,可以减少瓦斯聚集的风险减小通风阻力,节省喷砼材料,光面爆破效果如图 10.3、图 10.4 所示。

图 10.3　叙毕铁路项目二标斑竹林横洞高瓦斯隧道光面爆破

10.3.2　工程实例

长岭进口斜井工区,施工段岩性为志留系灰岩,灰色、灰黑色,变余结构,细粒构造,属硬岩,层状构造,节理裂隙较发育,围岩较完整,局部渗水,围岩较稳定。采用光面爆破后炮眼残留如图 10.5 所示。

图 10.4　叙毕铁路项目二标长岭斜井低瓦斯隧道光面爆破

图 10.5　光面爆破炮眼残留照片

1）根据围岩情况经过设计以及经验对炮眼进行如下布置（图 10.6）

（1）每种炮眼数目、深度以及装药量

每种炮眼数目、深度以及装药量（以每条药 0.2 kg 计算），见表 10.2。

表 10.2　炮眼数目、深度以及装药量表

炮眼种类	数量	深度/cm	装药量/条
掏槽眼	16	320	10
辅助眼	34	275	8~6（依次递减）
压顶眼	3	280	7
周边眼	34	270	2.5
底板眼	8	315	8
角眼	2	320	11
扩槽眼	12	290	9

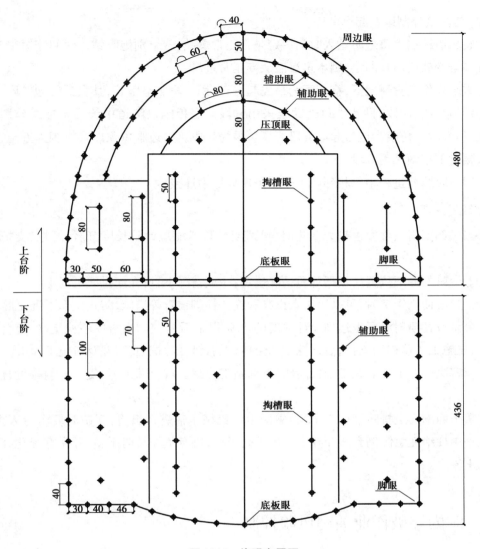

图 10.6　炮眼布置图

以上参数针对目前施工阶段,每茬炮进尺 2.8 m,炸药总用量为 128.6 kg,总体上本着"岩变我变"的原则,实时根据围岩情况改变炮眼布置以及装药量,不作明确要求。

(2)炮眼施作入钻角度注意事项

在炮眼施工过程中,应注意以下几点:

①掏槽眼的入钻角度要控制好,现场用的是斜眼掏槽方法,中线两侧的掏槽眼夹角角度应控制在 90°左右。

②辅助眼角度大致垂直于工作面施作。

③周边眼施作时首先应注意钻杆要在上一茬炮眼残留炮痕出入钻,以保证其光面爆破效果。其次其入钻角度根据进尺而定,以进尺 2.7 m 的情况而定,现场周边眼入钻角度要求控制在 2°~5°,不得大于 5°。

（3）装药量控制以及起爆顺序

①装药前根据本班炮眼钻入时间决定是否正常爆破,若个别炮眼钻入时间缩短很多,说明前方围岩变软或出现断层,则本班爆破放弃正常进尺。

②炮眼施作正常情况下,掏槽眼为最先起爆,采用一段非电雷管,其次扩槽为二段,两排辅助分别为三段、四段,另外拱顶辅助眼采用五段。底板眼以隧道中线为基准线分别为二段、三段和五段。角眼为最后起爆五段。压顶眼为三段。周边眼拱顶以及拱脚为五段,拱腰以及拱腰上下范围采用五段。

③周边眼装药过程中每相邻两个炮眼采用导爆索连接。

2）施工要求

①当拱部围岩条件发生较大变化时,可适当延长或缩短台阶长度,确保开挖、支护质量及施工。

②上台阶的底部位置应根据地质情况确定,一般情况下,可在起拱线及以下。

③上台阶使用钢架时,可采用扩大拱脚和施作锁脚锚管等措施,防止拱部下沉变形。

④台阶应在喷射混凝土达到设计强度的 70% 以上后开挖。当岩体不稳定时,应合理缩短进尺,先施工边墙初期支护,后开挖中间土体,左右错开后挖边墙,并及时施工仰拱。

⑤应解决好上下部的施工干扰问题,下部施工应减少对上部围岩、支护及衬砌的扰动和破坏。

⑥掌子面围岩经排险确认安全后,立即组织机械车辆进行出渣,弃碴时要由专人指挥,施工过程中杜绝随意倾倒弃碴和弃土。施工完毕后,对弃碴场及时平整,并做好绿化、防护,避免水土流失。

10.4　洞内爆破作业关键风险控制

10.4.1　风险类型

1）瞎炮、残爆、爆燃

瞎炮产生的原因主要有爆破材料不合格或使用不当,起爆电源不足或爆破网路连线不当等。对于隧道劳务班组,习惯于非电起爆,对电爆的操作及技术与经验不足往往是造成瞎炮的主要原因之一。一旦发现瞎炮,应严格按规程规定处理,但严禁炮眼深度小于 0.6 m 时放炮,严禁放糊炮,因为此时很容易由爆破产生的冲击波及爆生气体引起瓦斯燃烧爆炸。

残爆和爆燃的主要原因是违反规定采用了"盖药"或"垫药"的装药结构,或装药前岩粉未清理干净,或装药用力过猛,药卷被压实等残爆和爆燃是由于炸药爆轰反应不完全,从而产生灼热固体颗粒和产生大量有毒气体,不但可引燃瓦斯,而且对瓦斯爆炸起催化作用,存在着严重的安全隐患。

2）爆破危害

隧道开挖施工中，习惯用大药量，炮眼堵塞长度短，且存在常规乳化岩石炸药的爆能与爆速、地质关系和爆能利用率的影响，常规爆破掏槽眼装药系数在 0.9 以上，炸药单耗达 1.8 ~ 2.0 kg/m。但在瓦斯隧道施工中，由于存在雷管段别限制及瓦斯爆炸危险隐患，装药系数及炸药单耗应严格控制。如装药量过大，粉碎区域和破裂区域的关系不一致，短段数导致爆能叠加，爆破震动效应产生裂缝使瓦斯涌出量大，同时产生的空气冲击波强度大，是引起瓦斯爆炸的隐患；如装药系数超过规定或炮眼堵塞长度和质量不符合要求，同样会加大空气冲击波的强度，严重的还会使爆生气体及灼热固体颗粒逸出炮孔，直接引起瓦斯燃烧爆炸。

因此，瓦斯隧道爆破施工，应防止爆破震动及冲击波等危害，以消除瓦斯爆炸事故隐患。

3）杂散电流

隧道掘进中，电气设备，照明、动力线路及机车等会产生杂散电流，在运送电雷管、装配引药、连线及放炮前都存在着杂散电流引起电雷管早爆的危险。因此，应采取措施减小杂散电流值，同时加强杂散电流检测工作，当杂散电流超过 30 mA 时，应停止以上工作并进行处理。另外，隧道掘进中，6 kV 高压线直接进洞，在电雷管运输、使用过程中，为防止感应电流引起早爆应避开高压线网，安全距离不小于 20 m；为防止静电危害，工作人员一律禁止穿化纤衣服；在雷雨季节应安装雷电报警仪等。

防止因杂电、静电、感应电流及雷电引起电雷管早爆事故，在瓦斯隧道施工中尤为重要。一旦发生早爆事故，不但造成人员伤亡，而且存在直接引燃瓦斯，引起瓦斯爆炸事故，危害较大，须引起足够重视。

10.4.2　管理控制措施

1）技术保障措施

（1）高瓦斯工区爆破安全管理制度

成立高瓦斯工区施工爆破管理组，分部经理为第一管理人，设置专人负责爆破作业管理。爆破作业采用湿式钻孔和水压（盐销焰式）爆破技术。

瓦斯段的爆破作业必须采用煤矿许用炸药，有瓦斯突出地段，必须使用安全等级不低于三级的煤矿许用含水炸药，必须使用煤矿许用瞬发电雷管或煤矿许用毫秒延期电雷管。

（2）爆破物品安装规定

装药前，炮眼内煤、岩粉应清除干净。再用木质或竹质炮棍将药卷轻轻推入，不得冲撞或捣实。炮眼内的各药卷必须彼此密接；电雷管必须由药卷的顶部装入，不得用电雷管代替竹、木棍扎眼；电雷管必须全部插入药卷内，严禁将电雷管斜插在药卷的中部或捆在药卷上；在岩层内爆破，炮眼深度为 0.9 m 以下时，装药长度不大于炮眼深度的 1/2；炮眼深度为

0.9 m以上时,孔口炮泥长度不得少于30 cm。在煤层内爆破,装药长度不得大于炮眼深度的1/2。所有炮眼的剩余部分均应用炮泥堵塞;炮泥应用水炮泥。水炮泥外剩余的炮眼部分,应用黏土填满封实,严禁用煤粉、块状材料或其他可燃材料作炮泥;采用毫秒爆破、正向起爆,一次起爆。爆破必须使用电力起爆,原则上在洞外起爆。

(3)高瓦斯工区洞内爆破条件应符合下列要求

爆破地点20 m范围内,洞内回风流中瓦斯浓度必须小于0.5%;爆破地点20 m范围内,施工车辆、材料以及煤渣等物体阻塞开挖断面面积不得大于1/3;爆破点通风应风量足、风向稳,局扇无循环风。

爆破员必须经过专业培训,取得爆破合格证,持证上岗。

每次爆破作业前,爆破工必须做电爆网路全电阻检查。必须定期校验起爆器的各项性能参数,并进行防爆性能检查,不符合规定的严禁使用。

爆破后,待工作面的炮烟吹散(通风时间不少于15 min),爆破工、瓦检员、安全员、班组长必须先巡视爆破地点,检查通风、瓦斯、煤尘、拒爆、残爆等情况。如有危险情况,必须立即处理。在瓦斯浓度小于0.5%,CO_2浓度小于1.5%,并解除警戒后,作业人员方可进入开挖工作面作业。

爆破后,在爆破地点附近20 m的范围内,必须洒水降尘。

2)爆破施工安全技术措施

①根据地质条件、开挖断面、方法、掘进循环进尺、钻眼机具和爆破材料等进行钻爆设计。

②采用爆破干扰降震法进行控爆。

③爆破作业严格遵守爆破安全规程,做到有组织、有领导、有明确分工,爆破工程技术人员、爆破工、爆破安全员等爆破作业人员均持证上岗。

④爆破作业严格按照爆破设计执行,由爆破工程技术人员在现场指导,验收炮孔参数,进行装药量计算,做好爆破原始资料的收集、整理和技术总结。

⑤装药方法严格遵照爆破设计要求进行装药和堵塞炮孔。

⑥起爆前应再次检查起爆网路连接情况,以免出现瞎炮。

⑦在爆破的同时,做到同步监测并记录。爆破15 min后按规定检查和处理盲炮。

⑧洞内爆破作业必须统一指挥,并由经过专业培训且持有爆破作业合格证的专职爆破工担任。进行爆破时,将所有人员撤到不受有害气体、震动和飞石损伤的地区,其安全距离为:独头坑道不小于200 m,爆破时必须提前1 h通报,以便其他作业人员撤离险区。

3)防爆安全技术措施

①禁止摩擦、撞击、抛掷爆破器材;遇雷雨或暴风雨时禁止装卸爆破器材;爆破器材的装卸工作尽量在白天进行。

②禁止使用汽车的拖斗、自卸汽车、翻斗车、摩托车、自行车、独轮手推车运载爆破器材,

爆破器材专用运输车辆要有明显的危险标志;一人一次运送的爆破器材不准超过起爆器材10 kg,拆箱(袋)运搬炸药20 kg,背运原包装炸药一箱(袋)。

③每次作业领取爆破材料时,必须按用量填单由相关责任人签认后,方可领取;出库材料如未用完应及时交回库房。

4)外部校核,定期检验机制

在日常施工中,以引入民爆公司监督机制,项目部进行日常检查为主、民爆公司检查为辅进行监督检查,专业梳理,保证爆破器材符合规范并满足现场施工要求,如图10.7 所示。

图 10.7　现场检查

第 11 章　瓦斯隧道防突揭煤

11.1　一般规定

①隧道穿越突出煤层应严格按照"超前综合防突措施先行、工作面综合防突措施补充"的原则开展设计与施工,并编制防突揭煤专项设计、施工方案。

②隧道通过平均厚度为 0.3 m 及以上的煤层时应进行突出危险性评估,评估为无突出危险时,施工中还应进行超前突出危险性预测,经最终验证无突出危险方可开挖。

③突出煤层在实施超前探测、突出危险性预测、防突措施及防突措施效果检验过程中,应停止其他与防突工作无关的现场作业。

④在煤层实施超前探孔、预测孔以及检验孔的过程中,钻孔出现顶钻、夹钻、喷孔等动力现象或工作面出现明显的突出预兆时,应按突出煤层进行管理。

⑤超前综合防突应包括超前突出危险性预测、防突措施、效果检验及验证。

⑥超前突出危险性预测应在距初探煤层位置 10 m(垂距)前开展,并应符合下列规定:

a. 煤与瓦斯突出危险性预测应施做不少于 3 个预测孔(取芯),钻孔直径不宜小于 76 mm。预测孔应穿透煤层全厚且进入顶(底)板不小于 0.5 m。

b. 测定瓦斯压力、吨煤瓦斯含量等参数,验证煤层位置、煤层厚度。

c. 危险性预测的临界值宜根据试验确定,当无试验确定的临界值时,可根据实测的瓦斯压力、吨煤瓦斯含量按表 11.1 进行突出危险性预测。

表 11.1　超前突出危险性预测临界值

临界指标	临界值	突出预测
瓦斯压力 P	$P < 0.74$ MPa 且 $W_0 < 8$ m³/t	无突出危险
吨煤瓦斯含量 W_0	$P \geqslant 0.74$ MPa 或 $W_0 \geqslant 8$ m³/t	突出危险

⑦预测为具有突出危险的煤层,应在距煤层位置 10 m(垂距)前实施超前防突措施。超

前防突措施以预抽煤层瓦斯法为主,并应符合下列规定:

　　a. 预抽范围应保证隧道开挖轮廓外沿煤层走向不小于 15 m,且外边缘至开挖轮廓的距离不小于 10 m。

　　b. 预抽煤层瓦斯的抽放孔应穿过煤层进入顶(底)板不小于 0.5 m,当钻孔不能一次穿透煤层全厚时,应保证钻孔末端至少超前工作面 20 m。

　　c. 抽放孔应在整个预抽区域内均匀布置,钻孔间距应根据实际的煤层有效抽放半径确定,且孔底间距不宜大于 4 m。

　　d. 穿层抽放孔的封孔段长度不得小于 5 m,顺层抽放孔的封孔段长度不得小于 8 m。孔口抽采负压不得小于 15 kPa。当预抽瓦斯浓度低于 30% 时,应检查封孔质量及管路气密性。

　　e. 瓦斯抽放时间可根据瓦斯有效抽放率、钻孔瓦斯衰减系数等参数计算确定。

　　f. 应作好钻孔施工参数的记录及抽采参数的测定。

　　⑧预抽煤层瓦斯方法应根据煤层与隧道位置关系、辅助坑道设置、施工方法等确定,可选用以下方法:

　　a. 工作面穿层钻孔预抽瓦斯。

　　b. 辅助坑道内顺层或穿层钻孔预抽瓦斯。

　　c. 分部开挖的先行导坑顺层或穿层钻孔预抽瓦斯。

　　⑨低透气性的煤层进行瓦斯预抽前,可采用加密钻孔、水压压裂增透等措施提高瓦斯抽放效果。

　　⑩超前防突措施效果检验应通过检验孔直接测定预抽区域的煤层残余瓦斯压力或残余瓦斯含量等指标进行评定。检验孔布置应符合下列规定:

　　a. 预抽工作面至少布置 4 个检验孔,分别位于预抽区域内的上部、中部和两侧,且至少有 1 孔距预抽区域边缘不大于 2 m。

　　b. 在地质构造复杂区域,抽放孔密度较小、间距较大、预抽时间较短的位置应适当增加检验孔。

　　⑪突出煤层经防突效果检验仍存在突出危险时,应延长抽放时间、增加钻孔或补充其他防突措施。

　　⑫实施超前综合防突措施并经效果检验后,继续掘进至煤层 5 m(垂距)前,应进行突出危险性验证。

11.2　工作面综合防突与揭煤及煤层开挖

　　①工作面综合防突应包括突出危险性预测、防突措施、效果检验和安全防护措施。

　　②工作面突出危险性预测孔应符合以下要求:

　　a. 距煤层 5 m(垂距)前的工作面至少施做 3 个预测孔(取芯)。预测孔应穿透煤层全厚且进入顶(底)板不小于0.5 m或见煤深度不少于10 m。

b.钻孔过程中应观察孔内排出的浆液、煤屑变化情况,并作好记录。

③工作面突出危险性预测应选用两种方法进行相互验证。岩墙揭煤可采用综合指标法、钻屑瓦斯解吸指标法;煤层中掘进可采用钻屑指标法、复合指标法、"R"值指标法,也可采用其他经试验验证的有效方法。

④工作面突出危险性预测方法中有任何一项指标超过临界值,应判定为突出危险工作面。其预测时的临界值应根据实测数据确定,当无实测数据时,可按表11.2进行确定。

表11.2 工作面突出危险性预测指标临界值

序号	预测类型	预测方法	预测指标	突出危险性临界值
1	岩墙揭煤突出危险性预测	综合指标法	D	0.25
			K	20(无烟煤)、15(其他煤)
		钻屑瓦斯解吸指标法	$\Delta h_2/\mathrm{Pa}$	160(湿煤)、200(干煤)
			$K_1/[\mathrm{mL \cdot (g \cdot min^{1/2})^{-1}}]$	0.4(湿煤)、0.5(干煤)
2	煤层中掘进突出危险性预测	复合指标法	钻孔瓦斯涌出初速度 $q/(\mathrm{L \cdot min^{-1}})$	5
			钻屑量 $S/(\mathrm{kg \cdot m^{-1}})$	6
		"R"指标法	R_m	6
		钻屑指标法	$\Delta h_2/\mathrm{Pa}$	160(湿煤)、200(干煤)
			$K_1/[\mathrm{mL \cdot (g \cdot min^{1/2})^{-1}}]$	0.4(湿煤)、0.5(干煤)
			钻屑量 $S/(\mathrm{kg \cdot m^{-1}})$	6

⑤工作面预测煤层具有突出危险时,可选用钻孔预抽瓦斯、钻孔排放瓦斯、水力冲孔、超前管棚及注浆加固煤体等防突措施。措施选用应符合以下规定:

a.应优先选用钻孔排放措施,当钻孔排放瓦斯较困难时,可采用抽放。

b.当选用超前管棚及注浆加固煤体措施时,应在采用了其他防突措施并检验有效后在揭煤前实施。

c.实施工作面防突措施时要求揭煤工作面与突出煤层间的最小垂距为:预抽瓦斯、排放钻孔均为5 m,超前管棚及注浆加固煤体为2 m。

⑥防突效果检验时,应于距煤层5 m(垂距)的工作面设置至少5个检验孔,分别检验工作面前方上、中、下、左、右各部位的排放效果。当采用分段分部分次排放时,每次可只检验排放部位的排放效果。

⑦防突效果检验应通过检验孔按表12.2中的方法开展。检验结果超标或发生施钻瓦斯动力现象时,应补充防突措施。

⑧经工作面预测或防突效果检验为无突出危险工作面时,掘进至距煤层 2 m(垂距)前,应按工作面突出危险性预测的方法进行最后验证。验证为无突出危险时,方可揭煤作业;否则,应补充工作面防突措施。

⑨揭煤前应实施安全防护措施,并符合以下要求:

a.瓦斯突出工区长度大于 500 m 时,应在距离突出煤层不小于 300 m 处设置一处避难所。避难所尺寸应满足最大避难人数和扩散通风的需求,可结合隧道横通道和洞室进行设置。

b.利用施工用高压风管设置压风自救装置,并应在开挖面与二次衬砌之间的段落每隔 25~40 m 安装一组。每组压风自救装置应满足工作面最多施工人数使用,平均每人的压缩空气供给量不少于 0.1 m³/min。

c.进入隧道的所有人员必须随身携带隔离式自救器。

⑩煤与瓦斯突出工区应编制揭煤专项方案,内容包括揭开岩墙、半煤半岩等各阶段的施工方法、支护手段、组织指挥、抢险救灾方案及安全措施等。

⑪距煤层 2 m(垂距)至进入顶(底)板 2 m(垂距)范围的揭煤工作应采用远距离爆破,禁止使用震动爆破揭穿突出煤层。

⑫不同倾角、厚度的煤层可采用下列方法揭煤:

a.急倾斜和倾斜的薄煤层,应一次全断面揭穿煤层全厚。

b.急倾斜和倾斜的中厚、厚煤层,一次全断面揭入煤层深度宜为 1~1.3 m。

c.缓倾斜煤层,应一次全断面揭开岩柱。当倾角小于 12°,岩柱水平长度长时,可刷斜面揭开煤层。

⑬在半煤半岩和全煤层中开挖应符合下列要求:

a.揭开煤层后,应检验开挖工作面前方 10 m 上、中、下、左、右范围内煤与瓦斯突出的危险性,如各项指标均符合要求,可开挖 5 m,再检验 10 m,再开挖 5 m,即应始终保持工作面前方有 5 m 的安全区。如任意指标达到或超过临界值时,应采取补充防突措施,直至有效。

b.全煤层中开挖应少钻孔、少装药;半煤半岩中开挖应在岩石炮眼中装药,其总药量为普通爆破药量的 1/3 或 1/2,煤层中如煤质坚硬需爆破时,应采用松动爆破。

c.应根据煤的破坏程度、瓦斯压力、地应力、顶底板岩层完整性等合理确定揭煤断面大小。当隧道开挖断面较大时,可分部揭煤。

d.开挖软弱破碎岩层或煤层时,应采用钢架、超前管棚、预注浆等加强措施,防止坍塌引起突出。

e.严禁使用风镐作业。

⑭在揭开有煤与瓦斯突出危险的煤层时,应符合下列安全规定:

A.开挖工作面出现下列煤与瓦斯突出征兆时,应立即报警、停止工作、撤出人员、切断电源,并上报至有关部门。

a.瓦斯浓度忽大忽小,工作面温度降低,有异味等。

b.开挖工作面地层压力增大,鼓壁,深部岩层或煤层的破裂声明显,支护变形严重。

c.煤层结构变化明显,层理紊乱,由硬变软,厚度与倾角发生变化,煤由湿变干,光泽暗淡,煤层顶、底板出现断裂、波状起伏等。

d.钻孔时有顶钻、夹钻、顶水、喷孔等动力现象。

e.工作面发出瓦斯强涌出的嘶嘶声,同时带有粉尘。

f.工作面有移动感。

B.揭煤作业应明确起爆地点、避灾路线、警戒范围等。爆破时,应停止工区内一切作业,切断洞内电源,撤出所有洞内人员至隧道洞口外 20 m,并应在洞外起爆。

C.揭煤爆破 30 min 后应由救护队员配戴防毒面具或自救器到开挖工作面对爆破效果、瓦斯浓度等进行检查,确认安全后通知送电,开动局部通风机,恢复正常通风 30 min 后由瓦检人员检测开挖工作面、回风道瓦斯浓度,在瓦斯浓度小于 1%,CO_2 浓度小于 1.5%,方可通知施工人员进洞。

D.揭煤时,主风机正常运转,备用主风机及二路电源应保持待启动状态。

E.揭煤工作应由揭煤领导小组统一协调指挥。揭煤时救护队员应在洞口待命,并配置应急设备及物资,一旦发生险情应立即采取救援措施。

11.3 揭煤基本流程

1)揭煤工作的范畴

参考设计文件,以超前钻探结果为评定标准,隧道穿厚度≥0.3 m 的煤层时,均属揭煤工作。

从距离煤层垂距 10 m 开始至隧道所有开挖断面过煤层垂距 2 m 的施工段落为揭煤段。

2)揭煤工作基本流程

(1)超前钻探初步确认煤层位置

从距离设计煤层位置垂距 50 m 开始施工超前钻孔,钻孔数量不少于 1 个,探孔宜取芯,每循环钻孔长度不宜小于 35 m,循环搭接长度不小于 8 m。

在距离厚度≥0.3 m 煤层垂距 20 m 时,施做至少 3 个超前钻孔,探孔应取完整的岩芯,每循环钻孔长度不宜小于 35 m,循环搭接长度不小于 5 m。根据钻孔见煤位置确定煤层准确位置、产状、真厚及与隧道的相互关系。

掌子面前方煤层产状等参数的计算:

①建立虚拟坐标系统:建立以实施钻探时掌子面中心(左右方向)底板部位为原点的虚拟三维坐标系统,左右方向为 X 轴、垂直方向为 Y 轴、沿隧道轴向掌子面前方为 Z 轴,如图 11.1 所示。

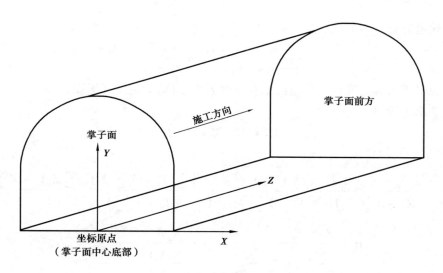

图 11.1　虚拟坐标示意图

②各钻孔起点、终点坐标参数、见煤起点、终点及钻孔轨迹方程。

钻孔过程中做好详细记录,如_____隧道_____工区本次实施超前钻孔时掌子面里程为_____,共施工_____个超前钻孔,实际施工钻孔参数见表12.3。

表 11.3　实际施工钻孔参数表

钻孔编号	开孔位置	水平方向与隧道轴线的夹角/(°)	倾角/(°)	孔径/mm	孔深/m	是否取芯	见煤起、终点及见煤长度

按照建立的虚拟坐标系统,各钻孔起点、终点、见煤起点、终点坐标见表11.4。采用表格自动计算。

表 11.4　起点、终点坐标统计表

钻孔编号	钻孔起点坐标	钻孔终点坐标	见煤起点坐标	见煤终点坐标
1	X: Y: Z:	X: Y: Z:	X: Y: Z:	X: Y: Z:

已知钻孔起、终点坐标分别为(x_1,y_1,z_1)、(x_2,y_2,z_2)。

钻孔轨迹方程：

$$\frac{x - x_1}{x_2 - x_1} = \frac{y - y_1}{y_2 - y_1} = \frac{z - z_1}{z_2 - z_1}$$

③煤层平面方程。通过 3 个超前钻孔见煤起点坐标，确定煤层平面方程。

煤层平面方程：

$$AX + BY + Z + D = 0$$

式中

$$A = \frac{\left(\sum Z_i Y_i - \overline{Z} \sum Y_i \right)\left(\sum X_i Y_i - \overline{Y} \sum X_i \right) - \left(\sum Y_i^2 - \overline{Y} \sum Y_i \right)\left(\sum Z_i X_i - \overline{Z} \sum X_i \right)}{\left(\sum X_i^2 - \overline{X} \sum X_i \right)\left(\sum Y_i^2 - \overline{Y} \sum Y_i \right) - \left(\sum X_i Y_i - \overline{X} \sum Y_i \right)\left(\sum X_i Y_i - \overline{Y} \sum X_i \right)}$$

$$B = \frac{\overline{Z} \sum X_i - \sum X_i Z_i}{\sum X_i Y_i - \overline{Y} \sum X_i} - A \cdot \frac{\sum X_i^2 - \overline{X} \sum X_i}{\sum X_i Y_i - \overline{Y} \sum X_i}$$

$$D = -\overline{Z} - A\,\overline{X} - B\,\overline{Y}$$

$\overline{Z}, \overline{X}, \overline{Y}$ 均为平均值。

④真倾角、视倾角、走向及走向与隧道轴线的夹角关系、煤层真厚计算。已知各钻孔见煤长度、钻孔轨迹方程及煤层顶（底）板平面方程，煤层平面方程：

$$AX + BY + Z + D = 0$$

隧道底板平面方程：

$$Y = 0$$

煤层平面与隧道底板平面的夹角即煤层的真倾角。

煤层的真倾角：

$$\alpha = \arccos \frac{B}{\sqrt{A^2 + B^2 + C^2}}$$

煤层平面方程：

$$AX + BY + Z + D = 0$$

沿隧道轴线垂直平面方程：

$$X = 0$$

则煤层走向与隧道轴线（Z 轴）的夹角 β（即煤层平面与沿隧道轴线垂直平面的夹角）：

$$\beta = \arccos \frac{A}{\sqrt{A^2 + B^2 + C^2}}$$

煤层视倾角（侧视）：

$$\alpha' = \arctan(\tan \alpha \cdot \cos \beta)$$

各钻孔揭示煤层真厚计算：

钻孔轨迹方程：

$$\frac{x - x_1}{x_2 - x_1} = \frac{y - y_1}{y_2 - y_1} = \frac{z - z_1}{z_2 - z_1}$$

钻孔与煤层平面的锐角为 θ：

$$\sin \theta = \frac{|A(x_2 - x_1) + B(y_2 - y_1) + C(z_2 - z_1)|}{\sqrt{(x_2 - x_1)^2 + (y_2 - y_1)^2 + (z_2 - z_1)^2}\sqrt{A^2 + B^2 + C^2}}$$

$$\theta = \arcsin \frac{|A(x_2 - x_1) + B(y_2 - y_1) + C(z_2 - z_1)|}{\sqrt{(x_2 - x_1)^2 + (y_2 - y_1)^2 + (z_2 - z_1)^2}\sqrt{A^2 + B^2 + C^2}}$$

1 号钻孔见煤长度为 L_1,则该钻孔见煤真厚为 $L_1 \times \sin \theta$,多个钻孔见煤真厚取平均为该层煤的平均真厚。

⑤掌子面开挖时先见煤部位、掌子面至最先见煤点平距、掌子面至煤层垂距、开挖面至距离煤层垂距 10,7,5,2 m 时掌子面桩号。

根据岩(煤)层倾向、走向与隧道轴线的夹角关系,用图示法确定上台阶掌子面最先见煤部位。

掌子面至最先见煤点揭煤平距确认:先确定最先揭煤点坐标,再计算该点到煤层平面的垂距。

最先揭煤点对应目前掌子面部位坐标为 (x_0, y_0, z_0),煤层平面方程:$AX + BY + Z + D = 0$,则掌子面至煤层的垂距为:

$$d = \frac{|Ax_0 + By_0 + Cz_0 + D|}{\sqrt{A^2 + B^2 + C^2}}$$

煤层真倾角为 α,煤层走向与隧道轴线(Z 轴)的夹角为 β,则掌子面至煤层的平距为:

$$d' = \frac{d}{\sin \alpha \cdot \sin \beta}$$

计算开挖面至距离煤层垂距 10,7,5,2 m 时掌子面桩号:现掌子面最先见煤部位坐标为 (x_0, y_0, z_0),z 为掌子面可开挖长度(以此计算桩号)。

$$z = \frac{d \times \sqrt{A^2 + B^2 + C^2} - Ax_0 - By_0 - D}{C}$$

分别令 $d = 10,7,5,2$,代入计算即可。

⑥根据上述计算式,采用表格分步自动计算。

(2)煤层超前突出危险性预测

在距煤层垂距不小于 10 m 处施作不少于 3 个预测孔,进行超前突出危险性预测,测定瓦斯压力或瓦斯含量。

测定瓦斯压力有主动测压法及被动测压法两种,即使采用主动测压法至少需 15 天时间;煤层瓦斯含量测定一般在现场取样后 5 日内可出结果。因此,在工期不紧的情况下,可采用瓦斯压力法或同时测定瓦斯压力及瓦斯含量用以判定区域突出危险性;在工期紧张的情况下,可采用测定煤层瓦斯含量单一指标以判定区域突出危险性。

采用瓦斯压力 P 和煤层瓦斯含量 W 进行突出危险性预测,临界值可参照表 11.1 进行预测。

(3)超前防突措施

①超前预测有突出危险时,在距煤层垂距不小于 10 m 处的掌子面实施超前防突措施。

②超前防突措施主要采用预抽煤层瓦斯法,主要有以下几种形式:

a.地面钻孔预抽煤层瓦斯:根据设计、附近煤矿资料,已准确掌握隧道穿煤层位置并确定具突出危险时可采用此方法。此方法从煤矿引入,优点是可以在隧道施工前完成瓦斯抽放,缩小揭煤抽放对施工工期的影响(隧道内预测工作仍需进行),缺点是技术难度及工程量大,主要表现在:煤层位置、产状、透气性、瓦斯参数等测定工作难度大;一般煤层的透气性差,可采用缩小钻孔间距和压裂增透技术以实现抽放达标,但施工成本很高;具突出危险的煤层一般埋深较大,钻孔工程量大,成本高。因此,若需采用地面钻孔预抽煤层瓦斯以实现缩短工期的目标,还应从安全、技术、经济、工期方面进行研究,综合比选。

b.隧道掌子面穿煤层钻孔预抽瓦斯是最直接、最常用的方法,对独头施工或双头施工的首个揭煤工作面,只能采用此方法。

c.利用平行导坑顺层或穿层钻孔预抽正洞瓦斯:在平行导坑施工超前正洞的情况下,可利用平行导坑对正洞提前实施抽放瓦斯。有沿煤层顺层抽放和穿层抽放两种方式。

③在隧道内预抽煤层瓦斯时,应根据煤层与隧道位置关系、施工组织、辅助坑道设置、揭煤段开挖方式等因素提前编制区域抽放方案,并应遵循以下原则:

a.抽放钻孔终孔布置范围:隧道内穿层钻孔预抽隧道揭煤区域煤层瓦斯,在隧道四周(顶、底及两侧)预抽范围均不得小于隧道开挖轮廓线外15 m(沿煤层层面方向),同时还应保证控制范围的外边缘到隧道开挖轮廓线的最小距离不小于10 m;当隧道开挖面与煤层走向小角度相交时,受钻机钻孔深度能力限制,钻孔布置不能满足上述指标要求,一个循环不能完全控制揭煤区域的煤层,一般采取多循环抽放方式,即预抽一个循环,经超前效果检验有效后开挖至一定距离,再进行第二循环预抽瓦斯,依次逐步完成区域预抽,在采取此种预抽煤层瓦斯时,为了确保开挖安全,要求每个循环之间需留有至少20 m的超前距。从平行导坑向正洞施工顺层抽放钻孔时,抽放控制范围按15 m(轮廓线外顶、底及两侧,沿煤层层面方向)、10 m(控制范围的外边缘到隧道轮廓线的最小距离)设计。

b.孔径:一般采用φ76不取芯钻孔。

c.终孔间距:在无参考资料的情况下,一般按不超过4 m考虑。

d.孔深:钻孔穿过煤层进入顶(底)板不小于0.5 m,当钻孔不能一次穿透煤层全厚时,应保证钻孔末端至少超前掌子面20 m。

e.封孔长度:穿层钻孔的封孔段长度不得小于5 m,顺层钻孔的封孔段长度不得小于8 m。

f.应做好每个钻孔施工参数的记录及抽采参数的测定。钻孔孔口抽采负压不得小于15 kPa。

g.可根据煤层透气性、超前预测结果、工期、投入等因素比选是否采用水压压裂增透等措施。

(4)超前防突措施效果检验

揭煤采用预抽钻孔,以残余瓦斯含量为主、钻屑指标法为辅的方法进行超前防突措施效果检验。

检验指标和临界值与预测指标相同。隧道工作面检验孔数至少布置4个,分别位于隧道的上部、中部和两侧。终孔位置应位于措施孔控制范围的边缘线上,采用与预测孔相同的方法测定瓦斯含量。

如果检验结果的各项指标都在该煤层突出危险临界值以下,则认为措施有效,可在采取安全防护措施的前提下进行掘进;反之,则认为措施无效,应延长排放瓦斯时间,或增加排放孔数量,或采取其他补救措施。再经措施效果检验有效后,方可在采取安全防护措施的前提下进行掘进。

(5)超前验证(工作面突出危险性预测)

当超前措施效果检验所测煤层残余瓦斯含量小于 8 m³/t 时,证明预抽措施效果有效,隧道可以正常掘进到掌子面距离煤层法向距离为 5 m 时停止掘进,此时进行超前验证(与工作面突出危险性预测合并进行),见表 11.5。

表 11.5　超前验证(工作面突出危险性预测)指标临界值

预测方法	预测指标	突出危险性临界值
综合指标法	D	0.25
	K	20(无烟煤)、15(其他煤)
钻屑瓦斯解吸指标法	$\Delta h_2/\mathrm{Pa}$	160(湿煤)、200(干煤)
	$K_1/[\mathrm{mL} \cdot (\mathrm{g} \cdot \mathrm{min}^{1/2})^{-1}]$	0.4(湿煤)、0.5(干煤)

(6)工作面防突措施

当超前验证(工作面突出危险性预测)判定有突出危险时,采取工作面防突措施。

工作面防突措施主要有抽放瓦斯、排放钻孔、水力冲孔、金属骨架和煤体固化等措施。金属骨架和煤体固化措施,应在采用了其他防突措施并检验有效后方可在揭开煤层前实施。根据工作面岩层情况,实施局部防突措施时要求揭煤工作面与突出煤层间最小垂距为预抽瓦斯、排放钻孔及水力冲孔均为 5 m(垂距),金属骨架、煤体固化措施为 2 m(垂距)。当岩石破碎度较高时,应适当加大距离。

根据隧道施工的特点,工作面防突措施一般采用钻孔排放、加强超前支护措施。

钻孔排放的主要技术参数:排放钻孔直径,规定为 76 ~ 120 mm,控制范围为两侧和上部轮廓线外至少 5 m(沿煤层层面),下部至少 3 m(沿煤层层面);钻孔穿过煤层进入顶(底)板 0.5 m,当不能一次打穿煤层全厚时,可采取分段施工,但第一次实施的钻孔穿煤长度不得小于 15 m,且进入煤层开挖时,必须至少留有 5 m 的超前距离;孔底间距应根据煤层透气性、超前防突措施执行情况、工作面预测结果等因素确定,一般在未采取超前防突措施的情况下,排放钻孔孔底间距可按 2 m 设计,在已采取超前防突措施的情况下,可适当增大排放钻孔孔底间距。

加强超前支护措施可采用管棚、自进式锚杆、小导管或复合型超前支护方式进行超前支护,以防止过煤层段塌方。

(7)工作面防突措施效果检验

工作面防突措施效果检验是对工作面防突措施效果有效性的验证。在实施钻孔法防突措施效果检验时,分布在工作面各部位的检验钻孔应布置在所在部位防突措施钻孔密度相对较小、孔间距相对较大的位置,并远离周围的各防突措施钻孔或尽可能地与周围各防突措施钻孔保持等距离。

工作面防突措施效果检验方法、指标及钻孔布置均与工作面突出危险性预测一致。

(8)最后突出危险性验证

只有当工作面防突措施效果检验有效后,方可采取边探边掘的技术措施至 2 m 位置进行最后突出危险性验证,如遇到地质构造带应在掌子面距离煤层法向距离大于 2 m 时进行验证,若验证无效,则需继续补充局部防突措施。补充防突措施以排放钻孔为主,补充工作面防突措施后,再进行工作面防突措施效果检验,直至工作面防突措施效果检验有效。

最后突出危险性验证方法、指标及钻孔布置均与工作面突出危险性预测一致。由于钻孔深度小,可采用 YT28 气腿凿岩机钻孔取煤样。

(9)隧道工作面防突揭煤安全防护措施

为防止突出检验失误或防突措施失效而发生意外,隧道在煤系地层施工全过程中都必须遵守《煤矿安全规程》(2016 版)、《防治煤与瓦斯突出细则》(2019 版)和《铁路瓦斯隧道技术规范》(TB 10120—2019)等有关规定,采取安全防护措施,加强通风,确保施工人身安全,其中在人员自救方面应采用压风自救、供水施救、逃生管道及自救器相结合的方式。

①洞外爆破。

a. 隧道工作面揭煤采用在隧道洞口外放炮安全措施。放炮前工作面必须制订包括爆破地点、避难线路及停电、撤人和警戒范围等的专项措施,揭煤时撤出隧道内的所有人员。

b. 隧道工作面采用隧道洞口外爆破。爆破地点必须设在隧道口 50 m 以外的安全地点。隧道口 50 m 范围内应消灭一切火源。

c. 在放炮前必须预先通知放炮时间、撤离时间。放炮前,工区安全负责人核查进入该隧道工作面的人数、撤离至指定地点,确保放炮时该隧道内无人。

d. 隧道洞口外爆破时,指派专人负责,隧道内电气设备必须全部停电,全部撤出隧道人员,作好警戒,严禁人员进入。

e. 隧道洞口外爆破由工区技术负责人统一指挥,由签订协议的救护队值班。爆破至少 30 min 后,由救护队员先进入检查,据检查结果,确定恢复作业时间。

f. 远距离爆破在掌子面距煤层垂距 7 m 时开始,直至完成揭煤作业全过程。

②设置避难所。《铁路瓦斯隧道技术规范》(TB 10120—2019)规定:揭煤时,隧道施工长度超过 500 m 的,应在距离突出煤层不小于 300 m 处设置避难所。避难所应进行专门设计,满足人员数量、供风、供水、通信等方面的要求。

a. 避难所距工作面的距离根据隧道工作面具体条件确定(可利用在正洞与平导之间横通道、硐室等)。

b. 根据需容最多人数确定避难所室面积,但至少能满足 15 人避难,标准不小于 0.5 m^2/人。

c. 保持硐室支护良好,避难所设置向外开的两道钢板门,门周边用胶垫密实,防止有害气体进入。

d. 避难所内安装压风自救系统,压风自救站安设减压装置,且带有阀门控制的呼吸管嘴、面罩;同时安设供水管及阀门、安设通洞外值班室的防爆电话、备有足够数量的隔离式自救器。

③压风自救系统。

a. 空压机站。在隧道口外建空压机站,通过无缝钢管向隧道供压风的方式,实现压风自救。

b. 压风自救系统。压风自救装置是一种固定在生产场所附近的固定自救装置,其气源来自动力系统-压缩空气管路系统,主要保障现场工作人员遇到瓦斯异常涌出时供给空气,防止出现窒息事故。根据《铁路瓦斯隧道技术规范》(TB 10120—2019)的要求,工作面必须设置压风自救系统,以确保工作人员安全。

在二衬台车至掌子面之间每 25~40 m 安装一组压风自救系统,配备的披肩防护袋数量应超过掌子面最多作业人数。

压风自救系统供风量标准,每人不得少于 0.1 m³/min。

11.4 揭煤专项施工方案的编制

1)编制防突揭煤专项施工方案的目的

根据设计文件或超前钻探结果,在距离煤层垂距 50 m 之前完成隧道揭煤专项施工方案的编制、评审、审批工作,目的在于明确隧道在揭煤方面需开展的工作内容、设防的标准、主要技术及安全措施等,以便根据施工进度及时有序地开展各项工作,保证隧道安全、顺利揭煤。

2)防突揭煤专项施工方案的主要框架及内容

防突揭煤专项施工方案一般由以下内容构成:

(1)隧道基本概况

简要介绍隧道地质、煤层、瓦斯、通风、施工情况。

(2)编制依据(略)

(3)隧道揭煤开挖支护方案

隧道揭煤开挖方法:根据设计或开挖揭示的围岩等级确定隧道揭煤开挖方法,可采用全断面、两台阶、三台阶等工法进行开挖。

隧道揭煤支护方案:根据设计或开挖揭示的围岩等级确定隧道揭煤支护方案,由于一般煤层及其顶、底板围岩较松软,且在过煤层段若出现塌方或变形极易造成重大安全隐患,应采取偏强的超前支护及支护措施。

（4）隧道防突揭煤总体方案

依据设计文件、施工组织设计、隧道布置、煤层位置及煤层与隧道的相对关系,确定揭煤工区、揭煤方案,必要时,在技术、经济比选的基础上,从众多可行方案中确定最优揭煤总体方案,明确揭煤流程。

（5）揭煤隧道的超前地质预报

依据设计文件,隧道各段落应开展的超前地质预报工作内容及主要技术要求。设计文件未明确的应在方案中予以明确,以满足本隧道揭煤工作的需要。具体为:在掌子面距离设计煤层垂距约 50 m 之前,至少施工 1 个取芯 $\phi76$ 超前钻孔,以便探测掌子面前方是否存在煤层;在掌子面距离煤层垂距 20 m 之前,至少施工 3 个超前钻孔穿过煤层,以掌握煤层位置、厚度、产状及煤层与隧道的相互关系;在掌子面距离煤层垂距 10 m 之前,进入揭煤作业段,施做不少于 3 个预测孔,进行超前突出危险性预测,测定瓦斯压力和瓦斯含量。

揭煤隧道超前钻探所采用的钻机必须为矿用防爆型,且其能够满足孔深、孔径、钻孔角度等方面的需要。

（6）超前综合防突措施

超前综合防突措施包括以下几个方面:

①超前地质预报:超前地质预报的方法及主要技术要求。

②超前预测:超前预测的方法、指标及要求。

③超前防突措施:根据技术上可行、经济上最优的原则,通过比选确定采用的超前防突措施;明确所采用的超前防突措施的主要技术参数及工程量预计。

④超前防突措施效果检验:根据实施超前防突措施期间瓦斯抽（排）时抽放监控系统统计数据,验算抽（排）放效果;采用与超前预测相同的方法和指标进行超前防突措施效果检验。

⑤超前验证:明确区域验证的垂距位置、方法及指标。

（7）工作面综合防突措施

工作面综合防突措施包括以下几个方面:

①工作面预测:明确工作面验证的垂距位置、方法及指标。一般与超前验证合并进行。

②工作面防突措施:明确本隧道采用的工作面防突措施及主要技术参数。

③工作面防突措施效果检验:工作面防突措施效果检验的方法、指标与工作面预测相同。

④隧道工作面揭煤防突安全防护措施:根据隧道施工特点、煤层、瓦斯、区域及局部防突措施实施等情况,确定本隧道揭煤采用的安全防护措施。

（8）揭煤前垂距 2 m 预测

当工作面防突措施效果检验无突出危险时,可开挖至远距离爆破揭穿煤层前的最小垂距位置 2 m,采用工作面预测法进行最后验证。若验证通过,则采用远距离放炮揭开煤层;若验证未通过,继续排放瓦斯或补打排放钻孔排放瓦斯,再次验证,直到验证通过为止。采用远距离爆破揭开突出煤层后,若未能一次揭穿至煤层顶（底）板,则仍应对前方煤体采取工作面综合防突措施,直至进入煤层顶(底)板 2 m 以上。

(9)揭煤段施工安全措施

揭煤段施工安全措施主要包括以下几个方面:

①通风与防尘安全措施:通风系统的可靠性,通风连续性保障,风机位置、型号符合方案要求且风机完好,风管直径、风管出口至掌子面距离符合规定,风管顺直、无破口、掌子面风速、风量符合规定;过煤层段时掌子面洒水、喷雾降尘要求,隧道内环形洒水、喷雾降尘系统设置与要求。

②防火与防突水安全措施:过煤层段施工期间采用不动火工艺,洞内配备一定数量的灭火器材;若遇采空区,应加强防突水及采空区有毒有害气体措施。

③隧道用电及照明安全措施:隧道用电及照明的可靠性、安全性要求,在保证用电安全、不失爆的情况下洞内用电设备正常运转。

④瓦斯监测、检测及管理安全措施:瓦检员、自动监控管理人员配备齐全,检测、监控设备配置符合规定,人工检测地点、方法、频率符合规定,自动监控布置、传感器吊挂符合规定,监控系统各项功能正常,尤其是保证"风电、瓦电"闭锁功能正常。

⑤电气设备及作业机械管理安全措施:洞内固定电气设备防爆等级符合规范及建设单位管理要求,并加强检查,保持完好,杜绝失爆;行走式作业机械的改装符合建设单位管理要求,并做好日常检查、维护工作,保证功能正常。

⑥钻孔期间安全措施:包括超前钻孔、预测孔、检验孔、验证孔、打炮眼、加深炮眼等所有的钻孔作业,钻孔期间的瓦斯检测,钻孔期间遇瓦斯涌出、喷出、动力现象等异常情况时的应急处置措施等。

⑦抽放期间安全措施:抽放系统的建立、维护安全措施,抽放监控系统建立与管理,抽放期间的瓦斯检测、监控管理,抽放期间的通风管理,抽放期间的门禁管理,抽放期间的洞内作业限制与管理。

⑧开挖爆破作业安全措施:突出预兆及对作业人员的培训、交底;爆破器材的规定,起爆地点的规定,起爆后的观察与处置流程。

⑨支护作业安全措施:按要求进行超前支护,掌子面支护前的排险,采用不动火工艺时支护质量的保证措施。

⑩监控量测安全措施:过煤层段易出现软顶、软帮、软底围岩,除采取偏强超前支护和支护措施外,还应加快仰拱及二衬施工进度,尽量缩小仰拱、二衬到掌子面距离,及时支护成环,防止初支变形、侵限,同时加强监控量测工作(监测断面、测点及监测频率)并及时反馈信息指导施工,保证隧道支护系统稳定、安全。

按照《铁路瓦斯隧道技术规范》(TB 10120—2019)的有关规定,结合现场实际情况,设置、配备避难所、压风自救装置和隔离式自救器。

⑪通信联络保障措施:建立洞内外可靠的通信联络系统,保证洞内外通信畅通。

（10）隧道揭煤组织管理

为保证隧道揭煤工作的安全、顺利进行,揭煤技术服务单位应提前与施工单位项目部（分部）协商后成立揭煤组织机构,对隧道揭煤各项工作按时间节点顺序进行梳理,以表格、流程图、框架图或其他方式确定揭煤组织机构及成员分工,做到工作内容清楚、工作流程清晰、责任人明确。

（11）突发性瓦斯事故应急预案

①应急救援组织机构:由施工单位项目部确定应急救援机构组织及原则。

②应急救援组织管理职责:应急预案总指挥、副总指挥、相关部门的职能及职责。

③现场指挥机构的组成、职责:由施工单位项目部、分部共同确定现场指挥机构的组成、职责。

④处置突发事件的原则:明确发生突发事件时的处置原则。

⑤瓦斯突出、瓦斯爆炸的应急救援措施:针对瓦斯超限、瓦斯燃烧、煤与瓦斯突出、瓦斯爆炸分别制订应急救援措施。

（12）揭煤所需的主要设备及仪器仪表

根据揭煤工作的需要,拟投入揭煤所需的专用设备和仪器仪表。

（13）隧道过煤层段工期、投入预计

如需要,可进行揭煤段工期和投入预计。

（14）附件

根据需要,可附能提前确定的内容,如抽放钻孔布置、抽放方案与抽放系统布置、水力压裂措施等,施工期间可根据实际情况再进行方案调整及补充。

11.5　揭煤专项施工方案的审批流程

由施工单位项目部组织专业揭煤技术服务单位编制揭煤专项施工方案→施工单位项目部组织内部审查、修改、审批→由施工单位项目部组织专家对方案进行评审→由施工单位项目部组织专业揭煤技术服务单位根据专家评审意见对揭煤专项施工方案进行修订、完善→专业监理工程师审批→总监理工程师审批→建设单位审批。

11.6　揭煤期间的技术与现场管理

1）揭煤期间的技术工作要求

①揭煤前垂距50 m、20 m超前钻探:依据揭煤专项施工方案实施,若方案中未明确或与现场情况不符,则另编制超前钻孔参数设计,报施工单位项目部总工审批后再报监理核备。

②揭煤前垂距 50 m、20 m 超前钻探实施:地质工程师现场编录围岩岩性、煤层、涌水情况,瓦检员现场跟班检测风流中、钻孔孔口瓦斯浓度。

③揭煤前垂距 50 m、20 m 超前钻探报告:由负责实施超前钻探的专业技术服务单位及时编制钻探报告(一般在钻探结束后现场即可用简易通知单告知钻探基本结果及可开挖长度,钻探结束后 48 h 内可提交电子版钻探报告,一周内提交盖章版正式钻探报告纸质版及扫描件,盖章纸质原件报送施工单位项目部及监理部核备),若由施工单位项目部作业队实施超前钻探,则由负责现场编录的技术人员编制钻探报告。

④揭煤前垂距 10 m 超前预测:由揭煤专业技术服务单位依据揭煤专项施工方案实施,若方案中未明确或与需修订时,则另编制超前预测钻孔参数设计,报施工单位项目部总工审批后报监理核备;超前预测瓦斯含量法预测采样(若采用压力法,读取最终压力值)时必须有监理现场旁站;超前预测报告盖章正式报告报送施工单位项目部、分部、监理核备。

⑤揭煤前垂距 10 m 超前防突措施:若方案中未明确或需修订时,由揭煤技术服务单位编制超前防突措施设计或修订措施,报施工单位项目部总工、监理审批后报建设单位备案,必要时召开“五方”(建设单位、设计、监理、施工、揭煤技术服务单位)会议,形成专题会议纪要。超前防突措施可由揭煤专业技术服务单位实施,也可由揭煤技术服务单位全程技术指导、施工单位组织作业队伍实施。超前防突措施工程量由监理现场验收并由揭煤技术服务单位编制实际完成的超前防突措施工程报告报送施工单位项目部、分部、监理核备。

⑥超前防突措施效果检验:若方案中未明确超前防突措施效果检验方法及指标或需修订时,由揭煤技术服务单位编制超前防突措施效果检验方法及指标或修订方法及指标,报施工单位项目部总工、监理审批。采用含量法检验采样(若采用压力法,读取最终压力值)时必须有监理现场旁站。超前防突措施效果检验结果盖章正式报告报送施工单位项目部、分部、监理核备。

⑦区域验证(与工作面预测合并):超前防突措施效果检验通过后,开挖至垂距 5 m 处,进行区域验证(与工作面预测合并)。若揭煤专项施工方案中未明确区域验证方法及指标或需修订时,由揭煤技术服务单位编制区域验证方法及指标或修订方法及指标,报施工单位项目部总工、监理审批。现场进行采样预测时必须有监理现场旁站。区域验证结果盖章正式报告报送施工单位项目部、监理核备。

⑧工作面防突措施:工作面预测结果未达标,需采取工作面防突措施时,由揭煤技术服务单位按揭煤专项施工方案组织实施,或编制工作面防突措施(揭煤专项施工方案中未明确需修订时)报施工单位项目部总工审批、监理核备后组织实施,工作面防突措施实际发生钻孔工程量由现场监理签字确认。

⑨工作面防突措施效果检验:现场进行采样预测时必须有监理现场旁站。工作面防突措施效果检验盖章正式报告报送施工单位项目部、分部、监理核备。

⑩最后验证:现场进行采样预测时必须有监理现场旁站。工作面防突措施效果检验盖章正式报告报送施工单位项目部、分部、监理核备。

2）揭煤现场管理要点

对所有进洞作业人员进行揭煤防突基本知识培训和交底。

现场技术人员应及时掌握钻探结果及掌子面里程，提前安排好各项工作，并在值班室公示，以保证揭煤工作紧凑、顺利进行，尽量缩小揭煤对工程进度的影响。

从距煤层垂距 10 m 开始，至过煤层垂距 2 m，每次爆破作业均在洞外进行，撤出洞内所有人员、切断洞内电源。

第 12 章　瓦斯隧道施工安全管理

12.1　一般规定

①瓦斯隧道开工前必须对施工作业及管理人员进行安全技术培训。爆破工、电工、瓦检员等特种作业人员必须持证上岗。在有煤（岩）与瓦斯突出危险区段，尚应配备专职防突员。

②瓦斯工区应建立专门机构进行通风、防突、防爆及瓦斯检测工作，设置消防设施。高瓦斯工区、煤与瓦斯突出工区还应配备救护队或与附近有资质的矿山救护队签订服务协议。

③瓦斯隧道应制订施工通风、瓦斯检测、施工人员等管理制度，编制事故预防及应急预案，储备应急救援物质，组织人员定期进行演练。

④停工停风的瓦斯隧道，复工前必须先检测瓦斯，制订安全专项技术措施。在回风流中瓦斯浓度小于 1%，CO_2 浓度小于 1.5%，方可解除警戒恢复作业。

⑤瓦斯工区必须建立进洞人员检身制度和出入洞人员清点制度。

⑥瓦斯工区应设置门禁系统、人员定位系统，进洞人员应在洞口进行登记、接受检查。

⑦瓦斯工区洞口应设置静电消除装置。高瓦斯工区和瓦斯突出工区应穿防静电衣服进洞。

⑧瓦斯工区进洞人员应随身携带标示卡和矿灯，严禁携带烟草、火种。进入煤（岩）与瓦斯突出工区的作业人员尚应随身携带隔绝式自救器。

⑨瓦斯隧道各工序作业前，必须严格执行对作业人员的安全技术交底制度。

12.2　门禁管理的方式与实施

1）门禁管理的目的

对瓦斯工区实施门禁管理，目的在于严格依据瓦斯隧道进洞管理规定对进洞人员进行安全检身，以杜绝火种进入洞内，同时统计洞内人数。

2)门禁管理的方式

有门禁设备自动检身、统计和人工检身、登记两种方式,也可采用两种方式相结合实施门禁管理。

3)门禁管理的实施

①施工单位应成立进洞管理组,指定专人负责进洞管理工作。在隧道洞口建立门禁管理系统,对出入隧道的人员、机具、设备等实施 24 h 管控,建立管理台账。

②严禁携带任何火种及可能产生火花的物品入内。人员进洞前,应将随身携带的手机、香烟、打火机等火种和电子设备(防爆及本安型除外)等保存到专用衣柜,严禁穿着化纤类衣物进入隧道。进洞人员须经过门禁系统消除随身静电。

③进入瓦斯隧道的机械设备、电气设备、车辆必须满足相应的防爆要求,否则禁止进入隧道。驾乘人员必须经过安检且车辆驾驶室须经检查同意方能进洞。整车防爆机械设备、电气设备、车辆应随车(设备)携带出厂合格证(复印件)及定期检查记录。采用加装车载瓦斯监控系统的机械设备、车辆,应随车携带车载瓦斯监控系统检验报告、合格证,以及甲烷超限断电功能测试记录(甲烷超限断电功能测试由监控系统维护人员和驾驶员共同每 15 d 进行 1 次试验)。

④动火设备进洞时必须携带已审批的动火许可证。

⑤在未通风或瓦斯浓度超限的情况下,禁止任何人员进洞。

⑥进洞管理组对进入隧道的人员有安全管理事项的告知义务,任何拒绝履行防火、防爆检查的人员以及饮酒者可以拒绝其进入隧道。

门禁管理如图 12.1—图 12.5 所示。

图 12.1　进洞前登记

图 12.2　人工与自动安检

图 12.3　人工安检

图 12.4　进洞前释放静电

图 12.5　进、出洞翻牌

12.3　动火管理的规定、流程

12.3.1　动火管理的范畴

凡在洞内进行可能产生高温的作业均应按动火管理,包括电焊、氧割、钢筋切割、防水板焊接、采用不防爆机电设备作业等。

12.3.2　动火管理的规定

需要动火的特殊工序施工前,应严格执行动火申请审批要求。施工时施工单位瓦检员、安全员、监理人员必须全过程监测瓦斯浓度,同时对作业地点强化局部通风措施,保证该范围内风流中瓦斯浓度不超过 0.3%、无局部瓦斯积聚。施工单位必须在作业区 10 m 范围内配备不少于两具灭火器材,安全员跟班作业,确保安全。施工现场 20 m 范围内不得有可燃物,并设应急水管。作业完成后由专人检查,对现场进行降温,确认无残火后方可结束作业。

有下列情况之一的,禁止动火作业:

①打炮眼、超前钻探时。

②进行爆破时。

③风机未正常运转,风筒口距离掌子面超过 15 m、风筒漏风严重导致掌子面处于弱风状态。

④人工瓦斯检测或瓦斯监控系统反映隧道内瓦斯涌出不稳定、忽大忽小;掌子面存在塌方风险导致瓦斯异常涌出。

⑤动火地点 20 m 范围内风流中瓦斯浓度达到或超过 0.3%。

⑥动火地点 20 m 范围内存在局部瓦斯积聚。

⑦动火地点附近存在钻孔或裂隙瓦斯涌出现象。

⑧动火地点附近钻孔内存在高浓度瓦斯且未采取安全措施。

⑨动火点附近有易燃物未清理干净。

⑩防火砂、灭火器等灭火设备未准备到位。

12.3.3　动火管理的流程

动火班组提出书面申请→瓦检员检查洞内及动火点附近瓦斯情况,确认无隐患后签字→安全员检查洞内及动火点附近情况,确认无隐患后签字→现场监理确认瓦检员、安全员检查结果无误后签认→作业队长签认并通知、组织相关人员进行动火作业。动火前及动火期间瓦检员检查动火点附近20 m范围内瓦斯情况,并填报动火作业申请表(表12.1),如图12.6—图12.8所示。

表12.1　特殊工序(动火)作业申请表

动火工点:＿＿＿＿＿＿＿＿　　　　　　　　　　　　　　　　　　　　　编号:＿＿＿＿＿＿＿＿

作业单位		作业里程	
作业环境		作业对象	
动火申请人		动火级别	
动火地点		动火人	
动火时间		自　年　月　日　时　分起	
		至　年　月　日　时　分止	
动火内容:1.电气焊及切割作业□　　　　　　2.不防爆机电设备作业□			
3.热熔焊接、超声波焊接作业□　　4.其他□			
动火注意事项:			
瓦检员:　　　　　　　安全员:　　　　　　　现场监理:			
作业队长:　　　　分部生产副经理(如需):　　　　副总监(或分站长)(如需):			

图12.6　检查隧道顶部瓦斯浓度

图 12.7　检测隧道底部裂隙瓦斯涌出

图 12.8　检测超前钻孔内瓦斯浓度

12.3.4　动火管理的经验与教训

1）经验

①工区安全、技术人员掌握本隧道瓦斯等级、瓦斯来源、设计瓦斯段落分布情况及施工中超前钻探结果、瓦斯检测结果等,总结隧道瓦斯涌出特点。

②工区安全、技术人员掌握本工区现阶段瓦斯涌出现状,制订针对性动火管理措施,对相关作业人员进行交底。

③动火前瓦检员对动火地点附近进行全面检查,包括超前钻孔、裂隙等是否存在瓦斯涌出或高浓度瓦斯,如存在,应先考虑采用不动火工艺,如确需动火,应采取相应安全措施,如压风吹孔、设局部风机吹散局部高浓度瓦斯、黄泥封孔等。

④由于隧道断面大,加之通风管理不到位,掌子面易出现弱风(即风速低)的情况,在有瓦斯涌出时,易出现拱部瓦斯层状积聚,瓦斯检测的方法应与煤矿规定有所不同,隧道应采用贴顶检测的方法。

⑤对过煤层段、天然气涌出的瓦斯工区,瓦斯涌出点多且难以采取针对性安全措施时,必须采用不动火工艺。

2）教训

①动火前不通知瓦检员、安全员，不履行动火审批手续随意动火，遇瓦斯异常涌出时，发生局部燃烧、爆炸。

②瓦检员责任心不够或未掌握隧道瓦斯涌出特点及检查方法，未能发现动火期间存在的安全隐患并采取有效的安全措施。

12.4　施工期间设防的时间要求与管理

依据《铁路瓦斯隧道技术规范》（TB 10120—2019），以工区为单位进行设防和管理。结合其他规范及工程实例，具体有以下几种方式：

①全工区按设计瓦斯等级全程设防，即进洞至全隧二衬支护完成为止。优点是符合相关规范要求，风险可以得到全程控制；缺点是投入大，对成本、工程进度影响大。

②隧道进洞后，门禁、通风、人工检测、自动监控、电气设备、车辆改装的实施时间在相关规范中并无明确规定，可根据本隧道的具体情况在施工组织设计、瓦斯防治专项施工方案中明确。

可根据隧道掌子面开挖进展情况参考以下指标组织实施：

a.门禁管理：进洞 50 m；

b.通风：进洞 50 m；

c.人工检测：进洞即实施；

d.电气设备：进洞 50 m（针对低瓦斯及以上等级瓦斯工区）；

e.车辆改装：在距离设计瓦斯段落起点 50 m 或人工检测到瓦斯时进行改装（针对高瓦斯及以上等级瓦斯工区）。

该方式可操作性强，同时考虑了安全、经济及可操作性。

③根据设计的瓦斯段落，在实施超前预报、保证人工瓦检、通风的前提下，在距离设计瓦斯段落起点 50 m 或人工检测到瓦斯时开始按设计瓦斯等级设防；考虑电气设备换装过程复杂且费工费时，根据设计文件，几个瓦斯段落中间的非瓦斯段落可按设计工区瓦斯等级设防；所有瓦斯段落二衬施工完成后 50 m 且经检测、监控确认无瓦斯涌出，由专业机构评价后可按微瓦斯工区要求组织施工。

该方式的优点是根据设计及实际瓦斯涌出情况进行动态管理，可有效节约工程成本、加快工程进度，在公路行业已有部分工程开始采用；缺点是对超前预报、瓦斯检测人员及专业技术人员的要求较高。

12.5　管理制度

建设单位应在线路开工前,组织专家组研究瓦斯隧道分布情况、设计瓦斯等级、设计文件划分瓦斯隧道等级时所采用的标准等。与专家组共同研究项目各等级瓦斯隧道设防标准,形成项目各等级瓦斯隧道管理办法讨论稿,下发至设计、监理、施工单位,待反馈意见后,再组织专家、监理、施工单位研讨,形成项目各等级瓦斯隧道管理办法,以正式文件下发、执行。

如成贵铁路有限责任公司在《隧道施工安全技术管理规定》中针对高瓦斯隧道制定《成贵铁路高瓦斯隧道施工安全管理办法》。叙镇铁路有限责任公司为规范高瓦斯隧道施工期间安全管理、明确各参建单位、部门职责,制定了《高瓦斯隧道施工安全管理办法》,该办法对瓦斯工区设防标准在《铁路瓦斯隧道技术规范》(TB 10120—2012)的基础上适当进行提高,并在《铁路瓦斯隧道技术规范》(TB 10120—2019)发布后对该办法进行修订。

上述管理办法基本包含了以下内容:高瓦斯隧道进洞管理制度、高瓦斯隧道仪器设备管理制度、高瓦斯隧道超前地质预报管理制度、高瓦斯隧道爆破安全管理制度、高瓦斯隧道防火、防爆管理制度、高瓦斯隧道瓦斯检测、监测管理制度、高瓦斯隧道通风管理制度、高瓦斯隧道应急救援与抢险制度、高瓦斯隧道揭煤管理制度、瓦斯排放管理制度、高瓦斯隧道贯通管理制度等。

12.6　日常检查与管理

建立定期、不定期检查与管理机制,及时发现、整改施工期间出现的隐患,并按相关规范、管理制度有关要求对监理、施工单位进行考核。

(1)培训与交底

由建设单位、监理单位、设计单位、施工单位分级对不同对象进行针对性培训与交底。培训与交底内容包括管理制度、安全技术管理规定、瓦斯防治技术与现场管理、风险判识与隐患排查方法等。

(2)检查方式

采用多种检查形式以达到服务现场、督促措施落实、确保安全的目的。

①平推履约检查:每季度一次,从安全、质量、进度、投资、环保、维稳、廉政 7 个方面对施工单位、监理单位进行考评检查。

②专项检查:每季度一次,组建专家组,从安全、质量、技术与现场管理等方面对瓦斯隧道、桥梁开展专项检查,对检查出的问题,由施工单位予以整改并回复,由监理组织验收。

③不定期检查:针对现场监理、施工单位日常检查中发现的问题,由建设单位对部分重点工区开展不定期检查工作,必要时召开专题会议,制订措施、提出要求。

④建立信息共享平台,及时沟通、掌握现场情况、交流工作,需现场考察、解决问题时在现场研讨、解决。

(3)风险判识与隐患排查

建立风险判识台账,建设单位明确瓦斯隧道风险控制标准,施工单位每半月一次根据瓦斯隧道风险控制标准对瓦斯工区进行风险判识,报监理、建设单位。经风险判识后,由监理、施工单位根据风险等级采取针对性措施。

对存在瓦斯工区的监理标段配置 1 名瓦斯专监,负责所辖标段瓦斯隧道的日常检查、隐患排查工作,督促施工单位按要求开展瓦斯防治工作,对发现的问题、隐患及时发出监理工作联系单、监理通知单、监理指令等。建设单位安质部门配置瓦斯专工,负责牵头解决施工期间瓦斯防控工作中存在的技术问题,检查、督促全线瓦斯隧道瓦斯防治工作的执行与落实。

12.7 消防管理

(1)瓦斯工区消防设施应满足以下要求

①必须在洞外设置消防水池和消防用砂,水池中应保持不小于 200 m^3 的储水量,保持一定的水压。

②瓦斯工区内必须设置消防管路系统,并每隔 100 m 设置一个阀门(消防栓)。

③洞内各种作业区内、机电设备及其他施工设备安装洞室内应设置灭火设备或设施,并经常保持良好状态。

④每季度应对洞内、洞外的消防管路系统、消防材料库和消防器材的设置情况进行一次检查。

(2)瓦斯工区应满足以下要求

严禁火源进洞,洞口、洞口房、通风机房等附近 20 m 范围内不得有火源,当通风机房不在洞口作业场内时,需另制订防火措施。

(3)瓦斯工区易燃品管理应符合以下要求

①瓦斯工区内不得存放各种油类,洞内使用的各种油类物资,必须由专人押运至使用地点,剩余的油类及废油应及时运出洞外,不得洒在洞内。

②瓦斯工区内待用和使用过的棉纱、布头和纸张等易燃可燃物品,必须存放在密闭的铁桶内。使用过的易燃可燃物品应由专人送到洞外处理。

12.8　应急管理

①瓦斯隧道应提前制订事故预防与应急救援预案,按计划配备安全防护用品、应急救援物资及消防设施等。并符合以下规定:

a.应急救援预案中应明确的应急救护组织机构,分工明确,责任到人,联络通畅,外部救援应满足最佳救援时间。

b.瓦斯工区通风系统图、电气设备配套分布图、施工进度计划图表、进洞人员信息等与事故救援有关的资料,应编制成册。

c.应设置洞内紧急撤离和避险设施,并与监测监控、人员位置监测、通信联络等系统结合,构成安全避险系统。

②瓦斯隧道应按计划组织应急预案演练,进洞作业人员应熟悉应急救援预案和避险路线,具有自救、互救和安全避险知识,并熟练掌握自救器和紧急避险设施的使用方法。瓦斯事故一旦发生,必须立即启动救援预案。

③瓦斯工区塌方处理应有专项瓦斯引排、瓦斯监测方案。塌方区域前后 20 m 范围内的瓦斯浓度降至 0.5% 以下后,方可进行塌方处理。并应遵守下列规定:

a.对塌方体上方聚积的瓦斯应设置局部通风排除。

b.对塌方地段围岩岩隙应加强监测工作,专人检查瓦斯浓度,掌握瓦斯浓度变化情况,观察顶板和周围支护情况,及时发出险情报告。

c.加强隧道支护措施,防止发生二次塌方。

d.坍方地段应尽快处理封闭,减少瓦斯涌出量,并及时衬砌。

④火灾处理应遵守下列规定:

a.瓦斯工区发生火灾时,应立即组织人员撤离,启动应急预案。

b.电气设备着火时,应首先切断电源。

c.不能直接灭火时,必须设置防火墙封闭火区。

⑤火区处理应遵守下列规定:

a.防火墙应编号并在附近设置栏杆和警示牌,并经常检查,做到封闭严密。

b.封闭的火区确认火已经熄灭,达到启封条件方可启封。启封已熄灭火区应制订安全措施。

c.启封火区时应逐段恢复通风,加强有害气体检测;发现复燃征兆,应立即停止送风重新封闭火区。

d.启封火区及火区初期恢复通风等工作由救护队进行,回风流经过的坑道内的人员必须全部撤出。

12.9　瓦斯防治工作的实施

12.9.1　瓦斯防治工作的内容与模式

1）瓦斯防治工作内容

根据类似工程在瓦斯防治方面的经验，从专业上可分为超前地质预报、通风、瓦检与监控、机电设备与车辆改装、揭煤专项等板块；从工作性质上可分为技术服务、劳务分包、设备供货、专项工程等内容。

（1）技术服务的工作内容

①编制各种方案的编制并参与评审：由分包方依据相关规范、设计文件、业主的管理规定或要求、施工单位的要求编制超前地质预报、通风、瓦检与监控、供配电与车辆改装、揭煤等专项施工方案，参与施工单位组织评审，按评审意见修订后报送施工单位，施工单位按业主要求的流程报批。

②根据施工单位的安排开展各项培训工作。

③现场工作：根据施工单位的需要及合同约定，配备专业技术人员，开展超前地质预报、揭煤专项技术服务等工作，根据施工组织设计的调整及时对各方案进行修订、编制针对性安全技术措施、施工期间瓦斯防治方面隐患排查、协助施工单位编制设备采购方案与计划等。

（2）劳务分包的工作内容

①由分包单位组织相关专业工种人员，包括瓦检员、监控工、监测电工、通风工、防突工、电工等。

②负责相关专业工种人员现场工作的安排、管理及人员工资支付。

（3）设备供货

设备供货包括风机与风管、瓦检与监控设备、机电设备、车辆改装、钻机等。

（4）专项工程

专项工程包括超前水平钻孔施工、防突措施钻孔施工、抽放工程施工、排放工程施工等。

2）瓦斯防治工作实施的模式

根据类似工程经验，由专业机构开展工作，具有以下几种模式：

①纯技术服务模式：安排专业技术人员常驻现场开展技术服务工作，工作内容可根据需要在合同中约定。

②纯设备供货模式：根据施工单位需要供货并提供售后服务。

③技术服务＋劳务分包模式：安排专业技术人员常驻现场开展技术服务工作并组织相关工种人员开展瓦斯防治各项工作，技术服务工作内容及工种配置可根据需要在合同中

约定。

④专项工程承包模式:对某专项工程进行承包,可采用费用包干制或单价制。

⑤综合服务模式:包含技术、人员、设备、工程等各项内容模式。

12.9.2　各种管理模式的优缺点分析

各种管理模式的适用条件及优缺点分析,见表12.2。

表 12.2　各管理模式优缺点分析表

模式	优点	缺点	适用条件
纯技术服务	瓦斯防治技术管理有保障	对现场的管控力度稍差,如对瓦检员、监测电工的管控力度,对瓦斯防治专用设备的质量、数量及超前计划性控制力度稍差,隐患排查的落实力度稍差	施工单位管理水平较高,特殊工种资源广,瓦斯防治专用设备供货渠道有保障,劳务队伍能力较强,仅需在瓦斯防治专业技术方面需要支持
单纯设备供货	瓦斯防治专用设备在质量、数量、售后服务及超前计划性等方面较有保障	对施工单位的专业技术水平、人员素质及管理水平要求较高,否则从方案的科学性到现场管控均难达到预期目标	施工单位各方面都很强,仅需一家专业、全面的瓦斯防治专用设备供货商
技术服务+劳务分包	在人的方面实现专业化,有利于安全保障	在瓦斯防治专用设备的质量、数量、售后服务及超前计划性等方面有时不能满足现场瓦斯防治工作需要	施工单位瓦斯防治专用设备供货渠道有保障,劳务队伍能力较强,仅需在瓦斯防治专业技术、人员方面需要支持
专项工程承包	单项工程工作质量有保障	仅对该单项工程负责,影响瓦斯防治工作安全保障的因素是多方面的	施工单位在某专项工程施工时缺乏技术、装备、人员
综合服务	以专业的水准,在技术、人员、设备、专项工程等方面系统考虑,更有保障,且不存在单位、部门之间的协调问题	成本偏高	施工单位人员配置、劳务队伍等各方面较弱,需全方位支持

第 13 章　瓦斯隧道措施费的研究和探讨

安全生产是国家的一项长期基本国策,是保护劳动者的健康安全、保卫国家财产、保证社会稳定和经济发展的基本条件。通常,铁路隧道措施费用按国家相关规定编制计算,与非瓦斯铁路隧道相比,铁路瓦斯隧道工程费用的概算构成较普通隧道具有内容多、费用高的特点。本章根据铁路瓦斯隧道的分类,从爆破作业、机械设备防爆改装、供电与通风、超前地质预报等对投资的影响进行分析,并就如何计列铁路瓦斯隧道安全施工措施费用进行探讨。

13.1　措施费研究的必要性分析

瓦斯是铁路隧道施工安全重大风险,项目实施必须高度重视瓦斯隧道的安全生产工作。瓦斯隧道地质条件复杂,设计、施工方法均不同于非瓦斯隧道,安全风险极大。

现行《铁路瓦斯隧道技术规范》(TB 10120—2019)对铁路工程瓦斯隧道的各项技术标准及施工技术要求进行了明确规定。铁路行业对高瓦斯隧道和瓦斯突出隧道安全方面增加的费用在项目概算中已计列,但微瓦斯隧道和低瓦斯隧道并无与之对应的费用标准和定额体系,造成微、低瓦斯隧道初步设计及施工图阶段不易合理确定和控制低瓦斯隧道的概预算费用,尤其是低瓦斯隧道项目招标后实际投入发生的费用与合同额度偏差较大。

通常在煤系或含煤地区,经过该区域的隧道中低瓦斯隧道占比较大,但由于低瓦斯隧道中瓦斯涌出量小,易被施工单位忽视,从而产生麻痹思想,一旦施工不当便有可能发生瓦斯事故,其危害并不亚于高瓦斯隧道。结合现行的铁路概算相关规定,低瓦斯隧道安全方面的费用应在安全生产费计列,但安全生产费一般情况下只能保证在正常环境下所需的安全投入,而对于某些低瓦斯隧道群众多的项目,安全生产费的投入则与设计安全措施要求不匹配。同时,低瓦斯隧道尤其是非煤瓦斯隧道的瓦斯含量具有一定的随机性和不确定性,需要在安全措施上系统化考虑,在费用上需要得到相应保障,尤其在超前地质预报、爆破作业、机械设备防爆改装、供电通风等方面。因此,系统地研究瓦斯隧道安全施工措施费是必要的。

13.2　费用构成对比

按照国家铁路局颁布的《铁路基本建设工程设计概（预）算编制办法》(TZJ 1001—2017)等规定,铁路隧道费用由直接工程费、间接费、措施费及税金等构成。铁路普通隧道与瓦斯隧道在直接工程费、间接费基本构成一致,二者的区别在于治理瓦斯方面额外增加的措施费,具体见表 13.1 所列。

表 13.1　铁路普通隧道与瓦斯隧道费用构成对比表

序号	项目名称	普通隧道	瓦斯隧道
1	超前地质预报	长大隧道	高风险（Ⅰ级、Ⅱ级）隧道
2	开挖爆破	普通炸药、雷管	煤矿许用炸药、煤矿许用毫秒延期电雷管、导爆索
3	机械设备费	普通机械及设备	防爆施工机械、设备（含衬砌台车）、供配电系统（含线缆、灯具、开关）等
4	通风设备及电费	正常施工下通风消耗的电费	风机配置增加费、不间断通风额外消耗的电费
5	人员管理费	正常环境下施工技术管理人员	除施工技术管理人员外,还包含瓦斯治理专业技能和管理人员培训费、瓦斯治理人员增加费等
6	揭煤工程费	无	超前探测、瓦斯压力测定、防突措施、防突措施效果检验等所需的钻孔施工费

13.3　费用构成

瓦斯治理费用构成主要为超前地质预报费、爆破费、电气防爆改装费、施工通风费、瓦斯检测费、管理费及揭煤等费用。

根据原铁道部颁布的《企业安全生产费用提取和使用管理办法》(铁建设〔2012〕245号)对安全生产费使用范围的规定,超前地质预报费(不含极高风险隧道)、瓦斯检测设备(如门禁系统、自动监测系统、人工瓦检仪等)、施工人员配备个人防护用品,聘请专家参与安全检查、评价和咨询费用,专职瓦检人员、施工人员安全生产专业培训等应在安全生产费中列支。

1）超前地质预报费

超前地质预报费用主要为地质调查法、超前钻探法、地质波反射法、加深炮孔等费用。

2）爆破费

爆破费主要为隧道开挖采用煤矿许用炸药、煤矿许用毫秒延期电雷管、导爆索等。

3）电气防爆改装费

电气防爆改装费主要为施工机械、设备（含衬砌台车）、供配电系统（含线缆、灯具、开关）、通风设备防爆改装等费用。

4）施工通风费

施工通风费主要为瓦斯治理过程中加强通风所产生增加的施工系统配置费、额外消耗电费等费用。

5）瓦斯检测费

瓦斯检测费主要为自动监测系统、门禁系统等费用。

6）瓦斯管理费

瓦斯管理费主要包括人员培训费（指瓦斯治理专业技能和管理人员培训费）、瓦斯治理人员增加费（指瓦斯治理所需增加人员产生的工资和管理费）、聘请煤矿管理专家的工资及管理费、窝工费（指与普通隧道相比，瓦斯治理期间所增加的时间内人员的工资及管理费）。

7）揭煤费

揭煤费主要包括超前探测、瓦斯压力测定、防突措施、防突措施效果检验等所需的钻孔施工费用。

13.4　费用依据

瓦斯隧道治理费主要依据为国家铁路局颁布的《铁路基本建设工程设计概（预）算费用定额》（TZJ 3001—2017）及《铁路基本建设工程设计概（预）算编制办法》（TZJ 1001—2017）。具体各项费用计算依据如下：

1）超前地质预报费

工程量计量规则为地质调查法、超前钻探法、加深炮孔等均按设计单孔全长计算；地质波反射法按隧道延长米计算。单价依据国家铁路局现行的《关于发布铁路工程造价标准的公告》（国铁科法〔2017〕33 号）中的《铁路工程预算定额》（TZJ 2020—2017）（第三册　隧道工程）计算。

2）爆破费

按照《铁路瓦斯隧道技术规范》（TB 10120—2019，J 160—2019）、《铁路隧道工程施工安全技术规程》（TB 10304—2020，J 947—2020）等规范要求瓦斯隧道开挖，应使用安全等级不低于一级的煤矿许用炸药；瓦斯工区爆破应使用煤矿许用瞬发电雷管或煤矿许用毫秒延期电雷管，并应使用防爆型发爆器起爆。现行的《铁路工程预算定额》（第三册　隧道工程）只按普通隧道计算开挖费用，按照预算编制原则采用定额抽换计算爆破增加费，工程数量按隧道断面有效面积方量计算。

3）电气防爆改装费

固定设备、通风防爆设备应根据瓦斯隧道工区设计数量计算，供配电系统应按设计工区长度计算。单价依据现行的《铁路工程预算定额》（第三册　隧道工程）计列。关于变换材料应进行定额抽换，同时固定设备及防爆设备应依据市场价格或市场询价。

4）施工通风费

施工通风费应按工区长度计算。按设计工区长度、工期及提供的风机功率综合计算通风费用。单价依据现行的《铁路工程预算定额》（第三册　隧道工程）计列，但要综合考虑通风设备配置数量和型号的变化、通风时间的变化等问题，应进行抽换。

5）瓦斯检测费

根据原铁道部颁布的《企业安全生产费用提取和使用管理办法》（铁建设〔2012〕245号）第三条规定"开展重大危险源和事故隐患评估、监控和整改支出"属于安全生产费使用范围，故此项费用不单独计列。

6）瓦斯管理费

瓦斯治理人员配置依据实际人数或当前行业标准配置，人员工资依据目前相关行业平均工资；人员窝工费根据当地人工基价及规费计取，数量以实际数量为准。

根据原铁道部颁布的《企业安全生产费用提取和使用管理办法》（铁建设〔2012〕245号）第四条、第六条规定，人员培训费、聘请专家属于安全生产费使用范围，故此项费用不单独计列。

7）揭煤费

揭煤钻孔施工费按设计单孔全长计算。单价依据国家铁路局现行的《关于发布铁路工程造价标准的公告》（国铁科法〔2017〕33号）中的《铁路工程预算定额》（第三册　隧道工程）计算。

13.5　费用编制

瓦斯隧道治理费用内容包括定额直接工程费（人工费、材料费、施工机具使用费）、价外运杂费、价差(人工费、料费、施工机具使用费等价差)、施工措施费、特殊施工增加费、间接费、税金等。具体见表13.2。

表13.2　瓦斯隧道治理费单项概(预)算计算程序

序号	费用名称	计算式
1	基期人费	按设计工程量和采用的基期价格计算
2	基期材费	
3	基期施工机具使用费	
4	定额直接工程费	(1)+(2)+(3)
5	价外运杂费	指需要单独计列的价外运杂费,按施工组织设计的材料供应方案及《铁路基本建设工程设计概(预)算编制办法》有关内容计算
6	人工费价差	基期至编制期价差按《铁路基本建设工程设计概(预)算编制办法》的有关内容计算
7	材料费价差	
8	施工机具使用差	
9	价差合计	(6)+(7)+(8)
10	直接工程费	(4)+(5)+(9)
11	施工措施费	[(1)+(3)]×费率
12	特殊施工增加费	以相应的编制期人工费、编制期施工机具使用费为基数计算
13	直接费	(10)+(11)+(12)
14	间接费	[(1)+(3)]×费率
15	税金	[(13)+(14)]×税率
16	单项概(预)算价值	(13)+(14)+(15)

13.6　瓦斯专项措施费案例

叙永至毕节铁路(川滇段)项目可研批复于2015年9月10日,相关工程设计均是2016年完成的,因此该工程案例均基于《铁路隧道瓦斯技术规范》(TB 10120—2002,J 160—2002)和《铁路基本建设工程设计概(预)算编制办法》(铁建设〔2006〕113号)完成。

1)瓦斯隧道概况

叙永至毕节铁路(川滇段)工程正线建筑长度151.838 km,共新建隧道54.5座,总长121.371 3 km,隧线比79.93%。全线高瓦斯隧道4座,低瓦斯隧道22座,其中斑竹林隧道

（12 760 m）、新高坡隧道（8 100 m）均为高瓦斯隧道,分别为全线最长、第二长隧道。

2）瓦斯隧道措施费概算研究

叙永至毕节铁路（川滇段）工程高瓦斯隧道相关措施及费用已在施工图预算中予以明确,因此,未对高瓦斯隧道专项措施及费用研究,只针对低瓦斯隧道专项措施费进行研究。

根据《铁路瓦斯隧道技术规范》（TB 10120—2002,J 160—2002）、《铁路基本建设工程设计概（预）算编制办法》（铁建设〔2006〕113 号）等规范,研究低瓦斯隧道专项措施费,其调整内容及原则如下：

①一级煤矿许用炸药及费用,按一级煤矿许用炸药进行定额抽换计算。

②防爆电缆及费用,采用低瓦斯工区抽换的计算方法。

③通风措施及费用。按瓦斯工区 24 h 连续通风计算通风费用,再扣除招标预算中已考虑的通风费用,根据批准的专项通风方案,由设计单位按设计工区长度、工期及提供的风机功率综合计算通风费用。

④行走式机械设备防爆改装措施及费用。高瓦斯隧道行走式机械设备防爆改装费用已计列。对比分析高瓦斯隧道与低瓦斯隧道行走式机械设备防爆改装实际发生费用的相对比例,作为低瓦斯隧道行走式机械设备防爆改装费用的计算依据（以施工单位相关合同为支撑,统计高瓦斯隧道被动式改装数量、单价及低瓦斯隧道主动式改装数量、单价,形成统计分析材料,根据统计材料分析研究,综合考虑低瓦斯隧道的行走式机械设备改装费用）。

第 14 章　典型专项方案

瓦斯隧道一般需要编制安全风险评估、爆破、通风、超前地质预报、防突揭煤、瓦斯检测与监控、供电与设备改装等专项方案,评审及审批流程应按项目建设单位相关管理办法执行。本章以叙毕铁路(川滇段)为背景,重点介绍了通风、瓦检与监控、供电和揭煤的专项方案,为铁路、公路及其他工程瓦斯隧道提供借鉴。由于涉及的工程均是 2016 年完成的施工图设计,本章所有典型专项方案均依据《铁路瓦斯隧道技术规范》(TB 10120—2002)编制。

14.1　斑竹林隧道通风专项方案

14.1.1　工程概述

1)工程概况

斑竹林隧道全长 12 758 m,最大埋深约 570 m,进口里程 D2K222 + 232,出口里程 D2K234 + 990,本次设计 D2K222 + 232 ~ D2K230 + 910 段,长度 8 678 m;进口段 D2K222 + 232 ~ +370(138 m)为下坪车站,隧道采用车站段双线衬砌,其余均为单线隧道,设计为 6‰,10.7‰,11‰,7‰, −3‰ 的人字坡。全隧 D2K222 + 405.132 ~ D2K223 + 984.821 段位于半径 R = 2 000 m 的左偏曲线上;D2K226 + 716.747 ~ D2K228 + 322.216,D2K230 + 970.841 ~ D2K231 + 571.556 段位于半径 R = 8 000 m 的右偏曲线上;D2K234 + 129.454 ~ D2K234 + 990 段位于半径 R = 800 m 的左偏曲线上,其余地段均为直线。

2)地形地貌

测区属低中山侵蚀地貌,地形连绵起伏,陡峻,沟壑、溪谷纵横,隧区海拔 1 000 ~ 1 730 m,相对高差 150 ~ 730 m,自然斜坡一般 15° ~ 40°,局部陡峻,坡度达 60° ~ 80°。基岩出露状况一般,地表植被较发育,多为林地、灌木林、旱地。

3）不良地质

隧道范围内不良地质为有毒有害气体、岩溶、断层及破碎带、顺层、地应力、瓦斯及天然气。

（1）有毒有害气体

D2K222＋232～D2K222＋410、D2K224＋180～D2K224＋350 段，线路穿过志留系下统龙马溪组地层底部的炭质页岩，可能存在有毒有害气体。

D2K224＋490～D2K225＋610、D2K228＋630～D2K230＋440 段，线路穿过奥陶系下统湄潭组页岩、砂岩，局部含胶磷矿和锰矿，可能存在有毒有害气体。

（2）岩溶

D2K222＋410～D2K224＋190、D2K224＋350～D2K224＋490、D2K225＋610～D2K228＋630、D2K230＋440～D2K230＋910 共 4 段线路穿过志留系下统龙马溪组泥质灰岩夹砂岩，奥陶系宝塔组石灰岩，奥陶系桐梓组＋红花园组灰岩、白云岩，寒武系娄山关群白云岩，为可溶岩，地表未见溶洞、溶蚀洼地等岩溶现象，深孔钻探也未揭示有溶洞，故该隧道岩溶属弱至中等发育。

根据地质调查、钻探资料及沿线地质资料分析，岩溶强烈发育的可溶岩主要为宝塔组石灰岩，桐梓组＋红花园组灰岩，由此预测该隧道施工中遇溶洞涌水、突泥地段主要为 D2K224＋350～D2K224＋490、D2K225＋610～＋710、D2K228＋500～＋630 三段。

（3）断层及破碎带

该隧道地质构造复杂，断层较发育，与洞身相交的断层共计 3 条。断层带岩体受到强烈挤压破碎，断层角砾岩发育，断层破碎带宽度一般 50～70 m。且大多数断层位于可溶岩地层，断层可能导水。

（4）顺层

隧道进口 D2K222＋232～D2K224＋490 段地层为龙马溪组页岩、炭质页岩、灰岩夹砂岩，岩层产状为 N60°E/40°NW，岩层走向和线路的夹角约 13°，倾向线路右侧，横断面上的视倾角为 39°，隧道进口左侧边坡存在顺层，D2K222＋232～D2K224＋500 段洞身左侧存在顺层偏压。

（5）地应力

该隧道最大埋深达 580 m，且位于三大构造体系复合部位，D2K224＋490～D2K225＋610 段，岩性为湄潭组页岩、砂岩，其页岩岩质软，且该段隧道最大埋深约 470 m，施工中存在软质岩围岩轻微变形的可能；D2K225＋610～D2K228＋630 段，岩性为桐梓组＋红花园组灰岩、白云岩，娄山关群白云岩，属硬质岩，且该段隧道最大深埋约 580 m，岩石的抗拉强度一般为 4.16～12.54 MPa，抗压强度为 45～100 MPa，施工中有产生岩爆的可能。

（6）瓦斯及天然气

根据钻探资料，DZ-BZLS 深-01-1# 揭露的天然气储集于志留系下统龙马溪组泥质灰岩与页岩互层灰岩的溶蚀裂隙中，节理、裂隙较发育，岩溶弱发育，储存空间较小，天然气储量较小,发现冒气处距隧道底约 60 m;DZ-BZLS 深-01-2#揭示的天然气储集于奥陶系中上统的灰岩、泥质灰岩的岩溶裂隙或溶洞中,节理、裂隙较发育,岩溶中等至强烈发育,储存空间较大,天然气储量较大,冒气处距隧道底约 3 m。

根据隧道深孔勘探发现是由下伏碳质页岩、含磷砂岩和含胶磷矿硅质岩产生的有毒有害气体沿节理、裂隙储集在其上的灰岩、泥质灰岩的溶蚀裂隙中形成的天然气,呈透镜体状分布赋存,分布无规律。

根据该隧道施工图设计,正洞 D2K222 +232 ~ D2K224 +430、D2K224 +720 ~ D2K225 +610、平导 P1DK224 +790 ~ P1DK225 +650 段为低瓦斯段,正洞 D2K224 +430 ~ +720 及平导 P1DK224 +430 ~ P1DK224 +790 为高瓦斯设防段。根据地层分布,结合辅助坑道布置,全隧分为 3 个工区,进口为低瓦斯工区,横洞工区为高瓦斯工区,斜井工区为非瓦斯工区。

14.1.2　施工组织方案

1)总体施工方法

该隧道全部采用新奥法开挖施工,Ⅳ级和Ⅴ级围岩采用台阶法施工,Ⅲ级围岩采用全断面法施工。隧道采用光面爆破,作业面采用多功能作业台架配风动凿岩机开挖,无轨运输出碴,钢架、径向锚杆及挂网喷混凝土系统支护,采用仰拱栈桥作为作业运输通道,隧道内混凝土采用拌和站集中拌制、罐车运输,衬砌采用衬砌台车施工。

2)作业工区划分

根据施工组织设计,斑竹林隧道分为进口工区、横洞工区和斜井工区 3 个工区,隧道各工区平面布置如图 14.1 所示,具体施工组织如下:

(1)进口工区

由隧道进口向出口方向掘进,独头施工,掘进长度 1 768 m。

(2)横洞工区

工区总长度 3 500 m(不含横洞及横通道长度),先施工横洞,待横洞掘到正洞位置后,再分为两个工作面作业,即正洞工作面和平导工作面;正洞工作面先向隧道进口方向施工,与进口工区贯通之后再向隧道出口方向掘进;平导向出口方向单向施工,共布置 9 个横通道,每个横通道相距 420 m,掘进至 9 号横通道与正洞贯通后就停止施工;平导超前一定距离后,再通过横通道进入正洞,增加 1 个正洞工作面,即横洞工区最多时有 3 个工作面作业(2 个正洞工作面和 1 个平导工作面)。

(3)斜井工区

工区总长度 3 410 m(不含斜井长度),先施工斜井,待斜井掘到正洞位置后,再分为两个工作面,即向正洞出口方向和进口方向各布置一个工作面。

各工区掘进长度列表见表 14.1 隧道工区划分表。

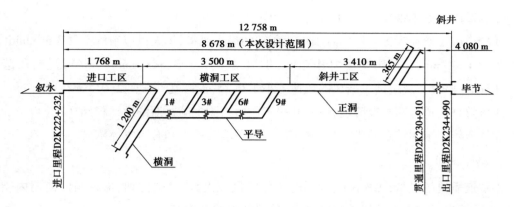

图 14.1 隧道各工区平面布置示意图

表 14.1 斑竹林隧道工区划分表

隧道名称	工区划分	掘进长度/m	备注
斑竹林隧道	进口工区	1 768	低瓦斯
	横洞工区	3 500	高瓦斯
	斜井工区	3 410	非瓦斯

14.1.3 通风设计标准、原则

1) 设计标准

根据相关规定,在隧道整个施工过程中,作业环境应符合下列卫生及安全标准。

①隧道内空气中氧气含量按体积计算不得小于 20%,有害气体和粉尘含量符合表 14.2 的指标要求。

表 14.2 空气中有害物质的最高容许含量

名称	最高容许浓度/%	附注
二氧化碳(CO_2)	0.5	
甲烷(CH_4)	0.75	隧道瓦斯浓度 >0.75% 时,立即停工、断电并撤离人员
一氧化碳(CO)	0.002 4	
二氧化硫(SO_2)	0.000 5	
硫化氢(H_2S)	0.000 66	
氮氧化合物换算成 NO_2	0.000 25	
粉尘浓度	粉尘的游离 SiO_2 含量 10~50 时,总粉尘浓度≤1	
	粉尘的游离 SiO_2 含量 50~80 时,总粉尘浓度≤0.75	
	粉尘的游离 SiO_2 含量≥80 时,总粉尘浓度≤0.5	

②隧道内气温不得高于 28 ℃,洞内噪声不得大于 90 dB。

③隧道施工通风为提供洞内各项作业所需的最小风量,每人供应新鲜空气 3 m³/min(瓦斯段落为 4 m³/min),采用内燃机作业时,供风量不小于 3 m³/(min·kW),瓦斯段落为 4 m³/(min·kW)。隧道施工通风的风速不小于 0.25 m/s(瓦斯段落为 0.5 m/s)。

④斑竹林隧道为高瓦斯隧道,应将开挖工作面风流中的瓦斯浓度稀释到 0.5% 以下。

⑤隧道施工采用综合防尘措施,并按规定时间测定粉尘和有害气体浓度。

2)设计原则

①隧道需要的风量,须按隧道内同时工作的最多人数、爆破排烟、稀释洞内使用内燃机废气、瓦斯涌出量以及最小风速分别计算,采用其中的最大值。

②隧道施工中,对瓦斯易于集聚的空间和衬砌模板台车附近区域,可采用射流风机等设备,实施局部通风的办法,以消除瓦斯积聚。

③隧道在施工期间,应实施连续通风。因检修、停电等原因停机时,必须撤出人员,切断电源。恢复通风前,必须检查瓦斯浓度,压入式局部通风机及其开关地点附近 10 m,风流中的瓦斯浓度都不超过 0.5% 时,方可人工开动局部通风机。

④隧道各工区在贯通前,应做好风流调整的准备工作。贯通后,必须调整通风系统,防止瓦斯超限,待通风系统风流稳定后,方可恢复工作。

⑤必须有一套同等性能的备用通风机,并经常保持良好的使用状态。当正常使用风机发生故障时,备用风机应能及时投入使用(或自动切换投入运行)。

⑥隧道应采用抗静电、阻燃的风管,高瓦斯工区采用双风管布置,一备一用,保证隧道连续通风(二衬台车要考虑双风管布置);低瓦斯工区及平导由于断面较小,可布置单风管。风管口到开挖面的距离应小于 15 m,风管百米漏风率应不大于 1%。

14.1.4 通风方案

1)通风方案选择

(1)进口工区通风方案

进口工区采用单向施工,独头掘进长度为 1 768 m,设计采用双风机、双风管压入式通风,通风机安装在洞口外面,风机进风口距洞口不小于 20 m。放炮出渣用双风机排烟。当完成 1 768 m 后,继续采用双风机、双风管,压入式通风至 2 500 m,穿过高瓦斯地段。这样,风机可以不进洞,不搞防爆措施,安全度提高。待正洞瓦斯段二衬施工完成后风机再移入横洞内。进口工区通风系统示意图如图 14.2 所示。

(2)横洞工区通风方案

①第一阶段。横洞工区第一阶段初期先施工横洞(图 14.3),当横洞掘进到正洞位置后,再分为两个工作面作业,即正洞工作面和平导工作面。正洞先向进口工区掘进,平导向大里程方向掘进;正洞工作面与进口工区贯通后,再向大里程方向掘进;此阶段采用压式通

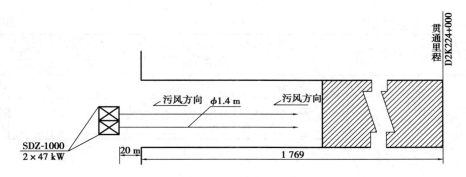

图 14.2　进口工区通风系统示意图

风,正洞工作面最大通风距离约 2 100 m,采用双风机(防爆型)、双风管,平导工作面最大通风距离约 2 400 m。采用单风机、单风管,横洞内铺设 3 根 ϕ1.4 m 的风管。通风机安装在洞口外,风机进风口距横洞洞口不小于 20 m。

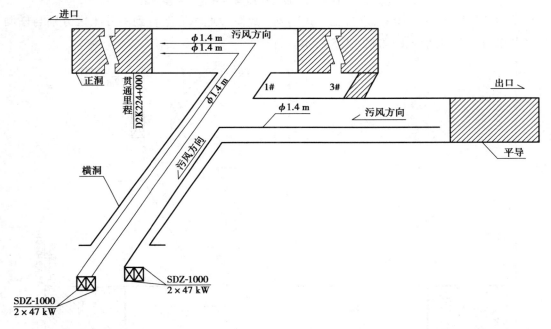

图 14.3　横洞工区第一阶段通风系统示意图

②第二阶段。横洞工区与进口工区贯通后,正洞工作面向大里程方向穿过高瓦斯地段,即进入第二阶段通风,此时将通风机移至 1 号横通道附近,采用射流巷道式通风,利用正洞出风,横洞和平导进风,此阶段通风方案直到与斜井工区贯通为止。此阶段横洞工区有 3 个工作面同时作业,其中,正洞 2 个,平导 1 个;正洞工作面最长通风距离约为 3 500 m,平导工作面最长通风距离约为 3 500 m。横洞工区第二阶段通风系统示意如图 14.4 所示。

(3)斜井工区通风方案

斜井工区先施工斜井段,当斜井掘进到正洞位置后,再分为两个工作面作业,即向正洞进口方向和出口方向各布置一个工作面,两个工作面的通风机均安装在斜井洞口外,风机进

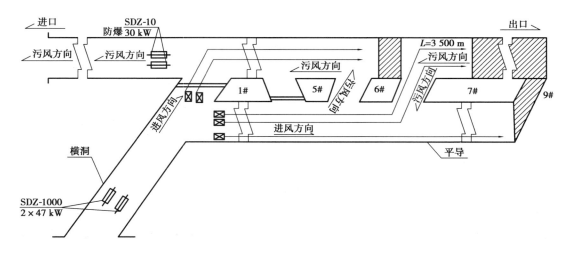

图 14.4　横洞工区第二阶段通风系统示意图

风口距斜井洞口不小于 20 m,进行压入式通风。此阶段通风方案直到斜井工区分别与横洞工区及出口工区贯通为止,如图 14.5 所示。

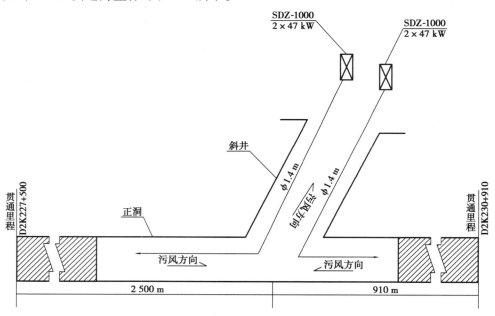

图 14.5　斜井工区通风系统示意图

2)通风组织机构

根据隧道通风难度,须成立专门的通风管理组进行通风机的安装维护和风筒的接续与修补。通风管理组由通风工、技术人员、组长和风机司机组成,并实行两班倒作业制度。通风管理组组成人员应掌握瓦斯隧道通风相关业务基本知识,且经过培训考试合格后方能上岗。通风工根据隧道内开挖、仰拱、衬砌的施工情况挂设风管、保护风管、更换风管。同时风机司机根据现场通风效果和工序控制风机的开停及通风量的大小,并保持与调度和瓦检员的密切联系。

通风作业人员数量与职责表见表14.3。

表14.3　单个工区通风作业人员数量与职责表

序号	人员	数量	备注
1	技术人员	1	负责通风技术工作,指导通风设备的安装和通风方案的调整,组织有关通风质量和劳动卫生状况的检测、记录和整理
2	风机司机	2	操作、维护风机和配电柜,两班作业
3	通风工	6	维护通风管路,两班作业

3）通风布置

本隧道进口工区为低瓦斯工区,采用双风机(一用一备)、单风管布置;横洞工区正洞 D2K224+430~+720为高瓦斯工区,采用双风机、双风管配置;斜井工区为非瓦斯工区,采用单风机单风管布置;平导由于断面较小,也采用双风机(一用一备)、单风管布置。根据瓦斯监测、检测涌出量,配置通风机,防止瓦斯积聚。

4）通风设备选型

(1)进口工区通风设备选型

①需风量计算。瓦斯隧道需要的风量,须按照隧道内同时工作的最多人数、爆破排烟、稀释洞内使用内燃机废气、瓦斯涌出量以及最小风速分别计算,采用其中的最大值。

A. 按洞内同时工作的最多人数计算。

$$Q_{人员} = 4N$$

式中　$Q_{人员}$——隧洞需风量,m^3/min;

4——每人每分钟供风标准,$m^3/(min \cdot 人)$;

N——洞内同时工作的最多人数,取35人。

$$Q = 4 \times 35 \ m^3/min = 140 \ m^3/min$$

B. 按爆破排烟计算。

$$Q_{爆破} = \frac{7.8}{t} \sqrt[3]{A \cdot (S \cdot L_0)^2}$$

式中　t——爆破后通风时间,取30 min;

S——隧道一次最大开挖断面积,为53 m^2;

A——一次爆破炸药用量,正洞取166 kg;

L_0——炮烟抛掷长度,m。

$$L_0 = \left(15 + \frac{A}{5}\right) \cdot k_0$$

其中,k_0为安全系数,取1.5;

$$L_0 = \left(15 + \frac{166}{5}\right) \times 1.5 \text{ m} = 72.3 \text{ m}$$

$$Q = \frac{7.8}{30} \sqrt[3]{166 \times (53 \times 72.3)^2} \text{ m}^3/\text{min} = 350 \text{ m}^3/\text{min}$$

C. 按稀释洞内使用内燃机废气计算。

$$Q_{内燃} = Q_0 \times \sum P$$

式中　Q_0——内燃机械作业时所需供风量,按 4 $\text{m}^3/(\text{min} \cdot \text{kW})$ 计;

　　　$\sum P$——进洞内燃机械功率总数。

正洞内内燃动力在出渣时期有装载机 1 台(功率 125 kW)、运渣车 2 台(功率 110 kW)。则需风量为:

$$Q_{内燃} = Q_0 \times \sum P = 4 \times (125 + 110 \times 2) \text{m}^3/\text{min} = 1\,380 \text{ m}^3/\text{min}$$

D. 按瓦斯涌出量计算。

$$Q_{瓦斯} = \frac{q}{C_a - C_0} \times K$$

式中　q——绝对瓦斯涌出量,本工区为低瓦斯工区,绝对瓦斯涌出量按 0.49 m^3/min 取值;

　　　C_a——掌子面允许瓦斯浓度,取 0.5%;

　　　C_0——送入掌子面风流中的瓦斯浓度,%;

　　　K——瓦斯涌出不均衡系统,取 2.0。

$$Q_{瓦斯} = \frac{0.49}{0.5\% - 0\%} \times 2 \text{ m}^3/\text{min} = 196 \text{ m}^3/\text{min}$$

E. 按最小允许风速计算。

$$Q_{风速} = VS$$

式中　V——允许风速,取 0.5 m/s;

　　　S——隧道断面积,为 53 m^2。

$$Q_{风速} = 0.5 \times 53 \times 60 \text{ m}^3/\text{min} = 1\,590 \text{ m}^3/\text{min}$$

$$Q_{需} = \max(Q_{人员}、Q_{爆破}、Q_{内燃}、Q_{瓦斯}、Q_{风速}) = 1\,590 \text{ m}^3/\text{min}$$

②百米漏风率计算。由于铁路隧道施工规范的漏风计算公式是统计计算式,没有体现风管直径、摩擦阻力、局部阻力等因素对漏风的影响,不能计算风管长距离漏风的压力及漏风率,其表达式为

$$p_{100} = \frac{Q_{扇} - Q}{Q_{扇} \times L} \times 100\%$$

式中　p_{100}——百米漏风率;

　　　$Q_{扇}$——风机风量,m^3/s;

Q——有效风量,m^3/s;

L——风管长度,m。

从式中可以看出,百米漏风率是指在 L 长度下,每 100 m 平均漏风率。而不同长度的风管压力沿风管的分布不同,总漏风率不等,平均的百米漏风率也不等,因此,上式只能用于同种风管,相同长度,局部阻力相似的管路中,具有很大的局限性。

③风压计算。

A. 沿程压力 $\sum h_{沿}$。

$$\sum h_{沿} = \lambda \frac{L}{D} \rho/2V^2$$

式中　λ——风筒摩擦阻力系数,0.015;

L——风筒长度,1 780 m;

D——风筒当量直径,1.4 m;

ρ——空气密度,1.2;

V——风筒内风流速度,10.8 m/s。

$$\sum h_{沿} = (0.015 \times 1\,780/1.4 \times 1.2)/2 \times 10.8^2\ \text{Pa} = 1\,335\ \text{Pa}$$

B. 局压 $\sum h_{局}$。

局部压力损失一般按沿程压力损失的10%估算,为 133 Pa。

C. 通风阻力。

$$h_{阻} = + \sum h_{沿} + \sum h_{局} = 1\,335\ \text{Pa} + 133\ \text{Pa} = 1\,468\ \text{Pa}$$

④风机选型。根据上述计算结果,斑竹林隧道进口工区选用 2 台 SDZ-No10 型对旋轴流式通风机,通风设备及参数,见表 14.4。

表 14.4　进口工区通风设备选择主要参数表

工点	型号	风量/($\text{m}^3 \cdot \text{min}^{-1}$)	风压/Pa	功率/kW	风管/m
进口工区	SDZ- No10	900 ~ 1 450	600 ~ 3 650	2 × 47	ϕ1.4

(2)横洞工区通风设备计算

横洞工区同时布置有正洞工作面和平导工作面,因此本次按正洞工作面和平导工作面的最大通风距离进行风机选型。

①横洞工区正洞工作面通风设备选型。

A. 需风量计算。瓦斯隧道需要的风量,须按隧道内同时工作的最多人数、爆破排烟、稀释洞内使用内燃机废气、瓦斯涌出量以及最小风速分别计算,应采用其中的最大值。

a. 按洞内同时工作的最多人数计算。

$$Q_{人员} = 4N$$

式中 $Q_{人员}$——隧洞需风量,$\mathrm{m^3/min}$;

    4——每人每分钟供风标准,$\mathrm{m^3/(min \cdot 人)}$;

    N——洞内同时工作的最多人数,取 35 人。

$$Q = 4 \times 35 \ \mathrm{m^3/min} = 140 \ \mathrm{m^3/min}$$

b. 按爆破排烟计算。

$$Q_{爆破} = \frac{7.8}{t} \sqrt[3]{A \cdot (S \cdot L_0)^2}$$

式中 t——爆破后通风时间,取 30 min;

    S——隧道一次最大开挖断面积,为 53 $\mathrm{m^2}$;

    A——一次爆破炸药用量,取 166 kg;

    L_0——炮烟抛掷长度,m。

$$L_0 = \left(15 + \frac{A}{5}\right) \cdot k_0$$

其中,k_0 为安全系数,取 1.5;

$$L_0 = \left(15 + \frac{166}{5}\right) \times 1.5 \ \mathrm{m} = 72.3 \ \mathrm{m}$$

$$Q = \frac{7.8}{30} \times \sqrt[3]{166 \times (53 \times 72.3)^2} \ \mathrm{m^3/min} = 350 \ \mathrm{m^3/min}$$

c. 按稀释洞内使用内燃机废气计算。

$$Q_{内燃} = Q_0 \times \sum P$$

式中 Q_0——内燃机械作业时所需供风量按 4 $\mathrm{m^3/(min \cdot kW)}$ 计;

    $\sum P$——进洞内燃机械功率总数。

正洞内内燃动力在出渣时期有装载机 1 台(功率 125 kW)、运渣车 2 台(功率 110 kW)。则需风量为

$$Q_{内燃} = Q_0 \times \sum P = 4 \times (125 + 110 \times 2) \mathrm{m^3/min} = 1\,380 \ \mathrm{m^3/min}$$

d. 按瓦斯涌出量计算。

$$Q_{瓦斯} = \frac{q}{C_a - C_0} \times K$$

式中 q——绝对瓦斯涌出量,本工区为高瓦斯工区,绝对瓦斯涌出量按 0.5 $\mathrm{m^3/min}$ 取值;

    C_a——掌子面允许瓦斯浓度,取 0.5% ;

    C_0——送入掌子面风流中的瓦斯浓度,% ;

    K——瓦斯涌出不均衡系统,取 2.0。

$$Q_{瓦斯} = \frac{0.5}{0.5\% - 0\%} \times 2 \ \mathrm{m^3/min} = 200 \ \mathrm{m^3/min}$$

e. 按最小允许风速计算。

$$Q_{风速} = VS$$

式中　V——允许风速,取 0.5 m/s;

　　　S——隧道断面积,为 53 m^2。

$$Q_{风速} = 0.5 \times 53 \times 60 \ m^3/min = 1\ 590 \ m^3/min$$

$$Q_{需} = \max(Q_{人员}、Q_{爆破}、Q_{内燃}、Q_{瓦斯}、Q_{风速}) = 1\ 590 \ m^3/min$$

　　B.百米漏风率计算。由于铁路隧道施工规范的漏风计算公式是统计计算式,没有体现风管直径、摩擦阻力、局部阻力等因素对漏风的影响,不能计算风管长距离漏风的压力及漏风率,其表达式为

$$p_{100} = \frac{Q_{扇} - Q}{Q_{扇} \times L} \times 100\%$$

式中　p_{100}——百米漏风率;

　　　$Q_{扇}$——风机风量,m^3/s;

　　　Q——有效风量,m^3/s;

　　　L——风管长度,m。

　　从式中可以看出,百米漏风率是指在 L 的长度下,每 100 m 平均漏风率。而不同长度的风管压力沿风管的分布不同,总漏风率不等,平均的百米漏风率也不等,因此,上式只能用于同种风管,相同长度,局部阻力相似的管路中,具有很大的局限性。

　　C.风压计算。

　　a.沿程压力 $\sum h_{沿}$。

$$\sum h_{沿} = \lambda \frac{L}{D}\rho/2V^2$$

式中　λ——风筒摩擦阻力系数,0.015;

　　　L——风筒长度,3 500 m;

　　　D——风筒当量直径,1.4 m;

　　　ρ——空气密度,1.2;

　　　V——风筒内风流速度,10.8 m/s。

$$\sum h_{沿} = (0.015 \times 3\ 500/1.4 \times 1.2)/2 \times 10.8^2 \ Pa = 2\ 624 \ Pa$$

　　b.局压 $\sum h_{局}$。

　　局部压力损失一般按沿程压力损失的 10% 估算,为 262 Pa。

　　c.通风阻力。

$$h_{阻} = + \sum h_{沿} + \sum h_{局} = 2\ 624 \ Pa + 262 \ Pa = 2\ 886 \ Pa$$

　　D.风机选型。根据上述计算结果,横洞工区正洞工作面选用 2 台 SDZ-No10 型对旋轴流式通风机,通风设备及参数见表 14.5。

表 14.5 横洞工区正洞工作面通风设备选择主要参数表

工点	型号	风量/($m^3 \cdot min^{-1}$)	风压/Pa	功率/kW	风管/m
横洞工区	SDZ- No10	900 ~ 1 450	600 ~ 3 650	2×47	$\phi 1.4$

②横洞工区平导工作面通风设备选型。

A. 需风量计算。瓦斯隧道需要的风量,须按隧道内同时工作的最多人数、爆破排烟、稀释洞内使用内燃机废气、瓦斯涌出量以及最小风速分别计算,应采用其中的最大值。

a. 按洞内同时工作的最多人数计算。

$$Q_{人员} = 4N$$

式中 $Q_{人员}$——隧洞需风量,m^3/min;

4——每人每分钟供风标准,$m^3/(min \cdot 人)$;

N——洞内同时工作的最多人数,取 25 人。

$$Q = 4 \times 25 \ m^3/min = 100 \ m^3/min$$

b. 按爆破排烟计算。

$$Q_{爆破} = \frac{7.8}{t} \sqrt[3]{A \cdot (S \cdot L_0)^2}$$

式中 t——爆破后通风时间,取 30 min;

S——隧道一次最大开挖断面积,为 30 m^2;

A——一次爆破炸药用量,96 kg;

L_0——炮烟抛掷长度,m。

$$L_0 = \left(15 + \frac{A}{5}\right) \cdot k_0$$

其中,k_0 为安全系数,取 1.5。

$$L_0 = \left(15 + \frac{96}{5}\right) \times 1.5 \ m = 51.3 \ m$$

$$Q = \frac{7.8}{30} \sqrt[3]{96 \times (30 \times 51.3)^2} \ m^3/min = 158 \ m^3/min$$

c. 按稀释洞内使用内燃机废气计算。

$$Q_{内燃} = Q_0 \times \sum P$$

式中 Q_0——内燃机械作业时所需供风量,按 4 $m^3/(min \cdot kW)$ 计;

$\sum P$——进洞内燃机械功率总数。

正洞内内燃动力在出渣时期有装载机 1 台(功率 125 kW)、运渣车 1 台(功率 110 kW)。则需风量为

$$Q_{内燃} = Q_0 \times \sum P = 4 \times (125 + 110) \ m^3/min = 940 \ m^3/min$$

d. 按瓦斯涌出量计算。

$$Q_{瓦斯} = \frac{q}{C_a - C_0} \cdot K$$

式中　q——绝对瓦斯涌出量,本工区为高瓦斯工区,绝对瓦斯涌出量按 0.5 m³/min 取值;

　　　C_a——掌子面允许瓦斯浓度,取 0.5%;

　　　C_0——送入掌子面风流中的瓦斯浓度,%;

　　　K——瓦斯涌出不均衡系统,取 2.0。

$$Q_{瓦斯} = \frac{0.5}{0.5\% - 0\%} \times 2 \text{ m}^3/\text{min} = 200 \text{ m}^3/\text{min}$$

e. 按最小允许风速计算。

$$Q_{风速} = VS$$

式中　V——允许风速,取 0.5 m/s;

　　　S——隧道断面积,为 30 m²。

$$Q_{风速} = (0.5 \times 30 \times 60) \text{m}^3/\text{min} = 900 \text{ m}^3/\text{min}$$

$$Q_{需} = \max(Q_{人员} 、 Q_{爆破} 、 Q_{内燃} 、 Q_{瓦斯} 、 Q_{风速})$$

$$= Q_{人员} + Q_{内燃}$$

$$= (100 + 940) \text{m}^3/\text{min} = 1\,040 \text{ m}^3/\text{min}$$

按照规范要求,掌子面需要风量选取其上数值的最大值,但考虑人员和机械在洞内同时作业,因此需风量应考虑两者之和,以确保通风风量。

B. 百米漏风率计算。由于铁路隧道施工规范的漏风计算公式是统计计算式,没有体现风管直径、摩擦阻力、局部阻力等因素对漏风的影响,不能计算风管长距离漏风的压力及漏风率,其表达式为

$$p_{100} = \frac{Q_{扇} - Q}{Q_{扇} \times L} \times 100\%$$

式中　p_{100}——百米漏风率;

　　　$Q_{扇}$——风机风量,m³/s;

　　　Q——有效风量,m³/s;

　　　L——风管长度,m。

从式中可以看出,百米漏风率是指在 L 长度下,每 100 m 平均漏风率。而不同长度的风管压力沿风管的分布不同,总漏风率不等,平均的百米漏风率也不等,因此,上式只能用于同种风管,相同长度,局部阻力相似的管路中,具有很大的局限性。

C. 风压计算。

a. 沿程压力 $\sum h_{沿}$。

$$\sum h_{沿} = \lambda \frac{L}{D} \rho / 2V^2$$

式中 λ——风筒摩擦阻力系数,0.015;

L——风筒长度,3 641 m;

D——风筒当量直径,1.4 m;

ρ——空气密度,1.2;

V——风筒内风流速度,10.8 m/s。

$$\sum h_{沿} = (0.015 \times 3\,641/1.4 \times 1.2)/2 \times 10.8^2 \text{ Pa} = 2\,731 \text{ Pa}$$

b.局压 $\sum h_{局}$。局部压力损失一般按沿程压力损失的10%估算,为263 Pa。

c.通风阻力。

$$h_{阻} = + \sum h_{沿} + \sum h_{局} = 2\,731 \text{ Pa} + 263 \text{ Pa} = 2\,994 \text{ Pa}$$

D.射流风机台数。

a.沿程压力 $\sum h_{沿}$。

$$\sum h_{沿} = \lambda \frac{L}{D} \rho/2 V^2$$

式中 λ——摩擦阻力系数,0.022;

L——隧道长度,10 000 m;

D——隧道当量直径,5.5 m;

ρ——空气密度,1.2;

V——隧道内风流速度,1.7 m/s。

$$\sum h_{沿} = (0.022 \times 10\,000/5.5 \times 1.2)/2 \times 1.7^2 \text{ Pa} = 72.13 \text{ Pa}$$

$\sum h_{局}$ 按沿程阻力的10%估算,为7.2 Pa。

b.风机升压力。

$$\Delta P_j \text{ 风机升压力} = \rho \times V_1^2 \times (P/Q) \times (1 - V_1/V_2) \times K$$

式中 ρ——空气密度,1.2;

V_1——风机出口风速,30;

V_2——隧道设计风速,1.7;

P——风机出口面积,0.78;

Q——隧道横截面积,30;

K——风机位置摩阻损失折减系数,0.85。

$$\Delta P_j = 1.2 \times 30^2 \times (0.78/30) \times (1 - 30/1.7) \times 0.85 = 22.515$$

$I = (\sum h_{沿} + \sum h_{局})/\Delta P_j = 3.52$;取4台射流风机。

E.风机选型。根据上述计算结果,横洞工区平导工作面选用2台SDZ-No10型对旋轴流式通风机和4台SDS-710型射流风机,通风设备及参数见表14.6。

表 14.6　横洞工区平导工作面通风设备选择主要参数表

工点	型号	风量/(m³·min⁻¹)	风压/Pa	功率/kW	风管/m
横洞工区	SDZ-No10	900~1 450	600~3 650	2×47	φ1.4
横洞工区	SDS-710	30 m/s(风速)		30 kW	

（3）斜井工区通风设备计算

斜井工区同时布置有进口方向工作面和出口方向工作面,因此本次按进口方向工作面和出口方向工作面的最大掘进长度进行风机选型。

①斜井工区进口方向工作面通风设备选型。

A. 需风量计算。瓦斯隧道需要的风量,须按隧道内同时工作的最多人数、爆破排烟、稀释洞内使用内燃机废气、瓦斯涌出量以及最小风速分别计算,应采用其中的最大值。

a. 按洞内同时工作的最多人数计算。

$$Q_{人员} = 3N$$

式中　$Q_{人员}$——隧洞需风量,m³/min;

　　　3——每人每分钟供风标准,m³/(min·人);

　　　N——洞内同时工作的最多人数,取 35 人。

$$Q = 3 \times 35 \ \text{m}^3/\text{min} = 105 \ \text{m}^3/\text{min}$$

b. 按爆破排烟计算。

$$Q_{爆破} = \frac{7.8}{t}\sqrt[3]{A \cdot (S \cdot L_0)^2}$$

式中　t——爆破后通风时间,取 30 min;

　　　S——隧道一次最大开挖断面积,为 53 m²;

　　　A——一次爆破炸药用量,正洞取 166 kg;

　　　L_0——炮烟抛掷长度,m。

$$L_0 = \left(15 + \frac{A}{5}\right) \cdot k_0$$

其中,k_0 为安全系数,取 1.5;

$$L_0 = \left(15 + \frac{166}{5}\right) \times 1.5 \ \text{m} = 72.3 \ \text{m}$$

$$Q = \frac{7.8}{30}\sqrt[3]{166 \times (53 \times 72.3)^2} \ \text{m}^3/\text{min} = 350 \ \text{m}^3/\text{min}$$

c. 按稀释洞内使用内燃机废气计算。

$$Q_{内燃} = Q_0 \times \sum P$$

式中　Q_0——内燃机械作业时所需供风量,按 3 m³/(min·kW)计;

　　　$\sum P$—— 进洞内燃机械功率总数。

正洞内内燃动力在出渣时期有装载机 1 台(功率 125 kW)、运渣车 1 台(功率 110 kW)。则需风量为

$$Q_{内燃} = Q_0 \times \sum P$$
$$= 3 \times (125 + 110)\,\mathrm{m^3/min}$$
$$= 705\ \mathrm{m^3/min}$$

d. 按最小允许风速计算。

$$Q_{风速} = VS$$

式中　V——允许风速,取 0.25 m/s;

　　　S——隧道断面积,为 53 $\mathrm{m^2}$。

$$Q_{风速} = 0.25 \times 53 \times 60\ \mathrm{m^3/min} = 795\ \mathrm{m^3/min}$$
$$Q_{需} = \max(Q_{人员}、Q_{爆破}、Q_{内燃}、Q_{瓦斯}、Q_{风速})$$
$$= Q_{人员} + Q_{内燃}$$
$$= (105 + 705)\,\mathrm{m^3/min} = 810\ \mathrm{m^3/min}$$

按照规范要求,掌子面需风量选取其上数值的最大值,但考虑人员和机械在洞内同时作业,因此需风量应考虑两者之和,以确保通风风量。

B. 百米漏风率计算。由于铁路隧道施工规范的漏风计算公式是统计计算式,没有体现风管直径、摩擦阻力、局部阻力等因素对漏风的影响,不能计算风管长距离漏风的压力及漏风率,其表达式为

$$p_{100} = \frac{Q_{扇} - Q}{Q_{扇} \times L\%} \times 100\%$$

式中　p_{100}——百米漏风率;

　　　$Q_{扇}$——风机风量,$\mathrm{m^3/s}$;

　　　Q——有效风量,$\mathrm{m^3/s}$;

　　　L——风管长度,m。

从式中可以看出,百米漏风率是指在 L 长度下,每 100 m 平均的漏风率。而不同长度的风管压力沿风管的分布不同,总漏风率不等,平均的百米漏风率也不等,因此,上式只能用于同种风管,相同长度,局部阻力相似的管路中,具有很大的局限性。

C. 风压计算

a. 沿程压力 $\sum h_{沿}$。

$$\sum h_{沿} = \lambda \frac{L}{D} \rho/2 V^2$$

式中　λ——风筒摩擦阻力系数,0.015;

　　　L——风筒长度,3 000 m;

　　　D——风筒当量直径,1.4 m;

ρ——空气密度,1.2;

V——风筒内风流速度,10.8 m/s。

$$\sum h_{沿} = (0.015 \times 3\,000/1.4 \times 1.2)/2 \times 10.8^2 \text{ Pa} = 2\,249 \text{ Pa}$$

b. 局压 $\sum h_{局}$。局部压力损失一般按沿程压力损失的 10% 估算,为 225 Pa。

c. 通风阻力。

$$h_{阻} = + \sum h_{沿} + \sum h_{局} = (2\,249 + 225)\text{Pa} = 2\,474 \text{ Pa}$$

D. 风机选型。根据上述计算结果,斜井工区进口方向工作面选用 2 台 SDZ-No10 型多级变速风机,通风设备及参数见表 14.7。

表 14.7　斜井工区进口方向工作面通风设备选择主要参数表

工点	型号	风量/(m³·min⁻¹)	风压/Pa	功率/kW	风管/m
斜井工区	SDZ-No10	900 ~ 1 450	600 ~ 3 650	2 × 47	φ1.4

②斜井工区出口方向工作面通风设备选型。

A. 需风量计算。瓦斯隧道需要的风量,须按隧道内同时工作的最多人数、爆破排烟、稀释洞内使用内燃机废气、瓦斯涌出量以及最小风速分别计算,应采用其中的最大值。

a. 按洞内同时工作的最多人数计算。

$$Q_{人员} = 3N$$

式中　$Q_{人员}$——隧洞需风量,m³/min;

3——每人每分钟供风标准,m³/(min·人);

N——洞内同时工作的最多人数,取 35 人。

$$Q = 3 \times 35 \text{ m}^3/\text{min} = 105 \text{ m}^3/\text{min}$$

b. 按爆破排烟计算。

$$Q_{爆破} = \frac{7.8}{t}\sqrt[3]{A \cdot (S \cdot L_0)^2}$$

式中　t——爆破后通风时间,取 30 min;

S——隧道一次最大开挖断面积,为 53 m²;

A——一次爆破炸药用量,正洞取 166 kg;

L_0——炮烟抛掷长度,m。

$$L_0 = \left(15 + \frac{A}{5}\right) \cdot k_0$$

其中,k_0 为安全系数,取 1.5。

$$L_0 = \left(15 + \frac{166}{5}\right) \times 1.5 \text{ m} = 72.3 \text{ m}$$

$$Q = \frac{7.8}{30}\sqrt[3]{166 \times (53 \times 72.3)^2} \text{ m}^3/\text{min} = 350 \text{ m}^3/\text{min}$$

c. 按稀释洞内使用内燃机废气计算。

$$Q_{内燃} = Q_0 \times \sum P$$

式中 Q_0——内燃机械作业时所需供风量,按 3 $m^3/(min \cdot kW)$ 计;

$\sum P$——进洞内燃机械功率总数。

正洞内内燃动力在出渣时期有装载机 1 台(功率 125 kW)、运渣车 1 台(功率 110 kW)。则需风量为

$$Q_{内燃} = Q_0 \times \sum P = 3 \times (125 + 110) m^3/min = 705 \ m^3/min$$

d. 按最小允许风速计算。

$$Q_{风速} = VS$$

式中 V——允许风速,取 0.25 m/s;

S——隧道断面积,为 53 m^2。

$$Q_{风速} = 0.25 \times 53 \times 60 \ m^3/min = 795 \ m^3/min$$

$$Q_{需} = \max(Q_{人员}、Q_{爆破}、Q_{内燃}、Q_{瓦斯}、Q_{风速})$$

$$= Q_{人员} + Q_{内燃}$$

$$= (105 + 705) m^3/min = 810 \ m^3/min$$

按照规范要求,掌子面需风量选取其上数值的最大值,但考虑人员和机械在洞内同时作业,因此需要风量应考虑两者之和,以确保通风风量。

B. 百米漏风率计算。由于铁路隧道施工规范的漏风计算公式是统计计算式,没有体现风管直径、摩擦阻力、局部阻力等因素对漏风的影响,不能计算风管长距离漏风的压力及漏风率,其表达式为

$$p_{100} = \frac{Q_{扇} - Q}{Q_{扇} \times L} \times 100\%$$

式中 p_{100}——百米漏风率;

$Q_{扇}$——风机风量,m^3/s;

Q——有效风量,m^3/s;

L——风管长度,m。

从式中可以看出,百米漏风率是指在 L 长度下,每 100 m 平均的漏风率。而不同长度的风管压力沿风管的分布不同,总漏风率不等,平均的百米漏风率也不等,因此,上式只能用于同种风管,相同长度,局部阻力相似的管路中,具有很大的局限性。

C. 风压计算。

a. 沿程压力 $\sum h_{沿}$ 为

$$\sum h_{沿} = \lambda \frac{L}{D} \rho / 2V^2$$

式中 λ——风筒摩擦阻力系数,0.015;

L——风筒长度,3 000 m;

D——风筒当量直径,1.4 m;

ρ——空气密度,1.2;

V——风筒内风流速度,10.8 m/s。

$$\sum h_{沿} = (0.015 \times 3\,000/1.4 \times 1.2)/2 \times 10.8^2\ \text{Pa} = 2\,249\ \text{Pa}$$

b. 局压 $\sum h_{局}$。局部压力损失一般按沿程压力损失的10%估算,为225 Pa。

c. 通风阻力。

$$h_{阻} = + \sum h_{沿} + \sum h_{局} = (2\,249 + 225)\text{Pa} = 2\,474\ \text{Pa}$$

D. 风机选型。根据上述计算结果,斑竹林隧道斜井工区出口方向选用2台SDZ-No10型对旋轴流式通风机,通风设备及参数见表14.8。

表14.8 通风设备选择主要参数表

工点	型号	风量/(m³·min⁻¹)	风压/Pa	功率/kW	风管/m
斜井工区	SDZ-No10	900 ~ 1 450	600 ~ 3 650	2×47	φ1.4

5)通风组织机构及设备配置情况

(1)组织机构

建立通风管理小组,全面负责斑竹林隧道通风方案编制、现场实施及调整。配备组长、副组长、技术组、作业班,相关职责如下:

组长:负责通风管理全面工作,属第一责任人。

副组长:全面负责施工通风技术和人员管理,落实通风方案并组织实施,协调与其他工种之间的关系。

技术组:协助项目负责人工作,解决方案实施过程中的细化与修改以及通风效果的检测与评价等。

作业班:负责风机、风管的安装和拆卸、管路的维护和修理、风机运行状况记录以及风机的日常维护,协助技术人员完成通风监测任务。

(2)通风设备配置(表14.9)

表14.9 斑竹林隧道通风设备配置表

序号	类别	名称	型号	参数	数量	备注
1	进口工区	轴流通风机(国产)	SDZ-No10	2×47 kW	2台	进口施工完后将通风机用于横洞工区
		螺旋风管	φ1.4 m	双抗	8 000	进口施工完后将通风管用于横洞工区

续表

序号	类别	名称	型号	参数	数量	备注
2	横洞工区	轴流通风机（国产）	SDZ-No10	2×47 kW	6台	有2台是利用进口工区的通风机
		螺旋风管	φ1.4 m	双抗	12 000	进口施工完后将通风管用于横洞工区
		射流风机	SDS-No710	30 kW	4台	防爆
3	斜井工区	轴流通风机（国产）	SDZ-No10	2×47 kW	1台	用于进口方向工作面
		轴流通风机（国产）	SDZ-No10	2×47 kW	1台	用于出口方向工作面
4	风速测定仪器仪表	中速风表	CFJD25		2台	
5		微速风表	CFJD5		2台	
6		秒表	DHM2		2台	

14.1.5 隧道通风管理制度

1）一般规定

①风机操作人员必须经过培训、考核合格后方能上岗作业，必须严格遵守风机的操作规程，熟悉通风系统性能。

②隧道通风系统必须经过验收合格后方可投入正常运行，运行期间应加强巡视及维护工作，保证通风系统各项性能、技术指标达到设计要求。

③保证隧道24 h连续不间断通风，风量、风压必须满足规范和施工组织设计要求，不得随意停风。

④风机设置两路电源并装设风电闭锁装置，确保正在使用的通风机出现故障后能在10 min内启动备用通风机，保证隧道通风和正常作业不受影响。

⑤对易形成瓦斯聚积的部位必须采取局部通风，当停风区中瓦斯浓度不超过1%时，并在压入式局部通风机及其开关地点附近20 m以内风流中的瓦斯浓度均不超过0.5%时，方可人工开动局部通风机。

⑥有计划停风前须提前通知并撤离洞内所有作业人员，洞外作好警示标志及防护措施。意外停风时应立即停工、断电、撤出洞内所有作业人员。

⑦风机运行实行施工、监理单位双锁双控管理，设置专用电表，每月由施工、监理共同抄表核查。

⑧隧道洞口、通风机附近20 m范围内不得有火源。

⑨通风机安装在洞内时,必须在通风机及控制开关处安装甲烷传感器,报警值为 0.3%。

2)通风系统定期检查制度

①施工单位和监理单位每周对通风系统进行检查,通风管理组每天对通风系统必须作例行检查,通风工必须做好日常巡查。

②通风系统运行正常后,每 10 天进行一次全面人工测风,对掌子面和其他用风地点根据需要随时测风,并做好记录。人工测风结果与自动监控系统的相应时间、位置、风速值进行核对,确保风速满足施工要求。

③每 10 天在风管进出口测量一次风速,并根据图 14.6 计算漏风率,风管百米漏风率不应大于 1%,对风筒漏风情况必须及时修补。

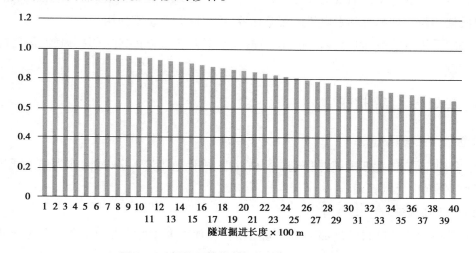

图 14.6　螺旋风管有效风率柱状图(ϕ1.4 m)

④建立通风系统运行管理档案,档案包括各种检查记录、调试记录、测量记录、维护记录、运行记录等。

⑤值班人员每天按班组对通风系统运行情况进行记录,架子队长每天、主管副经理每周分别对运行记录予以审核、签认,并建档保存。

3)通风管理交接班制度

必须实行通风班组交接班制度,经交接双方签字认可,对上一班存在的问题、隐患、需注意事项、仪器设备状态等必须交接清楚,交接班记录由指定负责人每天定时予以审核签字。

4)停风报批制度

①因通风系统检修及其他原因需要主要通风机停止运转,必须提前提出申请,逐级上报,根据停风时间长短由项目部报监理单位审批后方可实施。

②停风时间在 30 min 以内的,由作业队报工区长,工区长报项目生产副经理,再报副总监(或分站长)审核批准后方可停风;停风时间超过 30 min 的,由作业队报项目部总工审核同意后,再报总监(或副总监)审核批准后方可停风。

③停风前必须确保洞内所有人员已经撤离,并切断电源;恢复通风前,必须检测瓦斯浓

度,经当班瓦检工检测,在通风机及开关附近 20 m 以内风流中的瓦斯浓度都不超过 0.5% 时,方可由指定人员开启局部通风机。

5)通风设备管理制度

①通风设备必须严格按照批准的专项通风方案进行配置和安装。

②通风设备必须经过监理验收合格后方可投入正常运行,运行期间应加强巡视及维护工作,保证通风系统正常运行。

③通风机必须设置两路电源并装设风电闭锁装置。停电后,须在 10 min 内启动备用电源。

④如备用电源采用柴油发电机时,其功率必须满足风机正常工作需要,燃油必须配备 1 天以上的使用量。加强日常发电机的维修保养,确保随时能正常使用。

⑤必须采用抗静电、阻燃且 3 000 m 总漏风率不大于 30% 的螺旋焊接风管,风管应按设备进行管理。

14.1.6 隧道通风安全措施

1)通风安全管理措施

以"合理布局、优化匹配、防漏降阻、严格管理、确保效果"20 字方针,作为施工通风管理的指导原则,强化通风管理。

(1)施工通风安全组织机构

①瓦斯隧道施工项目经理部必须建立以项目经理为第一责任人的安全生产管理机构。

②建立以岗位责任制和奖惩制为核心的通风管理制度和组建专业通风班组,通风班组全面负责风机、风管的安装、管理、检查和维修,严格按照通风管理规程及操作细则组织实施。项目部定期根据通风质量给予通风班组兑现奖惩办法。

(2)施工通风主要岗位风险管理标准及管理措施

①测风员风险管理标准及管理措施。

A. 危险源。风表选择不准确;风表不完好;作业环境不完好;测风地点不符合规定,人员操作不熟练;测量数据记录不准确或测风报表填写不正确。

B. 管理标准。测风时,测风员根据风速的大小选择相应量程的风表进行测风。

隧道每 10 天至少进行 1 次全面测风,测风地点、位置、测风周期必须符合有关规定。测风应在专门的测风站进行,在无测风站的地点测风时,要选择测风断面规整、无片帮、空顶、无障碍物、无淋水和前后 10 m 内无拐弯的正洞断面。

测风员在同一地点测风时要测量 3 次,每次测量结果误差不超过 5%,否则加测一次,结果取平均值。每次测量结束,测风人员必须将测量数据准确地填写在测风记录手册和记录牌板上,并编制通风旬报。

每次测量结束,测风员、瓦检员必须将测量数据及时填写在记录手册上并汇报。两人要相互配合。

C.管理措施。工区管理人员随时对测风员测风时选择的风表进行检查,发现选择的风表不符合规定的,应进行处罚。

测风员必须经过培训,熟悉所用风表和其他仪器的性能与参数。熟悉隧道通风系统,掌握各用风地点所需风量。

测风时要避开隧道内行人、行车频繁的时间,避开附近风门开、关频繁的时间,测风时不得有人员、车辆经过。

项目部安质部每旬对测风员所测量的数据与现场实际风量进行校核,发现与现场出入大,应重新测风。

工区技术人员将测风员、瓦检员汇报上的数据进行核查,发现误差大,责令其重新测量。

利用班前会教育员工遵守纪律、增强时间观念。

②通风机司机风险管理标准及管理措施。

A.主要危险源。操作高压电气设备时,未按要求佩戴绝缘用具。未对风机主要部位进行详细检查。未按开停机顺序操作。

B.管理标准。必须经过培训。熟悉通风机结构性能、工作原理、技术特征,以及通风系统和各风门的用途等情况,能独立操作。

作业前必须进行本岗位危险源辨识。遵守劳动纪律,认真填写工作日志,不做与本职工作无关的事情。

通风机设置两路电源并装设风电闭锁装置。当主要通风机发生故障停机时,备用通风机必须在 10 min 内启动,并正常运转。

C.管理措施。不得随意变更保护装置的整定值。操作高压电气设备时应用绝缘工具,并按规定的操作顺序进行。

除故障紧急停机外,严禁无请示停机。

严格按照上级命令进行通风机的启动、停机操作。

2) 风机安装

①风机设置在距洞口不小于 20 m 的位置。

②风机支架应稳固结实,避免运行中振动。

③通风机前后 5 m 范围内不得堆放杂物,通风机进气口应设置铁箅,同时应装有保险装置。

④当洞内风速小于通风要求最小风速时,可布设局扇防止瓦斯聚集。

⑤洞内风机的移动,采用小平板车移动,移动前,提前做好风机支座或支架,以保证洞内不间断的空气循环。

⑥配备同等性能的备用风机。

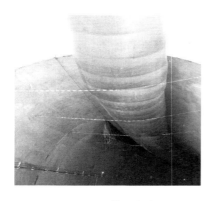

图 14.7　风带兜底方法

3）风管安装

①出厂必须有合格证,使用前进行外观检查,保证无损坏,粘接缝牢固平顺,接头完好严密。通风管采用高强度、抗静电、阻燃且百米漏风率不大于1%的螺旋焊接风管。

②风管挂设应做到平、直,无扭曲和褶皱。在正洞作业时,衬砌地段根据衬砌模板缝每 5 m 标出螺栓位置,未衬砌地段,先由测量工在边墙上标出水平位置,然后用电钻打眼,安置膨胀螺栓。布 8 号铁丝,用紧线器张紧。风管吊挂在拉线下,条件允许的话可采用钢丝绳兜底,如图14.7所示。

③通风管破损时,应及时修补或更换。当采用软风管时,靠近风机部分,应采用加强型风管。通风管的节长尽量加大,以减少接头数量,接头应严密,每 100 m 平均漏风率不大于 1%。

④风管出口距离掌子面不得超过 15 m。

⑤高瓦斯工区布置两条同等型号的风管,一用一备(低瓦斯工区可布置一趟风管),确保隧道连续通风。

4）通风系统日常管理和维护措施

①通风机应有专人值守,按规程要求操作风机,如实填写各种记录。

②风机应尽量减少停机次数,发挥风机连续运转性能。需停机或开启时,根据洞内调度通知进行。为减少风机启动时的气锤效应对风管的冲击破坏,应采用分级启动,分级间隔时间为 3 min。

③控制好风流方向,防止污浊空气形成小循环。

④综合保障班组中应设专职风管维修工。每班必须对全部风管进行检查,发现破损等情况应及时处理。对于轻微破损的管节,采用快干胶水粘补:先将破损部位清洁打毛后,再行粘补;破损口小于 15 cm 时,直接粘补;破损口大于 15 cm 时,先将破口缝合后再行粘补,粘补面积应大于破损面积的30%。粘补后 10 min 内不能送风。对于严重破损的管节,必须及时更换。

⑤因洞内渗水和温度变化的影响,风管内会积水,故应定期排水,以减少风管承重和阻力。

⑥通风机供风的地点必须实行"风电、瓦电"闭锁,保证停风后立即切断停风区域内所有非本质安全型机电设备的电源。

⑦隧道施工期间必须 24 h 连续通风,若因特殊原因不能保证连续通风时,必须立即停工、断电、撤离洞内所有作业人员,并按"7.5.2 无计划停风管理"执行。

14.1.7　无计划停风后的处理措施

①立即停工、断电、撤离洞内所有作业人员。

②启用备用风机,在 10 min 内恢复洞内通风。

③长时间未能恢复通风的,如停风区中瓦斯浓度不超过 1% 时,并在通风机及其开关地点附近 20 m 以内风流中的瓦斯浓度均不超过 0.5% 时,方可人工开动通风机;如停风区中瓦斯浓度超过 1% 但不超过 3% 时,经采取安全措施后,控制风流排放瓦斯后恢复正常通风;如停风区中瓦斯浓度超过 3% 时,必须及时制订安全排放瓦斯措施,经审核批准后,控制风流排放瓦斯后恢复正常通风。

14.1.8　防治瓦斯积聚措施

瓦斯积集是指体积大于 0.5 m^3 的空间内积聚的瓦斯浓度达到 2% 的现象。工区必须从掘进作业、生产管理上采取措施,防止瓦斯积聚。

①易于积聚瓦斯的地点有隧道拱顶塌方部位塌腔内、低风速的顶板附近、台车附近、洞内横通道、各类洞室、断面变化较大位置等,及时处理局部积存的瓦斯,是日常瓦斯管理的重要内容,也是预防瓦斯事故、保证安全生产的关键工作。

②建立稳定、合理、可靠的通风系统,是防止瓦斯聚集的主要措施,合理选择最佳的通风系统,加强通风管理,做到有效、稳定和连续不断,才能将涌出的瓦斯及时冲淡排出,使工作面和隧道瓦斯浓度符合规定要求。加强通风及瓦斯检测,防止洞内瓦斯出现反流,确保通风效果。

③消除瓦斯积聚通常采用的主要方法是向瓦斯积聚地点加大供风量,将瓦斯冲淡排出;在隧道内安设局部通风机,消除局部瓦斯积聚;在二衬台车上部设置局扇 1 台,以吹散该处聚集的瓦斯;及时将盲巷和顶板空洞封闭隔绝。

14.2　斑竹林隧道瓦检与监控专项方案

14.2.1　项目现状

经过对斑竹林隧道的现场调研,发现隧道揭露的天然气储集于龙马溪组泥质灰岩与页岩互层的溶蚀裂隙中以及奥陶系中上统灰岩、泥质灰岩的溶蚀裂隙中,节理裂隙较发育,岩溶中等至强烈发育,储存空间较大,天然气储量较大,发现冒气处距离隧道底约 3 m。其中,进口工区、横洞工区为高瓦斯、突出、自燃隧道工区,洞内移动和固定设备均采用防爆型。设备配置、施工作业程序、施工通风方案、施工管理等应严格按照《铁路瓦斯隧道技术规范》《煤矿安全规程》《防治煤与瓦斯突出规定》等规范相关要求办理,配备相应的安全监控系统以保证项目有序安全施工。建立专职瓦斯、天然气等有害气体的安检机构,配置便携式瓦检仪和瓦斯自动检测报警断电装置,施工中按照巡检制度要求,开展瓦斯等有害气体的监测工作,特别是拱顶、开挖凹凸、坍腔处等瓦斯、天然气易产生积聚部位的监测,并实施不间断连续通风,洞内瓦斯浓度应保证在 0.5% 以下。

本次选用一套 KJ90 隧道综合安全监控监测系统解决以上问题。该系统采用模块化设计,主要解决斑竹林隧道施工过程中的环境安全问题。

14.2.2　各施工工区划分及施工安排

斑竹林隧道起讫里程为 D2K222 +232 ~ D2K230 +910,全长 8 678 m,施工时采用多头掘进,即进口工区、横洞工区、斜井工区可同时进行施工。

进口工区:负责正洞 D2K222 +232 ~ D2K224 +000 段 1 768 m 及 D2K225 +200 ~ D2K226 +750 段 1 550 m 的施工。

横洞工区:负责正洞 D2K224 +400 ~ D2K224 +000 段 400 m 和 D2K224 +400 ~ D2K225 +200 段 800 m 及 D2K226 +750 ~ D2K227 +500 段 750 m 的施工;横洞 1 200 m 施工;平导 3 641.3 m施工。

斜井工区:负责正洞 D2K230 +000 ~ D2K227 +500 段 2 500 m 及 D2K230 +000 ~ D2K230 +910 段 910 m 的施工;斜井 395 m 施工。

14.2.3　瓦斯来源、瓦斯段落及等级

1)瓦斯来源

根据钻探资料,DZ-BZLS 深-01-1#(D2K223 +563.5 右 5.1 m)揭露的天然气储集在志留系下统龙马溪组泥质灰岩与页岩互层的溶蚀裂隙中,节理、裂隙较发育,岩溶弱发育,储存空间较小,天然气储量较小,发现冒气处距离隧道底约 60 m;DZ-BZLS 深-01-2#(D2K224 +601.4 右 10.8 m)揭露的天然气储集在奥陶系中上统灰岩、泥质灰岩的溶蚀裂隙中,节理、裂隙较发育,岩溶中等至强烈发育,储存空间较大,天然气储量较大,发现冒气处距离隧道底约 3 m。

2)瓦斯段落及等级

D2K222 +232 – D2K224 +430(共 2 198 m)为低瓦斯段落;D2K224 +430 ~ D2K224 +720(共 290 m)为高瓦斯段落;D2K224 +720 ~ D2K225 +690(970 m)为低瓦斯段落,D2K225 +690 ~ D2K230 +910(5 220 m)为非瓦斯段落。

14.2.4　设计依据及原则

本方案在设计过程中始终遵循系统应具备高可靠性、先进性、实用性、可扩展性及开放性原则,以满足隧道对监测、监控等管理信息有效获得的需要。设计依据为:

①《矿井通风安全质量标准化标准》。

②《矿井通风安全监测装备使用管理规定》。

③《爆炸性环境用防爆电气设备通用要求》。

④《爆炸性环境用防爆电气设备本质安全型电路和电气设备要求》。

⑤《铁路瓦斯隧道技术规范》(TB 10210—2019)。

⑥《铁路隧道监控量测技术规程》(Q/CR 9218—2015)。

⑦《爆破安全规程》(GB 6722—2014)。

⑧《公路隧道通风照明设计规范》(JTG/T D70/2-01—2014)。

14.2.5　通风方式及通风系统概述

1)进口工区通风方案

进口工区采用单向施工,独头掘进长度为 1 768 m,设计采用双风机、双风管压入式通风,通风机安装在洞口外,风机进风口距横洞洞口不小于20 m。放炮出渣用双风机排烟。当完成 1 768 m 后,继续采用双风机、双风管,压入式通风至 4 000 m,穿过高瓦斯地段。这样,风机可以不进洞,不搞防爆措施,安全度提高。正洞二衬后风机再移入横洞内。

2)横洞工区通风方案

(1)第一阶段

横洞工区第一阶段初期先施工横洞,当横洞掘进到正洞位置后,再分为两个工作面作业,即正洞工作面和平导工作面。正洞先向进口工区掘进,平导向大里程方向掘进;正洞工作面与进口工区贯通后,再向大里程方向掘进;此阶段采用压式通风,正洞工作面最大通风距离约 2 100 m,采用双风机、双风管,平导工作面最大通风距离约 2 400 m。采用单风机、单风管,横洞内铺设 3 根 ϕ1.4 m 风管。通风机安装在洞口外,风机进风口距横洞洞口不小于20 m。

(2)第二阶段

横洞工区与进口工区贯通且向大里程方向掘进到 4 000 m 以后,即进入第二阶段通风,此时将通风机移至 2 号横通道及正洞内,采用巷道式通风,利用横洞进风和正洞回风,必须在横洞设置防爆射流风机,与回风流隔断,避免发生循环通风,此阶段横洞工区有 3 个工作面同时作业,其中正洞 2 个,平导 1 个;正洞工作面最长通风距离约 3 500 m,平导工作面最长通风距离约 3 500 m。

(3)第三阶段

当平导与正洞之间的 6 号横通道贯通后,即进入第三阶段通风,此时将通风机移至 1 号横通道附近,采用射流巷道式通风,利用正洞出风,横洞和平导进风,此阶段通风方案直到与斜井工区贯通为止。此阶段横洞工区有 3 个工作面同时作业,其中正洞 2 个,平导 1 个;正洞工作面最长通风距离约 3 500 m,平导工作面最长通风距离约 3 500 m。

14.2.6　瓦斯人工检测

低瓦斯及高瓦斯隧道施工时,每个工点均成立瓦斯检测班组,聘用经过专业培训合格且

瓦斯隧道综合防治技术及管理实务

取得证件的专职瓦检员,配置专用检测设备开展瓦斯人工检测工作。瓦斯人工检测专职瓦检员和仪器配置见表 14.10 和表 14.11。

1) 瓦斯人工检测专职人员及设备配备

表 14.10　瓦斯人工检测专职瓦检员配置表

序号	工点名称	作业面	专职瓦检员配置人数	值班要求	交接班要求	备注
1	斑竹林隧道	进口工区	3	每天 3 班,每班 8 h,每班 1 人值班进行现场瓦斯人工检测	瓦斯人工检测应 24 h 连续进行,瓦检人员实行隧道内交接班制度	
2		横洞工区	3	每天 3 班,每班 8 h,每班 1 人值班进行现场瓦斯人工检测	瓦斯人工检测应 24 h 连续进行,瓦检人员实行隧道内交接班制度	

表 14.11　瓦斯人工检测仪器配置表

序号	仪器名称	型号	单位	数量	备注
1	光干涉甲烷检测仪		台	3	
2	矿用便携式甲烷检测报警仪		台	3	
3	探杖	5 m	根	3	
4	便携式光干涉式甲烷测定器	10% CJG10	台	4	
5	延长管(光干涉式甲烷测定器用)	胶管	m	50	
6	钠石灰(光干涉式甲烷测定器用)	瓶装	瓶	1	
7	硅胶(光干涉式甲烷测定器用)	瓶装	瓶	1	
8	吸气球		个	6	

2) 人工瓦检地点

①瓦检员进洞时必须在洞内距洞口 30 m,二衬台车部位,防水板作业台架,辅助坑道与正洞交汇处,各预留洞室,掌子面断面变化处、局部坍塌处、超前探孔、加深炮孔及开挖台车距拱顶不大于 30 cm 处等重点部位进行加强瓦斯检测。

②一般每个断面至少检查 6 个点,即拱顶、两侧拱腰、两侧墙角和仰拱底中点各距离坑道周边 20 cm 处,在该 6 点对坑道风流中瓦斯和一氧化碳、硫化氢均应检查。

③节理裂隙处的检查可以沿着裂隙布设测点检测。

3) 检测频率

①一般工序作业面每 2 h 检测一次。

②特殊工序如电焊作业、防水板焊接、塌方处理等重点部位,必须保证全过程检测。

③对通风死角(防水板台车、二衬台车端头、塌腔、断面变化处等)每 2 h 检测一次。

④对瓦斯浓度含量在 0.5% 以下时,每个 0.5 ~ 1 h 检查一次;在 0.5% 以上时,应加强检测频率,随时检查,不得离开掌子面,发现异常及时报告,并采取加强通风措施保证施工过程安全。

⑤适当增加对洞室死角,尤其是对隧道上部、坍塌洞穴、避车洞等各个凹陷处通风不良、瓦斯易集聚的地点增加检测频率;当班末作业的工作面,每班至少检查一次瓦斯情况。

⑥装药前、爆破前、爆破后均必须单独增加检测。根据检测结果判断是否:放炮地点附近 20 m 内风流中的瓦斯浓度达到 0.75% 时,严禁放炮;放炮后必须待工作面及回风中瓦斯浓度降到 0.5% 以上时,方可恢复工作面工作;没有瓦检员检查瓦斯浓度和安全员值班不得放炮。

⑦因临时停电或其他原因,局部风机停止运转,在恢复通风前,首先必须检查瓦斯,并且证实停风区瓦斯浓度不超过 0.5%,局部通风机及开关地点附近浓度不超过 0.5%,方可启动局部通风机,恢复正常供风。

⑧因全面停电,主要通风机停止运转后,必须恢复通风,排出瓦斯。恢复正常供风后,所有受停风影响的地点,必须经通风和瓦斯检查人员检查,根据检查结果证实浓度不超标,危险排除后方可恢复工作。

4)瓦斯人工检测管理制度

①瓦斯人工检测实行 24 h 连续检测,做到专人专面,每一个工作面每班不少于 1 人,每个洞口设置 4 名煤矿专职瓦检员,实行 8 h 轮流倒班制度。瓦检员应携带便携式多参数测定仪(氧气、硫化氢等)。

②落实一岗双责制,带班作业人员、工班长、安全员、洞内掌子面作业机械(含运输车辆)司机及相关管理人员进洞必须随身携带便携式瓦检仪,做到对作业工作面瓦斯浓度即时检测。

③对掌子面、断面变化处、局部坍塌处、洞室、超前钻孔、加深炮孔等重点部位使用光干涉瓦检仪加强检测。

④对炮渣表面瓦斯浓度进行动态检测。

⑤及时填写瓦斯检测手册、台账、公示牌,便于作业人员了解洞内瓦斯情况。监理单位应经常检查人工瓦斯检测制度的落实情况,确保其纳入施工工序管理。

5)瓦斯浓度卡控标准

瓦检员如检测发现瓦斯浓度为 0.5% ~ 0.75% 时,应立即报警,并现场加强检测;瓦斯浓度超过 0.75% 时,立即停工、断电并撤离人员,查明原因,加强通风检测。待该区域瓦斯浓度降低到 0.5% 以下时,方可恢复正常施工。

6)瓦检仪器使用与管理

①成立高瓦斯隧道瓦斯监测组,进行瓦斯人工检测,建立瓦斯自动监控系统,专门负责

瓦斯检测、监控工作。

②瓦斯检测人员必须熟悉瓦斯检测仪器设备性能,且经过有资质的培训机构培训、取得上岗证后持证上岗作业。在瓦斯检测过程中,要严格遵守瓦斯检测的操作规程,随时注意检查各类瓦检仪器,保持完好状态。

③瓦斯监控值班人员必须由专职人员担任,应熟悉瓦斯监控系统功能,掌握瓦斯监控系统操作技能,具备通风、瓦斯基本知识,对瓦斯监控系统、瓦斯异常情况及时上报。瓦斯监控实行 24 h 连续不间断值班制度,严禁擅离职守、脱岗离岗现象发生。

④瓦斯检测、监控人员建立书面交接班制度。

⑤隧道瓦斯自动监控系统必须经过验收合格后方可投入正常运行,监控系统应具有短信息预警功能,条件不具备时进行人工预警。运行期间自动监控系统(含车载式甲烷断电仪)由专职监测电工进行巡视及维护工作,保证系统正常运行。

⑥瓦斯自动监控系统实施连续监测,在掌子面、防水板作业台架、二衬台车前端、洞内距洞口 30 m(或辅助坑道与正洞交汇处)布设甲烷传感器,悬挂位置距拱顶不大于 30 cm 处。根据地质情况适时增设其他有毒有害气体传感器。

⑦严禁随意更改甲烷传感器的报警值、断电值、复电值参数设定,发现各类传感器数据显示异常时,应由监控值班员通知监测电工、瓦检员共同对洞内瓦斯浓度进行验证、核实,根据验证结果采取应对措施。

7)瓦斯检测设备校验制度

①所有仪器每年必须接受省技术质量监督局强制检定一次,保证仪器在强检有效期内。

②相关人员进洞时必须携带瓦斯检查仪器,当班领用当班交回,正确使用妥善保管,严禁私自调校和拆开仪器。

③发放人员每班提前半小时,对使用的仪器进行一次全面详细的完好检查,对便携式甲烷检测报警仪的"零点"、示值,至少使用 1% 的标气进行检测,检查仪器的电压或电源负压值,不完好或误差超标仪器不得发放。使用人员领取仪器后,要检查其完好情况,不合格仪器要立即更换。

④安全监控设备必须定期进行调试、校正,每月至少一次。便携式瓦检仪、甲烷传感器等设备、每 7 天必须使用校准气样和空气样调校一次。每 7 天必须对甲烷超限断电功能进行测试。

8)注意事项

①监控设备之间必须使用专用阻燃电缆或光缆连接,严禁与调度电话或动力电缆共用。

②安装断电控制系统时,必须根据断电范围要求,提供断电要求,并接通洞内电源及控制线。监控设备的供电电源必须取自被控制开关的电源侧,严禁接在被控制开关负荷侧。

③必须每天检查监控设备及电缆是否正常,电缆线是否畅通,使用便携式甲烷检测报警仪或便携式光学甲烷检测仪与甲烷传感器进行对照,并将记录和检查结果报检测值班室,当

两者读数误差大于允许误差时,必须以读数较大者为依据,采取安全措施并必须在8 h内对工种设备调试、校正完毕。

④监控系统中心站必须实时监控全部工作面瓦斯浓度变化及被控制设备的通、断电状态。

⑤监控系统的监测日报必须报分部经理和总工审阅。

⑥安全监控设备布置图和连成图应标明传感器声光报警器、断电器、分站、电源、中心站等设备的位置、接线、断电范围、传输电缆,并根据实际布置及时修改。

9)人工瓦检工作流程及瓦斯检测地点布置

详见图14.8和图14.9。

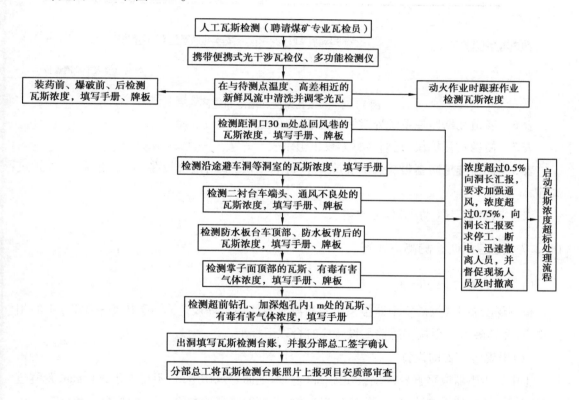

图14.8　人工瓦斯检测工作流程图

10)瓦斯隧道安全管理相关记录表格

表1　瓦斯检测手册,瓦检员人手一册。

表2　瓦斯检查牌板。

表3　瓦斯检查台账。通常1月一本,负责人签阅后存档。

表4　风机供电切换、风机切换及测风记录表。风机供电切换、风机切换每月一次,测风每旬一次。

表5　瓦电、风电闭锁测试记录表。每周一次。

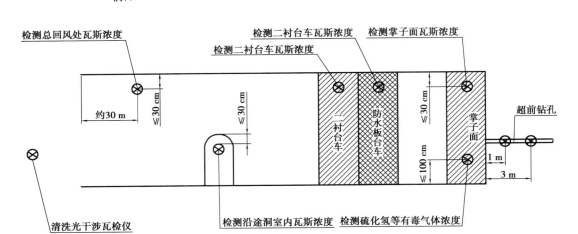

图 14.9　人工瓦斯检测地点布置图

表 6　隧道瓦斯监控系统异常原因分析记录表。

表 7　便携式瓦检仪、瓦斯传感器校正记录表。每 7 天一次。

表 8　瓦斯隧道防爆设备检查记录表。每周一次，包括电气设备、固定机械、行走式机械等。

表 9　特殊工序（动火）作业申请表。

14.2.7　隧道瓦斯检测测点布置

1）测点布置

根据煤炭行业《煤矿安全监控系统及检测仪器使用管理规范》（AQ 1029—2007）中的相关规定，瓦斯隧道内甲烷传感器的设置应符合以下标准。

（1）甲烷传感器的设置

①甲烷传感器应垂直悬挂，距隧道顶部（巷顶、地面建筑物屋顶）不得大于 300 mm，距隧道侧壁（巷帮、地面建筑物墙壁）不得小于 200 mm，并应安装维护方便，不得影响行人和行车。

②在距掌子面平行距离不大于 5 m 处设置甲烷传感器 T_1，在掌子面回风流中距隧道口 10～15 m 位置设置甲烷传感器 T_2；采用串联通风的掌子面，必须在被串通风机前设置甲烷传感器 T_3，具体如图 14.10 所示。

③在采用辅助巷道通风方式时，除设置甲烷传感器 T_1，T_2 和 T_3 外，还需另外在辅助巷道联通位置设置 T_4，如图 14.11 所示。

④《煤矿安全监控系统及检测仪器使用管理规范》中规定："高瓦斯和煤与瓦斯突出矿井的掘进工作面长度大于 1 000 m 时，必须在掘进巷道中部增设甲烷传感器。"因此，当瓦斯隧道长度大于 1 000 m 时，应根据实际情况在隧道中部增加传感器数量，要求每增加 500 m

增加一个甲烷传感器。

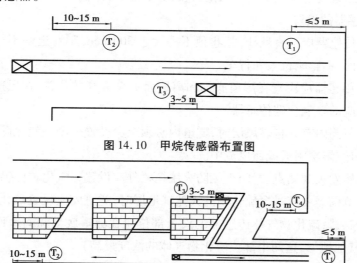

图 14.10　甲烷传感器布置图

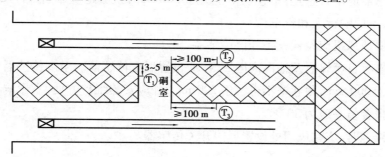

图 14.11　辅助巷道通风方式下甲烷传感器设置

⑤施工隧道内有临时或永久的人行横洞或车行横洞等硐室时,必须在硐室内设置甲烷传感器,硐室内的传感器应设在瓦斯较大的地方,并按照图 14.12 设置。

图 14.12　硐室或人行横洞甲烷传感器设置

⑥隧道施工过程中,运输采用矿用防爆特殊型蓄电池电机车时,必须设置车载式甲烷断电仪或便携式甲烷检测报警仪,矿用防爆型柴油机车必须设置便携式甲烷检测报警仪。

⑦瓦斯抽放泵站传感器的设置:瓦斯隧道的地面瓦斯抽放泵站内,应在距泵站房顶 0.3 m 处安设瓦斯传感器,当空气中瓦斯浓度超过 0.5% 时,发出声光报警信号,抽放泵输入管路中应安设高浓度瓦斯、流量、压力、温度传感器,采用干式泵抽放时,输入管路中的瓦斯浓度低于 25% 时,应发出声、光报警信号。

(2)便携式瓦斯检测仪的设置

①隧道内前探钻孔、抽放钻孔等的施工地点应设置便携式瓦斯检测仪。

②隧道内大型固定的机电设备迎风方向应设置便携式瓦斯检测仪,并与瓦斯浓度—电闭锁相连。

③人行或车行横洞内应设置便携式瓦斯检测仪。

④项目部施工现场管理人员应每人配备便携式瓦斯检测仪。

（3）其他传感器的设置

①一氧化碳传感器应垂直悬挂，距巷顶不得大于 300 mm，距巷道壁不得小于 200 mm，并应安装维护方便，不影响行人和行车。

②二氧化碳传感器应设置在隧道底部和离地面 1.5 m 高的位置，在风速较小的人行洞室内也应设置相应的二氧化碳传感器。

③隧道施工范围内有易自燃煤层时，隧道内必须至少设置一个一氧化碳传感器，地点可设置在掌子面、自燃煤层附近或回风流中。

④隧道内自然发火观测点、封闭火区防火墙栅栏外应设置一氧化碳传感器。

⑤隧道施工范围需要穿过含硫化物的天然气地层时，隧道内应设置硫化氢、二氧化硫等有毒有害气体传感器，硫化物气体传感器的设置部位应在隧道底部和离地面 1.5 m 高的位置（因为相对于其他地方，这两个部位硫化物气体的浓度最高）。

⑥当隧道内运输设备采用柴油机车时，应在掌子面设置氮氧化物（NO，NO₂）传感器。

⑦隧道回风流中设置风速传感器，风速传感器设置位置前后 10 m 内无分支风流、无拐弯、无障碍、断面无变化。当风速低于或超过相关规定值时，应发出声、光报警信号。

⑧温度传感器应垂直悬挂，距巷顶不得大于 300 mm，距隧道壁不得小于 200 mm，并应安装维护方便，不影响行人和行车。

⑨隧道主要通风机应设置设备开停传感器。

⑩隧道揭露有自燃煤层及地温高区域时，应设置温度传感器。温度传感器应垂直悬挂，距巷顶不得大于 300 mm，距巷壁不得小于 200 mm，并应安装维护方便，不影响行人和行车。温度传感器的报警值一般为 30 ℃。

⑪有风门设施时，应在风门处设置风门开关传感器。

2）检测部位

对隧道瓦斯检测设置地点及范围具体要求如下：

①开挖工作面风流、回风流中。

②爆破地点附近 20 m 内的风流中及局部塌方冒顶处。

③局扇附近 10 m 的风流中。

④坑道总回风流中。

⑤各种作业台车和机械附近 20 m 的风流中。

⑥电动机、电缆接头及开关附近 20 m 内的风流中。

⑦隧道洞室中，如变电所、水泵房、水仓、错车道加宽段、车行横通道、人行横通道处。

⑧上下台阶开挖作业面、仰拱及仰拱填充面、二衬作业面煤线或接近地质破碎带处。

⑨超前探孔孔口、孔内，加深炮孔孔内。

14.2.8 系统设计

斑竹林隧道全长 12.758 km,进口工区为低瓦斯工区、横洞(平导)工区为高瓦斯工区,斜井为非瓦斯工区。施工采用进口、横洞(平导)和斜井 3 个工区掘进方式,本设计方案仅涉及隧道进口工区和横洞(平导)工区。

1)系统设备布置图

典型系统设备布置图如图 14.13 所示。

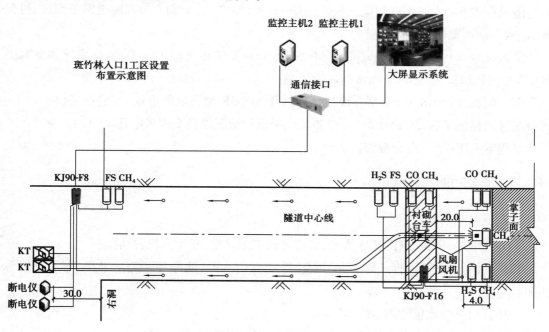

图 14.13 典型系统设备布置图

2)系统设备配置

(1)监控室布置

根据现场实际情况,共设置两个监控室,分别设置在进口工区和横洞工区,具体如下:

①配置监控主机 4 台,用于数据采集记录以及实现双机热备功能。

②配置打印机、不间断电源各 2 台,用于报表打印以及不间断供电。

③配置 KJJ220 地面输出本安型信息传输接口 2 台,用于数据传输交互。

④配置 KXB-220 地面声光报警箱 2 台,用于当隧道内出现危险信号时声光报警。

(2)隧道内设备配置

①共配置 3 台 KJ90-F16(C)型多用途分站,分别安装在进口工区①、洞身平导和横洞工区② 3 个工区的二衬台车,用于环境数据的采集传输。

②共配置 3 台 KJ90-F8(D)型多用途分站,分别安装在进口工区①、洞身平导和横洞工区② 3 个工区的中部,用于环境数据的采集传输。

③共配置 12 台 KG9001C 型高低浓甲烷传感器,每个工区 4 台。分别安装在掌子面、二衬台车、隧道加宽带及总回风等地点,监测瓦斯实时浓度。

④共配 6 台 GTH1000 型一氧化碳传感器,每个工区 2 台。分别安装在隧道掌子面、二衬台车,监测一氧化碳实时含量。

⑤共配置 6 台 GFY15(B)型矿用双向风速传感器,每个工区 2 台。分别安装在进口工区①、洞身平导和横洞工区②3 个工区二衬台车和隧道进口位置,实时监测隧道实时风速(洞身平导和横洞工区②隧道进口位置风速也可共用一台)。

⑥共配置 6 台 GLH200 型硫化氢传感器,每个工区 2 台,分别安装在隧道掌子面、二衬台车,监测工作面硫化氢实时含量。

⑦共配置 3 台 GFT999 型风筒风量传感器,分别安装在进口工区①、洞身平导和横洞工区②3 个工区风筒,监测掌子面新鲜风流风量。

⑧共配置 6 台 GKT0.5L 型开停传感器以及 KDG3K 型馈电断电仪,安装在进口工区①、洞身平导和横洞工区②3 个工区口,监测通风机运行情况以及实现风电瓦斯闭锁。

⑨配置 LTE-1201 声光报警器 2 台。

14.2.9　主要功能及特点

1)数据采集功能

①具有甲烷、风速、风压、CO 浓度、温度等模拟量采集、显示及报警功能。

②具有馈电状态、风机开停工况、风筒状态、风门开关、烟雾等开关量采集、显示及报警功能。

③具有瓦斯抽放量监测、显示功能。

④具有风机运行参数采集及数据、工况曲线显示及异常报警功能。

2)报警及控制功能

①具有甲烷浓度超限及系统异常状态声光报警和自动断电/复电控制功能。

②系统具有地面中心站手动遥控断电/复电功能,并具有操作权限管理和操作记录功能。

③系统具有异地断电/复电功能。

④系统具有移动瓦斯泵闭锁功能。当瓦斯泵排气口下风侧甲烷浓度达到规定时,切断瓦斯泵电源并闭锁;当瓦斯泵排气口下风侧甲烷浓度低于复电浓度时,自动解锁。

3)存储和查询功能

系统具有以地点、名称为索引的存储和查询功能

①显示功能。

a.系统具有列表显示功能。

b.系统能在同一时间坐标上,同时显示模拟量曲线和开关状态图等。

c. 系统具有模拟量实时曲线和历史曲线显示功能；能在同一坐标上用不同颜色显示最大值、最小值、平均值等曲线。

d. 系统具有开关量状态图及柱状图显示功能。

e. 系统具有模拟动画显示功能。显示内容包括通风系统模拟图、相应设备开停状态、相应模拟量数值等。具有漫游、总图加局部放大、分页显示等方式。

f. 系统具有系统设备布置图显示功能。显示内容包括传感器、分站、电源箱、断电控制器、传输接口和电缆等设备的设备名称、相对位置、运行状态等。

②打印功能。系统具有报表、曲线、柱状图、状态图、模拟图、初始化参数等召唤打印功能。报表内容包括模拟量日（班）报表、模拟量报警日（班）报表、模拟量断电日（班）报表、模拟量馈电异常日（班）报表、开关量报警及断电日（班）报表、开关量馈电异常日（班）报表、开关量状态变动日（班）报表、监控设备故障日（班）报表、模拟量统计值历史记录查询报表等。

③人机对话功能。系统具有便捷、人性化人机对话功能，便于系统生成、用户管理、参数设置修改、功能调用、控制命令输入等。

④自诊断功能。系统具有自诊断功能。当系统中传感器、分站、传输通道、电源、断电控制器、传输电缆等设备发生故障时，报警并记录故障时刻和故障设备，以供查询和打印。

⑤双机切换功能。系统具有双机切换功能。系统主机为双机备份，当工作主机发生故障时，备份主机投入工作。

⑥备用电源功能。系统具有备用电源。当电网停电后，可保证系统持续供电时间不少于 2 h。

⑦数据备份功能。系统应具有监测数据人工和自动定时备份功能。

14.2.10　瓦斯异常和超限时采取的施工安全措施

当隧道 CO、CH_4、硫化氢出现超限情况时，应严格按照《铁路瓦斯隧道技术规范》中的规定执行现场通风和安全管理，并参考《煤矿安全规程》和《防治煤矿瓦斯突出规定》制订相应的施工安全措施。

1) CH_4 超限处理措施

根据隧道施工瓦斯实时监测情况，提出以下安全技术措施：

①以实时监测数据的形式及时向施工方通报瓦斯监测信息。当瓦斯出现异常情况时，在上述基础上，提出施工建议并与施工方、隧道管理相关部门共同拟订施工安全措施、瓦斯管理方案，并及时向总监办汇报隧道内的瓦斯超限情况、处理措施和处理效果。瓦斯异常情况以报表形式提出。

②当监测发现 CH_4 超限，浓度超过 0.75% 时，及时通知各主管部门，并通知施工方撤人，打开备用风机，加强通风，及时排除洞内包括瓦斯在内的有毒有害危险性气体。

③根据 CH_4 超限浓度情况，向施工方提出相应的放炮后排烟时间要求，防止瓦斯事故的发生及有毒有害气体对员工身体的伤害。

④密切关注隧道掘进前方的煤层探测情况,防止瓦斯突出事故和瓦斯爆炸事故的发生。

⑤对于隧道拱顶、冒落孔洞、台车顶等容易形成瓦斯局部积聚且通风不良的区域,加强瓦斯浓度检测,避免瓦斯爆炸事故的发生。

2)CO 超限处理措施

为了保障施工人员的身体健康和生命安全,针对隧道中各测点处 CO 超限的具体情况和超限出现的规律,特制订以下预防 CO 中毒的专项安全措施。

①加强放炮后 CO 检测工作,CO 浓度超过安全标准时,应立即撤出该处的工作人员,加强通风,待浓度降至安全标准规定内方可施工作业。

②在 CO 浓度异常地段施工时,施工人员必须佩戴 CO 防护口罩,同时注意休息(在安全地带),避免长时间连续作业。

③发现作业人员有 CO 中毒症状时,按"施工安全与健康及应急救援预案"规定进行施救,中毒轻微者立即到有新鲜空气的地点休息,中毒较重时立即现场人工施救(如人工按压肺部、人工呼吸等),并送至医院进行救治。

④加强员工 CO 中毒安全意识,做好员工自我保护安全知识培训。

⑤数据监测和信息反馈做到及时,出现异常情况采取措施得当,整个过程在准备充分、行动迅速、运作协调中进行。确保隧道施工在安全、高效、管理科学中进行。

3)硫化氢超限处理措施

为了保障施工人员的身体健康和生命安全,针对隧道中各测点处硫化氢超限的具体情况和超限出现的规律,特制订出以下预防硫化氢中毒的专项安全措施。

①加强放炮后硫化氢的检测工作,硫化氢浓度超过安全标准(在空气中的最高容许浓度是 $10 \ mg/m^3$),立即撤出该处的工作人员,加强通风,待浓度降至安全标准规定内方可施工作业。

②在硫化氢浓度异常地段施工时,施工人员必须佩戴防护口罩,同时注意休息(在安全地带),避免长时间的连续作业。

③发现作业人员有硫化氢中毒症状时,按照"施工安全与健康及应急救援预案"规定进行施救,中毒轻微者应立即将伤员转移到空气新鲜处,清除污染衣物,保持呼吸道畅通,立即给氧休息,中毒较重时立即现场人工施救(如人工按压肺部、人工呼吸等),并送医院进行救治。

④加强员工硫化氢中毒安全意识,做好员工自我保护安全知识培训。

⑤数据监测和信息反馈做到及时,出现异常情况采取措施得当,整个过程在准备充分、行动迅速、运作协调中进行。确保隧道施工在安全、高效、管理科学中进行。

14.2.11 瓦斯预警管理机制

①建立隧道施工瓦斯监测预警管理机制,在监测到瓦斯异常变化情况时,及时通报相关

领导和部门责任人,以便采取有效措施,防止瓦斯安全事故的发生。

②根据监测系统监测实时数据,对不同瓦斯浓度监测数据给出预警级别,将瓦斯爆炸预警级别模糊分级为 3 级,分别为正常、警戒和危险。

③按照瓦斯浓度分级:

A. CH_4 <0.5%,正常。

B. 0.5%≤CH_4 <0.75%,应立即报警,并现场加强观测。

C. CH_4≥0.75%,危险,立即停工、断电并撤离人员,查明原因,加强通风检测。

④根据瓦斯浓度预警等级,采取应急措施:

A. 正常,保持监测。

B. 警戒:通知现场施工人员及时采取警戒措施,及时分析 CH_4 升高原因,加强监测,制订排瓦斯方案。

C. 危险:要求停止监测现场一切用电作业,通知立即撤离全部作业人员,立即通知施工单位和总监办相关负责人,及时分析 CH_4 超限原因,加强监测,制订完善的、有针对性的排瓦斯方案。

⑤附相关规范条文。

《公路隧道施工技术规范》(JTG/T F60—2009)和《铁路瓦斯隧道技术规范》(TB 10120—2002)相关条文:

A. 一氧化碳一般情况下不大于 30 mg/m³,特殊情况下,施工人员必须进入工作面时,可为 100 mg/m³,但工作时间不得超过 30 min。

B. 瓦斯按体积计不得大于 0.5%;否则,必须按煤炭工业部现行的《煤矿安全规程》有关规定办理。

C. 通风管靠近开挖面的距离应根据具体情况决定,压入式通风管的送风口距开挖面不宜大于 15 m。

D. 瓦斯地层。

a. 瓦斯溢出地段,应预先确定瓦斯探测方法,并制订瓦斯稀释措施、防爆措施、紧急救援措施等。

b. 瓦斯地层宜采用超前导坑法开挖,探查瓦斯种类和含量,并稀释瓦斯浓度,同时加强通风。

E. 瓦斯地层施工必须采取下列安全措施:

a. 预先对各有关人员进行专门训练,经考试合格确认其已掌握有关防止瓦斯爆炸方面的技术操作知识后,方可担任防爆工作。

b. 装渣运输使用的金属机器和车辆不得与渣体撞击,铲装前必须将石渣冲湿,防止磨擦和碰击火花。

c. 通风用的风筒、风道、风门和风墙等设施,必须按规定制作,保持密闭,防止漏风和松动塌落,施工中应派专人维修和保养。禁止频繁开启风门,确保风流稳定。

d. 风机用电应单独供给，当其他电源因瓦斯超限而被切断时，风机电源必须能正常供电。

e. 组织工地救护组进行专门抢救训练。备齐急救和抢险设备，并指定专人保管，经常保持其良好状态，不得挪作他用。

f. 隧道内严禁使用明火照明，不得带入易燃物品。

F. 瓦斯检测手段可采用瓦斯遥测装置、定点报警仪和手持式光波干涉仪。应重点检测下列地点：

a. 开挖面及其附近 20 m 范围内的风流中。

b. 断面变化交界处上部、导坑上部、衬砌与未初砌交界处上部以及衬砌台车内部等容易积聚瓦斯的地方。

c. 局扇 20 m 范围内的风流中。

G. 应加强瓦斯检查制度，在钻眼、装药、放炮前及放炮后 4 个环节上做好瓦斯巡回检测工作。瓦斯检查应按下列规定执行：

a. 导坑内瓦斯含量在 0.5% 以下时，每隔 0.5 ~ 1 h 检查一次，0.5% 以上时，应随时检查，不得离开开挖面，发现异常应及时报告。

b. 当发现瓦斯含量在 0.5% 时，应加强通风稀释，在瓦斯含量降到允许值后，才可进入检查。

c. 瓦斯检查人员工作时应有安全防护装备。

H. 在低瓦斯工区和高瓦斯工区进行爆破作业时，爆破 15 min 后应巡视爆破地点，检查通风、瓦斯、煤尘、瞎炮、残炮等情况，遇有危险必须立即处理。在瓦斯浓度小于 0.75%，二氧化碳浓度小于 1.5%，解除警戒后，工作人员方可进入开挖工作面工作。

I. 瓦斯隧道施工期间，应建立瓦斯通风监控、检测的组织系统，测定气象参数、瓦斯浓度、风速、风量等参数。低瓦斯工区可用便携式瓦检仪，高瓦斯工区和瓦斯突出工区除便携式瓦检仪外，尚应配置高浓度瓦检仪和瓦斯自动检测报警断电装置并配备救护队。

J. 按瓦斯绝对涌出量计算风量时，对于低瓦斯工区，应将洞内各处的瓦斯浓度稀释到 0.5% 以下；对于高瓦斯工区和瓦斯突出工区，其长度较大的独头坑道，应将开挖工作面风流中的瓦斯浓度稀释到 0.5% 以下；平行导坑仅作巷道式通风的回风道时，其瓦斯浓度应小于 0.75%。

K. 瓦斯隧道施工中防止瓦斯积聚的风速不宜小于 1 m/s。

L. 瓦斯隧道在施工期间，应实施连续通风。因检修、停电等原因停风时，必须撤出人员，切断电源。恢复通风前，必须检查瓦斯浓度。当停风区中瓦斯浓度未超过 0.75%，并在压入式局部通风机及其开关地点附近 10 m 以内风流中的瓦斯浓度均不超过 0.5% 时，方可人工开动局部通风机。当停风区中瓦斯浓度超过 1% 时，必须制订排除瓦斯的安全措施。回风系统内还必须停电撤人。只有经检查证实停风区中瓦斯浓度不超过 0.5% 时，方可人工恢复局部通风机供风的坑道中一切电气设备的供电。

14.2.12　电气设备与作业机械

1）一般规定

①隧道内非瓦斯工区和低瓦斯工区的电气设备与作业机械可使用非防爆型,其行走机械严禁驶入高瓦斯工区和瓦斯突出工区。

②隧道内高瓦斯工区和瓦斯突出工区的电气设备与作业机械必须使用防爆型。

2）施工安全及事故处理

隧道内瓦斯浓度限值及超限处理措施应符合相关规定。

14.2.13　主要设备及参数

1）KJ90-F16（C）矿用本安型分站

（1）产品特点

KJ90-F16（C）矿用本安型分站是一种以基于 ARM 内核的 32 位嵌入式微控制器为核心的嵌入式控制设备,如图 14.14 所示,可挂接多种传感器,能对井下及隧道内多种环境参数如瓦斯、风速、一氧化碳、负压、设备开停状态、读卡器等下级智能设备等进行连续监测,具有多通道、多制式的信号采集功能和通信功能,通过工业以太网能及时将监测到的各种环境参数、设备状态传送到地面中心站,并执行中心站发出的各种命令,及时发出报警和断电控制信号。

图 14.14　KJ90-F16（C）
矿用本安型分站

（2）主要用途、适用范围及类型

①主要用途。

A. 采集各传感器的实测参数,设备运行状况、开停状态。

B. 通过工业以太网快速向地面的系统中心站传送巡检参数。

C. 执行地面中心站发往井下的各种控制命令。

D. 对异常状况进行断电控制。

②适用范围。

A. 矿井下及隧道内所有存在瓦斯和煤尘爆炸危险的场所。

B. 矿井下及隧道内所有需要使用传感器监测、监控各种有毒有害气体及设备运行状态的地方及场所。

③类型。

防爆类型：矿用本质安全型;防爆标志：Exib Ⅰ Mb。

（3）基本功能

①通信功能。分站具有与上级传输接口及下级智能设备的双向通信功能。

②显示功能。

A. 分站具有甲烷、风速、风压、一氧化碳、温度等模拟量采集及显示功能。

B. 分站具有馈电状态、风筒开关、风门开关、烟雾等开关量采集及显示功能。

C. 分站具有累计量采集及显示功能。

D. 分站具有轮流显示下级智能设备传输给分站的数据信息、运行状态、通信状态等功能。

③分站具有红外遥控的功能。

④分站具有控制(含断电和声光报警)的功能。

A. 甲烷浓度超限声光报警和断电/复电控制功能(由分站、传感器、声光报警器、断电器组合完成)。

a. 甲烷浓度达到或超过报警浓度时,能声光报警。

b. 甲烷浓度达到或超过断电浓度时,能切断被控设备电源并闭锁。甲烷浓度低于复电浓度时,能自动解锁。

c. 与闭锁有关的设备未投入正常运行或故障时,能切断该设备所监控区域的全部非本质安全型电气设备的电源并闭锁。当与闭锁控制有关的设备工作正常并稳定运行后,能自动解锁。

B. 甲烷风电闭锁功能(由分站、传感器、声光、断电器组合完成)。

a. 掘进工作面甲烷浓度达到或超过 1.0% CH_4 时,能声光报警;掘进工作面甲烷浓度达到或超过 1.5% CH_4 时,切断掘进巷道内全部非本质安全型电气设备的电源并闭锁;当掘进工作面甲烷浓度低于 1.0% CH_4 时,能自动解锁。

b. 掘进工作面回风流中的甲烷浓度达到或超过 1.0% CH_4 时,能声光报警、切断掘进巷道内全部非本质安全型电气设备的电源并闭锁;当掘进工作面回风流中的甲烷浓度低于 1.0% CH_4 时,能自动解锁。

c. 被串掘进工作面入风流中的甲烷浓度达到或超过 0.5% CH_4 时,能声光报警、切断被串掘进巷道内全部非本质安全型电气设备的电源并闭锁;当被串掘进工作面甲烷浓度低于 0.5% CH_4 时,能自动解锁。

d. 局部通风机停止运转或风筒风量低于规定值时,能声光报警、切断供风区域的全部非本质安全型电气设备的电源并闭锁;当局部通风机或风筒恢复正常工作时,能自动解锁。

e. 局部通风机停止运转,掘进工作面或回风流中甲烷浓度大于 3.0% CH_4,必须对局部通风机进行闭锁使之不能起动,只有通过密码操作软件或使用专用工具方可人工解锁;当掘进工作面或回风流中甲烷浓度低于 1.5% CH_4 时,能自动解锁。

f. 与闭锁控制有关的设备(含分站、甲烷传感器、设备开停传感器、电源、断电控制器、电缆、接线盒等)故障或断电时,能声光报警、切断该设备所监控区域的全部非本质安全型电气设备的电源并闭锁;与闭锁控制有关的设备接通电源 1 min 内,继续闭锁该设备所监控区域的全部非本质安全型电气设备的电源;当与闭锁控制有关的设备工作正常并稳定运行后,能自动解锁。严禁对局部通风机进行故障闭锁控制。

⑤分站具有初始化参数设置和掉电保存的功能。初始化参数可通过中心站软件输入和修改。

⑥分站具有外接备用电源功能。当电网停电后,能对甲烷、风速、风压、一氧化碳、局部通风机开停、风筒状态、下级智能设备等主要监控量继续进行监控。

2)KJ90-F8(D)矿用本安型分站

KJ90-F8(D)矿用本安型分站是一种以基于 ARM 内核的 32 位嵌入式微控制器为核心的嵌入式控制设备(图 14.15),可挂接多种传感器,能对井下及隧道内多种环境参数诸如瓦斯、风速、一氧化碳、负压、设备开停状态、读卡器等下级智能设备等进行连续监测,具有多通道、多制式的信号采集功能和通信功能,通过工业以太网能及时将监测到的各种环境参数、设备状态传送到地面中心站,并执行中心站发出的各种命令,及时发出报警和断电控制信号。

图 14.15　KJ90-F8(D)矿用本安型分站

(1)主要用途及适用范围

①主要用途。

a.采集各传感器的实测参数、设备运行状况和开停状态;

b.通过工业以太网快速向地面系统中心站传送巡检参数;

c.执行地面中心站发往井下的各种控制命令;

d.对异常状况进行断电控制。

②适用范围。

a.矿井下及隧道内所有存在瓦斯和煤尘爆炸危险的场所;

b.矿井下及隧道内所有需要使用传感器监测、监控各种有毒有害气体及设备运行状态的地方及场所。

(2)基本功能

①通信功能。分站具有与上级传输接口及下级智能设备的双向通信功能。

②显示功能。

a.分站具有甲烷、风速、风压、一氧化碳、温度等模拟量采集及显示功能。

b.分站具有馈电状态、风筒开关、风门开关、烟雾等开关量采集及显示功能。

c.分站具有累计量采集及显示功能。

d.分站具有轮流显示下级智能设备传输给分站的数据信息、运行状态、通信状态等功能。

③分站具有红外遥控的功能。

④分站具有控制(含断电和声光报警)的功能。

A.甲烷浓度超限声光报警和断电/复电控制功能(由分站、传感器、声光报警器、断电器组合完成)。

a.甲烷浓度达到或超过报警浓度时,能声光报警。

b.甲烷浓度达到或超过断电浓度时,能切断被控设备电源并闭锁。甲烷浓度低于复电浓度时,能自动解锁。

c.与闭锁有关的设备未投入正常运行或故障时,能切断该设备所监控区域的全部非本质安全型电气设备的电源并闭锁。当与闭锁控制有关的设备工作正常并稳定运行后,能自动解锁。

B.甲烷风电闭锁功能(由分站、传感器、声光、断电器组合完成)。

a.掘进工作面甲烷浓度达到或超过 1.0% CH_4 时,能声光报警;掘进工作面甲烷浓度达到或超过 1.5% CH_4 时,切断掘进巷道内全部非本质安全型电气设备的电源并闭锁;当掘进工作面甲烷浓度低于1.0% CH_4 时,能自动解锁。

b.掘进工作面回风流中的甲烷浓度达到或超过 1.0% CH_4 时,能声光报警、切断掘进巷道内全部非本质安全型电气设备的电源并闭锁;当掘进工作面回风流中的甲烷浓度低于1.0% CH_4 时,能自动解锁。

c.被串掘进工作面入风流中的甲烷浓度达到或超过 0.5% CH_4 时,能声光报警、切断被串掘进巷道内全部非本质安全型电气设备的电源并闭锁;当被串掘进工作面甲烷浓度低于0.5% CH_4 时,能自动解锁。

d.局部通风机停止运转或风筒风量低于规定值时,能声光报警、切断供风区域的全部非本质安全型电气设备的电源并闭锁;当局部通风机或风筒恢复正常工作时,能自动解锁。

e.局部通风机停止运转,掘进工作面或回风流中甲烷浓度大于 3.0% CH_4 时,必须对局部通风机进行闭锁使之不能起动,只有通过密码操作软件或使用专用工具方可人工解锁;当掘进工作面或回风流中甲烷浓度低于 1.5% CH_4 时,能自动解锁。

f.与闭锁控制有关的设备(含分站、甲烷传感器、设备开停传感器、电源、断电控制器、电缆、接线盒等)故障或断电时,能声光报警、切断该设备所监控区域的全部非本质安全型电气设备的电源并闭锁;与闭锁控制有关的设备接通电源 1 min 内,继续闭锁该设备所监控区域的全部非本质安全型电气设备的电源;当与闭锁控制有关的设备工作正常并稳定运行后,能自动解锁。严禁对局部通风机进行故障闭锁控制。

C.分站具有初始化参数设置和掉电保存的功能。初始化参数可通过中心站软件输入和修改。

D.分站具有外接备用电源功能。当电网停电后,能对甲烷、风速、风压、一氧化碳、局部通风机开停、风筒状态、下级智能设备等主要监控量继续进行监控。

3)KXB24 型矿用本安型声光报警器

KXB24 型矿用本安型声光报警器(以下简称"报警器")如图 14.16 所示的特点是具有语音、灯光提示报警功能,安装方便,性能可靠,可长时间连续在井下工作。该产品主要用于矿井下及隧道内配接分站使用。

报警器的基本功能,见表 14.12。

图 14.16　KXB24 型矿用本安型声光报警器

表 14.12　报警器的基本功能

表示状态	输出信号:电流信号/频率信号	报警灯	扬声器
不报警	(1±0.1)mA/200 Hz(±5%)	不闪烁	无声音
报警	(5±0.5)mA/1 000 Hz(±5%)	闪烁	发出语音报警声

4) KG9001C 型高低浓甲烷传感器

KG9001C 型高低浓度甲烷传感器是一种专为满足我国煤矿井下及隧道内甲烷监测需要而研制的矿用本质安全兼隔爆型检测仪表,如图 14.17 所示。它可以连续自动地将煤矿井下或隧道内的甲烷浓度转换成标准的电信号输送给井下监控系统。井下监控系统根据该传感器输出的断电信号实现必要的近、远程设备断电。该传感器还具有就地显示甲烷浓度值,超限声光报警等功能。

图 14.17　KG9001C 型高低浓度甲烷传感器

主要特征如下:

①采用了新型的微单片机和高集成的数字化电路,整机电路结构简单,性能可靠,便于维护、调试。

②具有就地显示甲烷浓度值,超限声光报警等功能。

③采用了新型的开关电源,整机功耗低,增加了信号的传输距离。

④具有故障自检功能,使用、维护方便。

⑤外壳结构采用高强度的不锈钢材料,增强传感器的抗冲击能力。

图 14.18　GTH1000 型矿用一氧化碳传感器

5) GTH1000 型矿用一氧化碳传感器

(1)产品特点

GTH1000 型矿用一氧化碳传感器是一种用于监测煤矿井下巷道及隧道内环境一氧化碳的模拟量传感器,能显示一氧化碳的浓度数据并能与井下监控系统配套使用(图 14.18)。

(2)主要用途和适用范围

①主要用途。传感器主要用于煤矿井下及隧道内的一氧化碳浓度监测。

②适用范围。井下巷道,工作面瓦斯抽放管道等有必要进行一氧化碳浓度监测的场所。

(3)防爆型式、标志

防爆型式:本质安全型;防爆标志:Exib Ⅰ Mb。

(4)主要技术特性

①采用了新型的单片机和高集成的数字化电路,整机电路结构简单,性能可靠,便于维护和调试。

②具有就地显示及信号输出双重功能。

③采用新型开关电源,降低整机功耗,提高信号的带负载能力,增加信号的传输距离。

④增加故障自检功能,便于使用和维护。

⑤外壳结构采用了高强度的不锈钢材料,增强了传感器的抗冲击能力。

6）GLH200 型硫化氢传感器

图 14.19　GLH200 型硫化氢传感器

GLH200 型硫化氢传感器,是一种用于监测煤矿井下巷道及隧道内环境硫化氢浓度的模拟量传感器,能显示硫化氢浓度的数字、超限声光报警,并能与井下监控系统配套使用(图 14.19)。

主要特征如下：

①采用了新型的单片微机和高集成的数字化电路,整机电路结构简单,性能可靠,便于维护和调试。

②具有就地显示和信号输出双重功能。

③采用了新型的开关电源,降低了整机功耗,提高了信号的带负载能力,增加了信号的传输距离。

④增加了故障自检功能,便于使用和维护。

⑤外壳结构采用了高强度的不锈钢材料,增强了传感器的抗冲击能力。

7）GFY15（B）型矿用双向风速传感器

（1）产品特点

GFY15（B）型矿用双向风速传感器（图 14.20）采用差压原理,无转动部件,性能可靠。可长时间连续监测矿井及隧道内总回和各进、回风巷等地的实时风速、风向和风量。

（2）主要用途和适用范围

该产品主要用于煤矿井下及隧道进、回风巷道通风风速、风量测量和风向监测。煤矿井下有毒有害气体通过通风方式排出井口外,因此通风监测是保证矿井安全生产的重要手段。

（3）技术特性

①传感器具有风速、风向、风量检测功能。

②传感器具有输出状态指示功能。

③传感器具有红外遥控设置功能。

④传感器具有声光报警功能。

8）GFT999 型矿用风筒风量传感器

（1）产品特点

GFT999 型矿用风筒风量传感器（图 14.21）采用差压原理,无转动部件,性能可靠。可长时间连续监测矿井及隧道局部通风机内的实时风量与风速。

图 14. 20　GFY15（B）型　　图 14. 21　GFT999 型矿
矿用双向风速传感器　　　用风筒风筒传感器

（2）主要用途和适用范围

该产品主要用于煤矿井下或隧道局部通风机内的实时风量、风速监测。

（3）安全特征

防爆类型：矿用本质安全型；防爆标志：Exib Ⅰ Mb。

（4）技术特性

①传感器具有风量检测功能。

②传感器具有输出状态指示功能。

③传感器具有红外遥控设置功能。

④传感器具有声光报警功能。

9）GKT0. 5L 型开停传感器

（1）产品特点

GKT0. 5L 型开停传感器（图 14. 22）是一种用于监测煤矿井下
及隧道内机电设备（如风机、水泵、局扇、采煤机、运输机、提升机
等）开停状态的固定式监测仪表，具有将检测到的设备开停状况转
换成各种标准信号并传送给矿井生产安全监测系统，最终实现矿井
机电设备开停状态自动监测、控制的功能。该传感器是矿用本质安
全型结构，具有设计新颖合理、安装使用方便、具备红外遥控设置、
OLED 显示、操作简单、性能稳定可靠、抗干扰能力强、功耗低等
特点。

图 14. 22　GKT0. 5L 型
开停传感器

（2）主要用途和适用范围

①主要用途。主要用于机电设备开停状态的连续监测。

②适用范围。井下设备等有必要进行状态监测的场所。

（3）防爆类型及防爆标志

防爆类型：矿用本质安全型；防爆标志：Exib Ⅰ Mb。

（4）技术特性

GKT0.5L 型开停传感器能就地指示被监测设备的开停状态，能通过红外遥控设置传感器的灵敏度和放大倍数。

14.3　欧家湾隧道出口工区供电方案

14.3.1　工程概况

欧家湾隧道全长 1 895 m，最大埋深约 326 m，进口里程 D2K213 +320，出口里程 D2K215 +215，单线隧道，设计为 11.1‰和 11.9‰的单面上坡。全隧除 D2K213 +320 ~ D2K214 +272.592 段位于半径 $R = 800$ m 的右偏曲线之外，其余地段均为直线。

14.3.2　隧道供电系统设计

1）地面供配电

隧道洞外供配电采用 10 kV 和 380/220 V 两级电压。

在洞外场地设 1 座 10 kV 变电所。变电所内高、低压配电装置和变压器均布置在室内，地面变压器容量为 1 000 kV·A。

10 kV 电源由专线引来，变电所高压配电室内设 KYN28A-12 铠装移开式开关柜 13 台，其中 2 台电缆进线、1 台柜为洞外地面变压器供电，3 台柜为洞内变压器供电，2 台柜为无功补偿装置供电，2 台 PT 柜，2 台联络柜，1 台备用。

变电所内选用 S11-1000/10kV 型油浸式变压器一台，室内安装，由高压开关柜馈出电缆至变压器，变压器低压侧通过母线引至低压进线柜，变电所内高、低压电缆均选择矿用交联聚乙烯电力电缆，均采用电缆沟敷设方式。

变电所内地面低压配电部分设 GCS 型低压配电柜 4 台，其中 1 台进线柜、3 台出线柜。该所主要担负洞外空压机及场地照明等用电。

变电所内另设两台 GCS 型低压配电柜供柴油发电机进线及出线用，应甲方要求本次设计考虑采用柴油发电机组发电经升压变压器升压为 10 kV 后投入洞内作为主要通风机备用电源，以保证通风机在一回电源故障时另一回正常工作。

2）洞内防爆供配电

地面 10 kV 电源接入洞口总馈电闭锁开关（高压真空隔爆配电装置），该配电装置型号为 PJG-50/10,结构特征为 B 型,主要用于具有爆炸性危险气体(甲烷混合物)的场所,对额定电压 10 kV,额定频率 50 Hz,额定电流 400 A 以下的三相交流中性点不直接接地的供电系统进行控制、保护和测量,同时作为瓦斯风电闭锁装置的总开关。该配电开关位置设置在进口洞外侧面 20~30 m 处。

在配电开关负方,引出矿用交联铠装电缆(MYJV22-8.7/10 kV 3×35),该电缆作为施工供电总电缆,应沿洞壁架设电缆挂钩悬挂敷设。电缆随着工作面向前推进不断延伸,根据实际情况,建议 500 m 左右为一段,中间接头处通过隔爆高压电缆连接器(LBG1-200/10)连接。

供电总电缆校验:

①按载流量选择。

$$I = \frac{S}{\sqrt{3} U_N}$$

式中　I——进洞电缆最大工作电流,A;

　　　S——视在功率,674.01 kV·A(根据负荷计算);

　　　U_N——供电线路额定电压,10 kV。

$$I = \frac{674.38}{\sqrt{3} \times 10} A = 35.5 A$$

进洞电缆 MYJV22-10kV 3×35 载流量为 172 A(查表),

$$I_x = 172 A > I = 39 A$$

故选用 MYJV22-10kV 3×50 型交联聚乙烯电力电缆,符合要求。

②按允许电压损失校验。

$$\Delta U\% = \Delta up\% PL$$

式中　$\Delta U\%$——进洞电缆电压损失百分数,%;

　　　$\Delta up\%$——进洞电缆每 1 MW·km 的电压损失百分数,0.65%;

　　　P——洞内有功负荷,0.663 25 MW(根据负荷计算);

　　　L——进洞电缆长度,1.6 km。

$$\Delta U\% = 0.65\% \times 0.663 25 \times 1.6 = 1\% < 5\%$$

故选用 MYJV22-10kV 3×35 型交联聚乙烯电力电缆,符合要求。

分支电缆可根据负荷变化,调整相应规格。

随着工作面向前推进,主电缆向前延伸到工区末端时,梯接一台高压隔爆真空配电装置,并由此控制保护隔爆干式变压器。

工作面负荷及隧道照明支路用于掘进工作面施工设备供电及保护,兼顾进洞工区末期隧道照明供电。该支路 10 kV 电源由洞口总馈电开关接入,该支路的高压配电装置选用 PJG-100/10 型,结构特征为 B 型,变压器选用 KBSG-315 kV·A-10/0.4 kV,上述设备安装位置距工作面 200~300 m 处。该支路由一台 KBZ-630/380V 隔爆馈电开关控制并保护,由于工作面施工设备较多,条件较恶劣,因此选用带检漏保护装置的智能型馈电开关,该支路中的工作面投射灯选用矿用隔爆型泛光灯(金卤灯)4 台,型号为 DGS-175/127B,其电源由一台隔爆照明综合保护装置(ZBZ-4/380M)将 380 V 电源转换为 127 V 照明电源供给。其他设备均由相应的独立的防爆启动开关启动并保护。负荷见用电设备负荷表。

由支路馈电开关引出 4 个分支路,并分别由 4 台低压馈电开关控制,实现二级漏电闭锁保护功能。照明综合保护装置将 380 V 电压转换 127 V 照明电压供给照明灯具,同时具有短路、过载、漏电、闭锁及电缆绝缘危险指示功能。隧道照明灯具为隔爆型节能荧光灯[DGS24/127Y(T)24 W],按每 10 m 沿隧道两侧分别各一盏均布,悬挂于隧道两侧上部,每台照明综合保护装置可供约 100 盏灯具供电,照明灯具主供电缆选用矿用移动橡套软电缆(MY-0.38/0.66－3×16＋1×10),每隔 10～20 m 经矿用隔爆型低压电缆接线盒 BHD2-25/660(380)-3T 分支给就近照明灯具,照明灯具的另一进出线嘴可引出线供就近的 1～3 盏照明灯具供电,连接电缆可选用矿用轻型橡套软电缆(MYQ-0.3/0.5－4×2.5),或选用矿用移动橡套软电缆(MY-0.38/0.66－4×4)。

根据经验值

需要系数 KC 选 0.6;

机械效率 η 取 0.9;

功率因数 $\cos \phi$ 取 0.85;

变压器的总容量为:

$$S = \frac{KC \times \sum P}{\eta \times \cos \phi} = \frac{0.6 \times 545}{0.9 \times 0.85} \text{ kV} \cdot \text{A} = 285.17 \text{ kV} \cdot \text{A}$$

根据计算结果及设备规格型号资源情况,变压器选择为 315 kV · A 的矿用隔爆型干式变压器,型号为 KBSG-315 kV · A-10 kV/0.4 kV。

隧道工区洞内用电设备负荷见表 14.13。

表 14.13 洞内用电设备负荷表

序号	负荷名称	电压/kV	设备数量		设备容量/kW		需用系数	$\cos \phi$	$\tan \phi$	计算负荷			变压器容量/kV · A	备注
			全部	工作	全部	工作				有功/kW	无功/kV · A	视在/kV · A		
	工作面负荷													
1	扒渣机	0.38	1	1	90.00	90.00	0.6	0.85	0.62	54.00	33.47			
2	混凝土输送泵	0.38	2	2	180.00	180.00	0.6	0.85	0.62	108.00	66.93			
3	湿喷机械手	0.38	1	1	55.00	55.00	0.6	0.85	0.62	33.00	20.45			
4	电焊机	0.38	3	3	90.00	90.00	0.6	0.85	0.62	54.00	33.47			
5	模板台车	0.38	4	4	88.00	88.00	0.6	0.85	0.62	52.80	32.72			

序号	负荷名称	电压/kV	设备数量		设备容量/kW		需用系数	cos φ	tan φ	计算负荷			变压器容量/kV·A	备注
			全部	工作	全部	工作				有功/kW	无功/kV·A	视在/kV·A		
6	双液注浆机	0.38	3	3	33.00	33.00	0.6	0.85	0.62	19.80	12.27			
7	湿喷机	0.38	2	2	15.00	15.00	0.6	0.85	0.62	9.00	5.58			
8	捣固机	0.38	12	12	26.40	26.40	0.6	0.85	0.62	15.84	9.82			
9	增压泵	0.38	4	4	30.00	30.00	0.6	0.85	0.62	18.00	11.16			
10	场地照明及其他	0.22			50.00	50.00	0.85	0.90	0.48	42.50	20.58			
11	洞内负荷小计		32	32	657	657		0.86		406.94	246.44	475.75		
	同时系数													0.6
	计算负荷									366.25	221.80	285.17	315	

14.3.3　安全监测监控系统

为了连续实时监测隧道内瓦斯浓度、风速、温度等参数的变化情况,当瓦斯超限或无风时及时切断电源,并报警。

在隧道内所有设备,包括运料、运渣车、装载机等,须进行防爆改造,改造应达到《矿用防爆柴油机无轨胶轮车通用技术条件》(MT/T 989—2006)中4.2.4 ~ 4.2.6条及4.3.6条的要求。

14.3.4　附件　洞内设备、电缆选型计算

供电负荷:1 180.35 kV·A。

10 kV 最远供电距离:2 300 m。

1)高、低压电缆的电压降计算

10 kV 电缆的供电能力、距离:5 MW/6 km(240 mm^2)。

35 mm^2 电缆电压降:电缆 0.707%/(MW·km)或 0.010%/(A·km)。

50 mm^2 电缆电压降:电缆 0.515%/(MW·km)或 0.007%/(A·km)。

工区最大负荷为:视在功率 1 180.35 kV·A。

高压电缆电压降:35 mm^2: − 0.42%;50 mm^2: − 0.29%。

0.4 kV 电缆的供电距离:0.5 km 左右;

电压降:25 mm^2　0.340%/(A·km)。

电压降:50 mm^2　0.180%/(A·km)。

电压降:70 mm^2　0.134%/(A·km)。

电压降:95 mm^2　0.105%/(A·km)。

电压降:120 mm^2　0.087%/(A·km)。

电压降:150 mm^2　0.074%/(A·km)。

25 mm^{2}电缆用于照明回路,最大负荷12 kV·A,电流:18 A;当 $L=1\,000$ m 时。电压降:-4.36%,考虑变压器提升 $+5\%$,最远端电压降:-0.06%,可满足要求。

150 mm^{2}电缆主要用于馈电开关的主母线,担负变压器一半的负荷,不大于200 kV·A,电流为343 A,长度不大于100 m。电压降:-2.64%。

120 mm^{2}电缆主要用于馈电开关的主母线,担负变压器一半的负荷,不大于200 kV·A,电流为292 A,长度不大于100 m。电压降:-3.19%。

以上电压降考虑变压器的提升 $+5\%$,可满足要求。

2)高低压开关、电缆的选择

高压开关额定开断电流计算:

首先计算高压供电网络的短路电流及短路容量。取基准容量为100 MV·A,查表得基准电流为5.5 kA,各元件有效电阻值较小,不予考虑,取电力系统短路容量为无穷大,采用标幺值计算方法。

地区电网的电抗及线路的电抗为:

$$X = \frac{S_j}{S_{ks}} + xl\frac{S_j}{U_p^{-2}}$$

式中　X——短路电路阻抗;

S_j——基准容量,取100 MV·A;

S_{ks}——电力系统短路容量,无穷大;

x——线路每千米电抗,0.6 Ω/km;

l——线路长度,2.3 km;

U_p——基准电压,10.5 kV。

$$X = 0 + \frac{100}{10.5^2} \times 2.3 \times 0.6 = 1.26$$

$$I'' = \frac{5.5}{1.26}\text{ kA} = 4.4\text{ kA};$$

$$I_{0.2} = I'' = 4.4\text{ kA}$$

$$I_k = I'' = 4.4\text{ kA}$$

$$i_P = \sqrt{2} \times 1.8 \times 4.4\text{ kA} = 11.2\text{ kA}$$

$$S_s = \frac{100}{4.4}\text{ MV·A} = 23\text{ MV·A}$$

式中 I''——三相短路电流初始值,kA;

$\quad I_{0.2}$——短路后 0.2 s 的短路电流交流分量(周期分量)有效值,kA;

$\quad I_k$——稳态短路电流有效值,kA;

$\quad i_P$——短路峰值电流,短路电流峰值系数取 1.8,kA;

$\quad S_s$——短路容量,MV·A。

短路峰值电流 $i_P = \sqrt{2} \times 1.8 \times 4.4 \text{ kA} = 11.2 \text{ kA} < $ 高压短路器开断能力 25 kA,可满足要求。

考虑线路较长,减少电压降,截面积选 50 mm² 的高压电缆。

低压开关的选择: 低压电缆的阻抗:

$3 \times 95 + 1 \times 50$ mm² 0.246 mΩ/m;

$3 \times 185 + 1 \times 95$ mm² 0.128 mΩ/m;

变压器阻抗:9.92 mΩ

低压侧末端短路时($L \leqslant 500$ m),最小阻抗 $Z = 0.30$ Ω。

$I_d = 455$ A,小于末端开关的断流能力 800 A,QBZ-30 开关可满足要求。

低压电缆热稳定截面积要求 $S \geqslant I \times \sqrt{t/c} = 455\sqrt{0.7/137} = 3.0 \text{ mm}^2$。

主干线路供电电缆截面积均不小于 16 mm²,可满足要求。

3)保护设置

(1)变压器保护

设置:过流、短路、接地保护。

变压器参数:800 kV·A,$I_1 = 36.4$ A;500 kV·A,$I_1 = 23.1$ A,电流互感器变比:50/5 = 10。

变压器的过流保护整定值:$I_{opk} = 1.2 \times 3 \times 36.4/(0.85 \times 10) \text{ A} = 15.4$ A。

一次侧整定保护电流:$I_{op} = 15.4 \times 10 = 154$ A。

变压器二次侧末端短路电流为 767 A,折算到一次侧为:767/(10/0.4) = 30.7 A < 154 A,故变压器的过流保护是保护不到线路末端的,只有靠末端的低压开关的过流、短路保护去保护。因此,也要求电缆要粗一些,以增加短路电流,提高保护的灵敏系数。

(2)低压开关设置

低压开关设置短路、过流、断相、漏电、过负荷等保护,以满足保护要求。

14.4 欧家湾隧道揭煤专项施工方案

14.4.1 工程概况

1)地质情况

欧家湾隧道位于云贵高原北部扬子准地台滇东台褶带。隧区属低、中山侵蚀地貌,地形连绵起伏,陡峻,沟壑、谷溪纵横,隧区海拔 900～1 350 m,相对高差 150～450 m。自然斜坡一般为 10°～60°,局部陡峻,坡度达 70°～80°。基岩出露状况一般,地表植被较发育,多为林地、灌木林、旱地。洞顶村庄零星分布,隧道进口上方、出口下方及洞身附近有公路经过,路宽一般为 3～4 m,路况较差,交通条件一般。

隧区地质构造复杂。断裂、褶曲均比较发育,地层岩体破碎,以东西向构造为主。隧道在区域上位于洋井向斜南东翼与高寨坡江西湾背斜北西翼之间,总体为一单斜构造,隧区内岩层产状为:N40～60°E/20～35°NW。

岩层代表性产状为:N40°E/26°NW,N50°E/32°NW,N55°E/35°NW。次一级断裂、褶曲一般发育。

根据《新建铁路隆昌至黄桶线叙永至毕节段工程场地地震安全性评价报告》,隧区地震动峰值加速度为 0.1 g,地震动反应谱特征周期为 0.35 s。

地勘调研发现在欧家湾隧道附近有小煤矿,具体小煤矿遗留的采空区对隧道的影响范围须通过前探钻孔进行确认。实际施工过程中需防止采空区中有害气体泄出、突水、突泥及塌顶陷底等灾害,对隧道施工人员、隧道工程构成极大威胁。因此,在施工过程中要加强物探对采空区的探测工作,若探出采空区则及时补充钻探核实采空区位置和大小。

2) 施工现状

欧家湾隧道全长 1 895 m,最大埋深 326 m,进口里程为 D2K213+320,出口里程为 D2K215+215,单线隧道,从进口工区独头掘进。隧道为高瓦斯隧道。

D2K213+580～D2K214+020 设计围岩级别为 V 级,衬砌类型为 Vcw(参考图号:叙毕隧工通 01-12),加宽 0,台阶法施工。初期支护参数为:全环四肢格栅钢架,间距 0.8 m/榀;钢筋网采用 ϕ8 钢筋,间距 20×20 cm;拱部设 ϕ42 超前小导管,环向间距 0.4 m,每 2.4 m 一环,每环 26 根,3.5 m/根;拱部设 ϕ22 组合中空锚杆,每延米 10.5 根,3 m/根;边墙设 ϕ22 砂浆锚杆,每延米 11 根,3 m/根;在拱架节点处设锁脚锚杆,每榀 8 根,4 m/根;初支厚度采用 C25 喷射混凝土,厚 25 cm;衬砌厚度采用 C35 混凝土,厚 45 cm。

3) 煤层情况

欧家湾隧道可能穿越煤层及瓦斯含量:根据欧家湾隧道设计报告,该隧道线路穿过二叠系煤系地层,该地层煤层层数较多,有 7～10 层,厚薄不一,其可采煤层为两层,均位于龙潭组上部,隧道布置勘探探孔 3 个,揭煤钻孔记录见表 14.14,其中一号探孔揭示两层煤,第一层在深 140.7～141.2 m,厚度约为 0.5 m(C1 煤层);第二层在深 141.88～143.18 m,深度约为 1.3 m(C1 煤层);二号探孔揭示两层煤,第一层在深 146.9～148.2 m,厚度 1.3 m(C1 煤层);第二层在深 227～227.5 m,厚度 0.5 m(C2 煤层);三号孔揭示两层煤,第一层在深 132.7～135 m,厚度 2.3 m(C1 煤层);第二层在深 135.6～135.9 m,厚度 0.3 m(C1 煤层),第三层在深 137.6～139 m,厚度约 1.4 m(C1 煤层)。深孔揭露煤层瓦斯参数统计见表 14.15。

表 14.14　揭煤钻孔记录表

钻孔编号	揭煤层数	煤层总厚度/m	单层最大厚度/m	隧道洞身揭露煤层数
DZ-EJWS 深-01	2	1.8	1.3	根据区域报告及煤矿勘查报告描述,隧道穿越 P2 地层含煤系地层可能遇到 7~10 层煤及煤线
DZ-EJWS 深-02	2	1.8	1.3	
DZ-EJWS 深-03	4	4.5	2.3	

表 14.15　深孔揭露煤层瓦斯参数统计表

钻孔编号	试验煤层起止高程/m	可采煤层编号	煤层厚度/m	瓦斯压力/MPa	瓦斯放散初速度 ΔP	煤层坚固系数 f	煤层破坏类型	煤层分布地层
DZ-EJWS 深-01	140.7~141.2		0.5	0.82	9.04	0.9	Ⅲ	龙潭组(P21)
	141.88~143.18	C1	1.3	0.82	8.258	0.8	Ⅲ	龙潭组(P21)
DZ-EJWS 深-02	146.9~148.2	C1	1.3	1.09	8.258	0.7	Ⅲ	龙潭组(P21)
	227~227.5	C2	0.5	0.4	6.299			

根据收集的附近煤矿资料,可采煤层瓦斯绝对涌出量 >0.5 m^3/min。计算隧道瓦斯绝对涌出量所需各煤层参数见表 14.16。

表 14.16　计算隧道瓦斯绝对涌出量所需各煤层参数表

煤层编号	煤的密度 t/m^3(相对真密度)	吨煤瓦斯含量/(m·t^{-1})	煤层挥发分/%	衰减系数($d-1$)	瓦斯初始压力/MPa
C1	1.74	6.702 69	11.84	0.023	1.09
C2	1.96	2.853 09	25.31	0.031	0.4

煤尘有爆炸性危险、煤的自燃倾向性为二类(自燃)。

4)煤与隧道的位置关系

根据设计断面图显示,煤层与隧身斜交。施工掘进穿过煤层过程中,煤层从隧底先入隧道,再是下台阶,最后是拱顶。这种揭煤方式属于反向揭煤。隧道掘进过程中,穿过 C1 煤层的预计起始里程为 D2K213+670~D2K213+694(实际里程以现场钻探推测里程为准),揭煤段长度 24 m,煤层距洞口 350 m;穿过 C2 煤层的预计起始里程为 D2K213+876~D2K213+893(实际里程以现场钻探推测里程为准),揭煤段长度 17 m,煤层距洞口 556 m。C1 和 C2 煤层倾角约为 158°。

14.4.2 隧道施工风险

1）瓦斯超限

隧道施工时，煤层采空区积聚的高浓度 CH_4 大量涌出到隧道工作面、隧道拱顶处，可能导致 CH_4 积聚，瓦斯超限。空气中 CH_4 含量过大，造成 O_2 浓度降低，可使人员窒息。

2）瓦斯燃烧及爆炸

瓦斯燃烧及爆炸灾害是指在一定浓度的瓦斯、高温度条件下产生的燃烧及爆炸。一般爆炸比燃烧破坏更大，瓦斯爆炸时产生的高温、高压，形成巨大冲击波，会造成隧道拱部垮塌、设施设备破坏，继而造成人员大量伤亡。爆炸后生成的大量有毒有害气体，致使人员缺氧窒息及中毒死亡。当空气中瓦斯浓度高于 16% 时，遇火不爆炸，但会造成瓦斯燃烧，在火源外围形成稳定的燃烧层，呈浅蓝色或淡青色。产生大量 CO_2，燃烧不充分时则产生大量 CO，造成人员窒息；燃烧时遇一定浓度的瓦斯则发生瓦斯爆炸。

造成瓦斯爆炸灾害及燃烧危险的主要因素如下：

①隧道工作面上拱顶易出现瓦斯积聚，并且瓦斯安全检查不到位。不执行瓦斯安全管理制度。

②隧道工作面遇采空区积存有大量高浓度瓦斯，在气压变化或拱部垮塌等使其突然涌出后，遇有火源可能立即引发瓦斯爆炸。

③瓦斯涌出异常时，没有相应的快速处理的安全技术措施。

④瓦检员空检、漏检、假检现象，导致隧道不能及时发现瓦斯积聚。

⑤隧道工作面的瓦斯传感器失效，分站损坏，维修不及时，导致瓦斯浓度超限，发生了监测"盲点"现象。

⑥隧道突然停电、停风时造成隧道工作面瓦斯积聚。

⑦隧道通风机没有严格按照有关安全规定管理，随意开停。

⑧用风地点风量不足，可能引起局部瓦斯超限或积聚。

⑨明火、电气失爆火、爆破火、机械摩擦火、撞击火、雷电火等均是引燃、引爆火源。

3）煤与瓦斯突出

煤与瓦斯突出是在隧道施工揭露煤层过程中，很短的时间里（几秒钟到几分钟）内，从煤（岩）内部以极快的速度向采掘空间喷出大量的煤与瓦斯，并伴随着强烈的声响和强大机械效应的一种极其复杂的动力效应。煤与瓦斯突出能摧毁洞内设施、破坏通风系统、使风流逆转，并能造成沼气窒息、爆炸和煤流埋人事故，对安全生产带来严重威胁。

4）煤尘爆炸

隧道施工所遇煤层中煤的自燃倾向性为二类（自燃），在施工中，掌子面的回风、施工爆破的震动以及装载机、碴车跑动等产生的震动冲击都容易使大量煤尘飞扬，短时间煤尘量的增加，加之隧道净空局限性，从而达到爆炸浓度，遇明火极易爆炸。煤尘浓度达 300 ~ 400 g/m^3 时，煤尘爆炸威力最大。

14.4.3 施工风险措施

1）防止瓦斯超限措施

①以实时监测数据的形式，及时向施工方通报瓦斯监测信息。当瓦斯出现异常情况时，在上述基础上，提出施工建议并与施工方、隧道管理相关部门共同拟订施工安全措施、瓦斯管理方案，并及时向总监办汇报隧道内的瓦斯超限情况、处理措施和处理效果。瓦斯异常情况以报表形式提出。

②当监测发现 CH_4 超限，浓度超过 0.75% 时，及时通知各主管部门，并通知施工方撤人，打开备用风机，加强通风，及时排除洞内包括瓦斯在内的有毒有害危险性气体。

③根据 CH_4 超限浓度情况，向施工方提出相应的放炮后排烟时间要求，防止瓦斯事故的发生及有毒有害气体对员工身体的伤害。

④密切关注隧道掘进前方的煤层探测情况，防止瓦斯突出事故和瓦斯爆炸事故的发生。

⑤对于隧道拱顶、冒落孔洞、台车顶等容易形成瓦斯局部积聚且通风不良的区域，加强瓦斯浓度检测，避免瓦斯爆炸事故的发生。

2）防止瓦斯燃烧、爆炸措施

洞内需加强通风并尽量杜绝一切火源。

杜绝火源的措施有洞内机械车辆防爆改装、洞内线路配电系统采用防爆装置、洞口设立门禁系统，烟、打火机、手机等电子产品带入洞内，洞内不得使用如电锯、电焊机、电钻等非防爆机具，如特殊情况需要使用，履行动火手续后，由瓦检员、安全员现场跟踪达到动火要求后方可进行动火。

3）防止煤与瓦斯突出

制订揭煤防突措施，防止瓦斯突出。石门揭煤流程图如图 14.23 所示。

①物探。采用地震波反射法对煤层位置、采空区位置及规模的宏观预报。

②超前地质钻孔，如图 14.24—图 14.26 所示。通过超前地质钻孔来预测煤层准确位置。在综合超前地质预测预报结合物探工作的基础上，洞身必须施作一个地质超前钻孔，该孔应在第 I 部开挖前施作。当综合物探有异常时，还应施作 2,3,4,5 号孔，超前钻孔直径为 $\phi108$，钻孔与煤层拱部（仰拱）交点应控制在衬砌开挖轮廓线外 10 m 范围内，确保在洞身开挖时遇到煤层前 10 m 外了解煤层的大致位置。超前钻孔水平距离每 30 m 一环，搭接 10 m，每环 5 孔，每孔长约 32 m。

③地质法预测煤层位置、地层岩性及产状。距煤层垂直距离为 10 m 的位置施作 $\phi89$ 超前钻孔，并取岩（煤）芯，根据超前钻孔验证煤层的具体位置、煤层厚度、煤层倾角及煤层平面方程。并根据钻孔资料相应地修正煤层的平面方程。$\phi89$ 超前钻孔应穿过煤层并进入岩层不小于 0.5 m。根据开挖揭示地层岩性、产状及超前探孔资料对煤层位置进行预测。

确定煤层层位（探测孔）：当超前地质综合预报前方有煤层时，洞身 I 部掌子面在距推测煤层 10 m 垂距处，施作 3 孔 $\phi89$ 探测孔，探测孔布置图、纵断面示意图和平面示意图如图

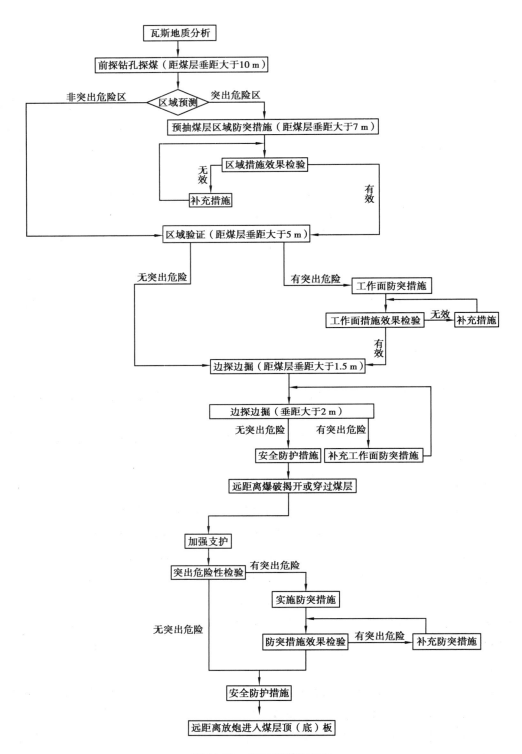

图 14.23　石门揭煤流程图

14.27、图 14.28 和图 14.29 所示。探测孔必须穿透煤层全厚且进入顶（底）板煤层不小于 0.5 m,详细记录岩芯资料,以掌握煤层位置、走向、倾向、倾角、煤层厚度、瓦斯赋存情况等。

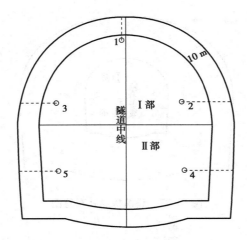

图 14.24　超前钻孔布置图

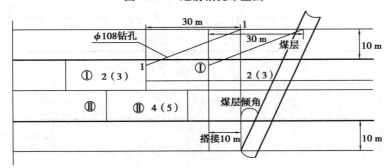

图 14.25　超前地质钻孔纵断面示意图

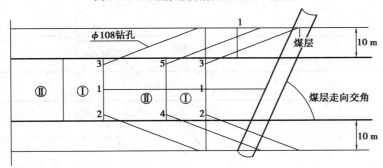

图 14.26　超前地质钻孔平面示意图

洞身 Ⅱ 部分别于掌子面距离推测煤层 10 m 垂距处施作 1 孔 ϕ89 验证孔,对煤层位置、走向、倾向、倾角、煤层厚度等进行验证,验证孔施作要求同探测孔。

④煤与瓦斯突出危险性预测(预测孔)。洞身 Ⅰ 部掌子面距煤层 5 m 垂距处,施作 3 孔 ϕ89 穿透煤层全厚的预测孔,测定煤层瓦斯压力、煤的瓦斯放散初速度与坚固性系数、钻屑瓦斯解吸指标等。为准确测定煤层原始瓦斯参数。预测孔与超前钻孔、探测孔见煤点的间距不小于 5 m。

⑤瓦斯含量测定。揭煤前进行煤与瓦斯突出危险性预测。测定钻孔施工进入煤层后宜

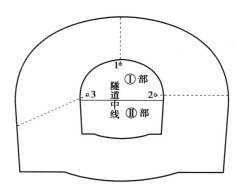

图 14.27　超前探测孔布置图

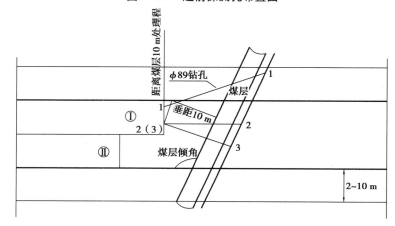

图 14.28　超前探测孔纵断面示意图

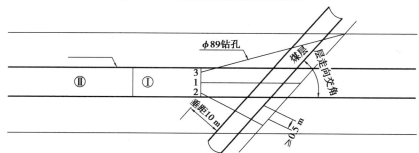

图 14.29　超前探测孔平面示意图

用风排渣,并采集煤样,测定煤层瓦斯含量,若测定的煤层瓦斯含量值大于 7 m³/t(突出危险临界值),则该揭煤工作面有突出危险,需采取防突措施,见表 14.17。

表 14.17　预测石门揭煤工作面突出危险性临界值

钻屑解析指标临界值	
$\Delta h_2(P_Q)$	$K_1/[\text{mL} \cdot (\text{g} \cdot \text{min}^{1/2})^{-1}]$
200(干煤)	0.5(干煤)
160(湿煤)	0.4(湿煤)

⑥防突措施。

A. 区域四位一体综合防突措施。

a. 超前预测。根据探测钻孔取煤样,测定煤层瓦斯含量,若测定的煤层瓦斯含量值大于 7 m³/t(突出危险临界值),则该揭煤工作面有突出危险,需采取防突措施。

根据欧家湾隧道实际情况,本隧道超前预测方法主要采用含量法。

b. 超前防突措施。是指在突出煤层进行采掘前,对突出煤层较大范围采取的防突措施。针对本次揭煤,主要采用穿层钻孔预抽煤层瓦斯的方式。

隧道工作面防突措施采用施工抽放钻孔,最小垂距不得小于 7 m,在实施防突措施时,应进行实际考察,得出符合本隧道工作面的有关参数。

抽放范围与钻孔终孔点控制范围:隧道断面轮廓线外最小垂距 >5 m,隧道轮廓线外的控制范围均要求≥15 m(煤层线方向距离)。

抽放钻孔直径是确定排放效果的主要因素,钻孔直径越大,抽放和卸压效果越好。根据我国煤层赋存和钻进机具、工艺等实际情况,石门掘进工作面超前排放钻孔直径一般采用 ϕ75 ~ 120 mm,在地质条件变化剧烈地带也可采用直径为 42 ~ 75 mm 的钻孔。根据欧家湾隧道煤层赋存情况,采用 ϕ75 mm 直径的抽放钻孔。

抽放钻孔终孔间距暂按 2 m(抽放半径则为 1.0 m)。在现场可根据实际瓦斯含量情况、瓦斯抽放难易程度、预留抽放时间等因素进行考察调整并可采用先进的增透措施提高钻孔抽采效果,加快隧道瓦斯抽采进度。

对于隧道开挖面较大且煤层倾角较小的煤层,由于钻孔长度限制,一个循环不能完全控制揭煤区域的煤层,一般采取多循环抽放方式,即预抽一个循环,经区域效果检验有效后开挖至一定距离,再进行第二循环预抽瓦斯,依次逐步完成区域预抽,在采取此种预抽煤层瓦斯时,为了确保开挖安全,要求每个循环之间需留有至少 10 ~ 15 m 的超前距。

欧家湾隧道多循环控制预抽钻孔布置示意图,如图 14.30 所示。

c. 区域防突措施效果检验。揭煤采用预抽钻孔,以残余瓦斯含量为主,钻屑指标法为辅进行防突措施效果检验。检验指标和临界值与预测指标相同。隧道掌子面检验孔数为 5 个,分别位于其上部、中部、下部和两侧。终孔位置应位于措施孔控制范围的边缘线上,采用与预测孔相同的方法测定瓦斯含量。

如果检验结果的各项指标都在该煤层突出危险临界值以下,则认为措施有效,可在采取安全防护措施的前提下进行掘进;反之,则认为措施无效,应延长排放瓦斯时间,或增加排放孔数量,或采取其他补救措施。再经措施效果检验有效后,方可在采取安全防护措施的前提下进行掘进。

进行区域防突措施效果、检验措施效果、检验孔布置剖面图和终孔布置如图 14.31 和图 14.32 所示。应先进行预抽效果评估,评估达标后才能进行打孔取样检测。

d. 区域验证。当隧道区域措施效果检验所测煤层残余瓦斯含量小于 7 m³/t 时,证明预抽措施效果有效,隧道可以正常掘进到工作面距离煤层垂距为 5 m 时停止掘进,此时进行区

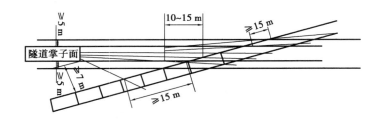

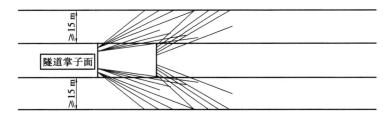

图 14.30　隧道多循环控制预抽钻孔布置示意图

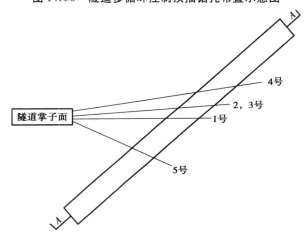

图 14.31　措施效果检验孔钻孔布置剖面图

域验证。如遇到地质构造带应在掌子面距离煤层垂距大于 5 m 时进行区域验证。

　　《防治煤与瓦斯突出规定》第五十七条要求,揭煤工作面进行区域验证,应选用综合指标法、钻屑瓦斯解吸指标法或其他经试验证实有效的方法进行。隧道区域验证(工作面预测、效果检验、验证)选用瓦斯解析指标进行,这里选用瓦斯解析指标中的 K_1 值。具体测定方法如下:

　　钻屑瓦斯解析指标 K_1 值的临界值采用《防治煤与瓦斯突出规定》的推荐值,当有一个测试指标超过临界值时,则判断为具有突出危险性(表 14.18)。

表 14.18　钻屑指标法临界值

钻屑解析指标 K_1/[(mL · (g · min$^{1/2}$) $^{-1}$]	突出危险性
≥0.5	有突出危险
<0.5	无突出危险

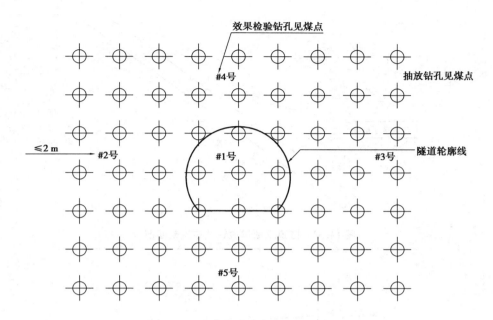

图 14.32　措施效果检验孔终孔布置示意图

B. 局部四位一体综合防突措施。

a. 工作面预测。欧家湾隧道揭煤工作面突出危险性预测采用钻屑瓦斯解析指标法,在揭煤工作面距离煤层最小垂距 5 m 前向隧道所揭煤层的适当位置施加一定数量钻孔,并测定煤层的钻屑瓦斯解析指标。由于《防治煤与瓦斯突出规定》要求每个石门揭煤前,都是对所在区域的突出危险性进行区域验证,所以在石门揭煤前的工作面危险性预测可以和区域验证合并进行。

b. 工作面防突措施。工作面防突措施主要是针对经工作面预测有突出危险的揭煤工作面,主要有抽放瓦斯、排放钻孔、水力冲孔、金属骨架和煤体固化等措施。金属骨架和煤体固化措施,应在采用了其他防突措施并检验有效后方可在揭开煤层前实施。本方案采取排放钻孔措施,实施工作面防突措施时要求揭煤工作面与突出煤层间最小垂距为 5 m。当岩石破碎度较高时,还应适当加大距离。隧道瓦斯排放钻孔布置剖面和平面示意图如图 14.33 和图 14.34 所示。

瓦斯排揭煤防突措施:对于隧道开挖面较大且煤层倾角较小的煤层,由于钻孔长度限制,一个循环不能完全控制工作面防突措施要求控制的范围时,也可采取多循环实施局部措施的方法,隧道多循环瓦斯排放钻孔布置示意图如图 14.35 所示。但在每个循环之间需留有至少 10 ~ 15 m 的超前距。

c. 防突措施效果检验。瓦斯排放措施实施后,应进行瓦斯排放效果检验,以确认是否有效,当检验结果的各项指标都在该煤层突出危险临界值以下,则认为措施有效;否则,认为措施无效,应采取延长排放时间,增加排放孔数量、瓦斯抽放等补救措施(表 14.19)。

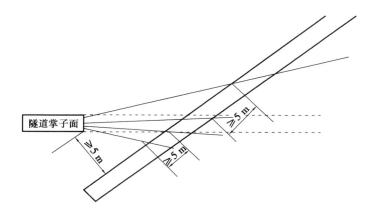

图 14.33　隧道瓦斯排放钻孔布置剖面图

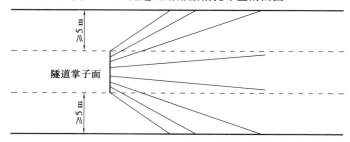

图 14.34　隧道瓦斯排放钻孔布置平面示意图

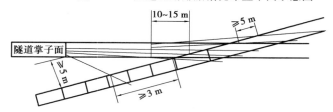

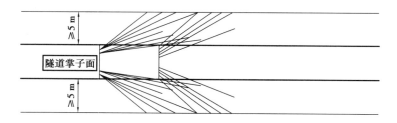

图 14.35　隧道多循环瓦斯排放钻孔布置示意图

表 14.19　预测掌子面掘进工作面突出危险性临界值

Δh_2	最大钻屑量		K_1	突出危险性
P_Q	kg/m	L/m	mL/$(g \cdot min^{1/2})$	
≥200	≥6	≥5.4	≥0.5	突出危险工作面
<200	<6	<5.4	<0.5	无突出危险工作面

　　揭煤采用预抽钻孔,以残余瓦斯含量为主、钻屑指标法为辅进行防突措施效果检验。检验指标和临界值与预测指标相同。隧道工作面检验孔数为 5 个,措施效果检验孔布置剖面图和钻孔如图 14.36 和图 14.37 所示。分别位于掌子面的上部、中部、下部和两侧。终孔位置应位于措施孔控制范围的边缘线上,采用与预测孔相同的方法测定瓦斯含量。

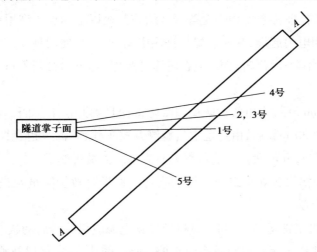

图 14.36　措施效果检验钻孔布置剖面图

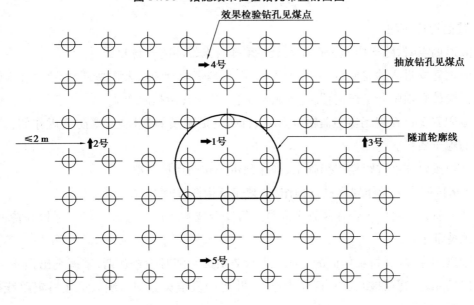

图 14.37　措施效果检验孔终孔布置示意图

　　d. 防突措施效果验证。当隧道区域措施效果检验所测煤层残余瓦斯含量小于 7 m³/t 时,证明预抽措施效果有效,隧道可以正常掘进到工作面距离煤层垂距为 5 m 时停止掘进,此时进行区域验证。如遇到地质构造带应在掌子面距离煤层垂距大于 5 m 时进行区域验证。

⑦安全防护措施。

A. 洞外远距离放炮。隧道揭穿突出煤层前，当预测为突出危险工作面时，必须采取防治突出措施，经效果检验有效后采用洞外远距离放炮揭穿煤层。远距离放炮措施应符合以下要求：

a. 隧道揭煤爆破作业必须使用安全等级三级或三级以上的煤矿许用炸药。

b. 炸药必须采用电力起爆，并使用煤矿许用电雷管，严禁使用秒或半秒级电雷管。

c. 隧道揭煤采用洞外远距离放炮，应在隧道外起爆，隧道内必须停电，停止一切作业，将人员撤至隧道外。

d. 揭煤爆破30 min后，应由救护队员佩戴防毒面具到开挖工作面，对爆破效果、瓦斯浓度等进行检查。通风30 min后，由瓦检人员检测开挖工作面、回风道瓦斯浓度，当开挖工作面瓦斯浓度小于0.5%，方可通知工地负责人允许施工人员进隧道。

e. 揭煤工作应由揭煤领导小组统一协调指挥。揭煤时救护队员及设备在隧道口待命，一旦发生险情立即抢救。

f. 揭煤时，主风机正常运转，备用主风机及二路电源应保持待启动状态。

B. 初期支护时严格按照要求施做超前支护、锚杆、网片、连接筋以及喷锚，严禁钢架拱脚悬空。

C. 其他管理措施。

a. 隧道揭煤时，隧道内施工作业人员必须随身携带隔离式自救器。

b. 隧道建立进入检身制度，并登记管理，严禁携带烟草和点火物品，严禁穿化纤衣服。

c. 瓦检员必须坚守工作岗位，做到勤检多检，严禁瓦斯超限作业。

d. 专职安全员在现场实施监察，严格执行防突措施及效果检验，严防弄虚作假，确保防突工程的施工质量。

e. 必须按允许推进距离组织施工，确保预留的超前保护距离。

f. 严格按照有关操作规程进行操作，严禁违章指挥、违章作业。

g. 开工前必须对施工作业及管理人员进行安全技术培训。爆破、电工、瓦检等特种作业人员必须持证上岗。

h. 隧道揭穿煤层时，工作面的专职瓦斯检查员必须随时检查瓦斯，掌握突出预兆。当发现有突出预兆时，瓦斯检查员有权停止作业，并协助班组长立即组织人员按避灾路线撤出，同时向上报告。

4）防止煤尘爆炸措施

①降水除尘。掌子面爆破完毕后，每两小时对隧道煤尘分布处采用隧道施工用水进行喷雾洒水，防止出碴时粉尘飞扬。

②加强通风。稀释和排除作业地点浮尘，防止过量积尘。

③煤层注水。炮眼打完后，用压力水将煤层预先湿润，以减少爆破产尘量。

5）过煤门

过煤门是指从掌子面揭开煤层一直到穿过煤层顶（底）板 2 m 的全过程。在揭开煤层后，相当于在大面积的突出煤层中开了一个洞。由于隧道周边原来的岩石变成松软的煤层，一方面其抵抗突出能力急剧下降，另一方面进入煤层后，煤与瓦斯突出的动力增加，加之放炮的振动诱导作用，导致发生煤与瓦斯突出的可能性增加，有的甚至在过煤门一段距离后，发生从边墙延时突出的情况。

（1）工作面突出危险性预测

欧家湾隧道揭煤工作面突出危险性预测采用钻屑瓦斯解析指标法，在揭煤工作面距离煤层最小垂距 5 m 前向隧道所揭煤层的适当位置施工钻孔，突出危险性预测钻孔布置如图 14.38 所示。并测定煤层的钻屑瓦斯解析指标。

由于《防治煤与瓦斯突出规定》要求每个石门揭煤前都要对所在区域的突出危险性进行区域验证，所以在石门揭煤前的工作面危险性预测可以和区域验证合并进行。当预测有突出危

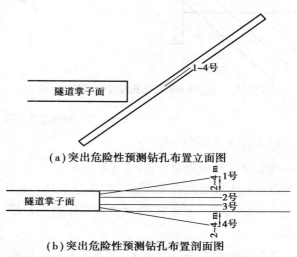

（a）突出危险性预测钻孔布置立面图

（b）突出危险性预测钻孔布置剖面图

图 14.38　过煤门期间突出危险性预测钻孔布置示意图

险时，公司组织研究处理方案后实施，应采取工作面防突措施，经效果检验有效后，方可继续掘进；若预测无突出危险性，则采取边探边掘继续掘进，直到进入距离煤层垂距 2 m 最小垂距处。

（2）工作面防突措施

尽量垂直煤层揭煤，保证一次揭开煤层。揭开煤层后，在执行过煤门工作面突出危险性预测时，只要有一个预测钻孔预测指标超限，则视整个掌子面前方预测钻孔控制范围内煤体均具有突出危险性，应立即进行防突措施。揭开煤层后补充防突措施一般为排放瓦斯，当预测突出危险程序较高、突出危险区域较大时，可采用抽放瓦斯的补充防突措施。钻孔布置示意如图 14.39 所示。

14.4.4　组织管理

1）建立健全各项规章制度

编制各部门、各层次人员的防突责任制；打钻、抽放、瓦斯防治管理办法和制度；隧道施工防突实施细则及相应各工种操作规程，建立防突奖惩制度。

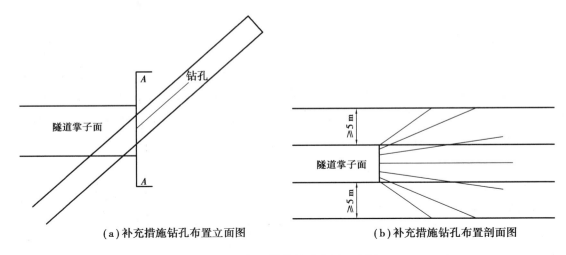

（a）补充措施钻孔布置立面图　　　　　　（b）补充措施钻孔布置剖面图

图 14.39　补充措施钻孔布置示意图

2）揭煤工作领导小组

建立由项目经理总负责,总工程师及相关技术部门（通风、机电、地质测量、工程）、救护队等负责人为成员的方案实施工作领导小组。人员配置表见表 14.20。

总负责人——×××,全面负责工作组织开展,重点是保证人、材、物、资金和奖惩考核工作。

总技术负责人——×××,负责技术工作开展,主要方案、措施编制审批,技术工作的确认和批准,检查方案措施的落实情况。协助项目经理工作,兼常务管理工作。

各业务部门、安全部门、救护队、对应工作的组织落实人,负责本专业工作开展、检查工作,收集各类资料和信息并汇报。

表 14.20　人员配置表

序号	姓名	小组职务	人员情况	联系电话
1		组长	项目经理	
2		副组长	项目常务副经理	
3		副组长	项目总工程师	
4		副组长	项目安全总监	
5		副组长	分部经理	
6		成员	揭煤单位总负责人	
7		成员	揭煤单位技术负责人	
8		成员	工程部部长	
9		成员	安质部部长	
10		成员	分部总工程师	

下设:

通讯联络组　组长:分部办公室主任

技术支持组　组长:分部工程部部长

技术支持组　副组长:分部工区技术主管

抢险救灾组　组长:分部副经理

医疗救护组　组长:分部书记

后勤保障组　组长:分部物资部部长

安全保卫组　组长:分部安全总监

应急救援队　队长:分部工区经理

3)安全管理网络

①建立瓦斯检测中心,负责检查监督瓦斯检测,煤层突出危险性预测和防突措施效果检查以及瓦斯检测仪器的定期校核工作。

②建立通风防爆组,设专人实施瓦斯检测和通风防爆工作。

③隧道施工技术负责人对瓦斯防治工作负责技术责任,组织编制、审批、检查瓦斯防治工作规划、计划和措施。

④隧道项目部项目经理或工区负责人对本工区范围内的瓦斯防治工作负责。

⑤隧道项目部施工安全监察部门负责对瓦斯防治措施进行监督、检查。

⑥瓦斯防治措施计划、人力、物力、财力保障安排由项目技术负责人组织编制,各区段负责人、分管负责人组织实施。

4)人员培训

①对全体员工进行安全教育,普及揭煤防突知识,并按岗位、分工种,分别对通风工、电工、瓦检员、爆破员等进行岗位培训。

②电工、爆破工、瓦斯检测人员,电气设备防爆检查员及仪器、仪表校正人员和突出措施效果检查人员等特种作业人员,必须经地方劳动局、安全监察局等有关部门培训,取得合格证后,方准上岗。

5)技术管理

(1)贯彻执行以瓦斯防治区域措施为主、局部措施为辅的治理理念

瓦斯隧道在瓦斯治理工作中应坚持区域治理措施先行、局部防治措施补充的原则。在隧道揭露煤层之前,应根据隧道瓦斯勘察资料、邻近矿井煤层瓦斯情况对隧道施工区域的煤层进行煤与瓦斯突出危险性预测。当所揭露煤层有危险时,必须采取区域防治措施,并对区域措施进行效果检验。

将超前防突措施的预抽煤层瓦斯等工程与隧道采掘、工程接替、通风调整等统一安排,使隧道施工按比例协调配置,确保在煤层揭露前消除瓦斯灾害威胁。

为了不影响洞内正常施工,超前预测现场工作结束后,必须在 72 h 内提供超前预测

报告。

（2）瓦斯防治规划、计划的编制

瓦斯隧道、煤与瓦斯突出隧道在编制年度、季度、月度建设计划的同时,必须编制年度、季度、月度的防突措施计划,计划内容应包括:

①超前综合防突措施计划;

②抽放煤层瓦斯计划;

③隧道揭穿煤层计划;

④作业面工作面防突措施计划;

⑤防突措施的工程量,完成时间以及所需设备、材料、资金、劳动力等计划。

（3）揭煤措施的制订和实施

预计揭煤方案实行前应提前联系相关部门,准备揭煤所需的材料、机械及其他揭煤所需品。另外,还需提前联系供电部门,说明实际情况,欧家湾隧道电力供应在揭煤期间改为Ⅰ类用户,确保揭煤工作实施时电力供应。如果需要停电,则需提前通知现场、提前准备备用电源设施。

瓦斯隧道施工时,应成立以项目经理为组长、项目副经理、项目总工为副组长、各部门负责人为组员的揭煤防突领导小组,小组下设防突队、地测钻探队、工区长、防突技术员等。

①结合隧道及揭露煤层的具体情况制订本项目的区域和局部揭煤防突措施。

②由项目部防突专门机构编制防突措施,经各相关部门审查、签署意见后,报项目部技术负责人批准。

③防突措施的内容,必须有地质资料、突出预测预报方法、防治突出的具体措施及效果检验方法、安全防护措施、通风系统、采掘工艺、贯彻执行防突措施的责任制、组织措施等,并附相关图表。

④防突措施在施工前应向施工队伍的干部、工人贯彻已批准的防突措施,贯彻后进行考核,合格者方可上岗作业。

⑤施工作业时,应严格执行防突措施的规定并有详细准确的记录。由于地质条件或其他原因不能执行所规定的防突措施的,施工区（队）必须立即停止作业并报告项目部,经技术负责人组织有关人员到现场调查后,由原措施编制部门提出修改或补充措施,并按原措施的审批程序重新审批后方可继续施工;其他部门或者个人不得改变已批准的防突措施。

⑥项目的主要负责人、技术负责人每周应至少一次到现场检查各项防突措施的落实情况。

6）现场管理

现场管理是隧道施工瓦斯防治的重要环节,再好的制度、措施、方法都要靠现场去落实,如果现场管理出现漏洞或流于形式,则难以控制事故的发生。

（1）施工管理

①加强瓦斯防治措施施工人员的职业道德教育和技术技能培训。

②施工现场应有必备的施工牌板,如防突措施牌、瓦斯检测记录牌、施工设计图等标志。

③加强钻孔施工过程中的安全防护,防止打钻突出伤人事故。钻孔施工严格按钻机操作规程作业;钻孔施工地点前方一定范围内,必须进行可靠支护和对洞壁进行严密背护;钻孔施工时,人员不能正对钻孔工作,防止出现瓦斯喷孔伤人;加强打钻地点的瓦斯检查,严禁瓦斯超限作业;注意观测瓦斯突出征兆,有异常情况应及时撤人等。

④建立防突工程(指预测或效果检验、实施防突措施、施工抽放孔等)检查、验收、奖惩制度。钻孔施工前,由防突机构派人按设计参数进行现场精确定孔,钻孔施工人员按现场标定参数施工;施工过程中,项目部管理人员不定期进行监督检查和抽查、指导,发现问题,及时处理;工程完工后,有关部门进行现场验收,验收以设计和上级规定标准进行,若不合格,则重新施工并对相关责任人进行处罚。

⑤在瓦斯防治措施钻孔施工过程中,若遇地质构造,钻孔达不到设计要求或遇钻孔喷孔、卡钻、顶钻严重时,应立即停止作业,向调度室汇报。

⑥若遇所示的揭露煤层赋存发生变化,原设计钻孔参数需要调整时,经现场施工人员提出后,瓦斯防治部门技术人员应到施工现场勘测,提出修改设计,报项目部负责人批准后执行。

⑦对预抽区域进行预抽效果检验,对钻孔未控制的地带和预抽未达到效果的范围,应进行补打钻孔预抽或采取局部防治措施,以达到全面消除危险的目的。

⑧采掘施工队严格按允许进度进行作业,严禁超掘。

⑨对预抽瓦斯区域进行预抽效果检验前,均应先分析、检查预抽区域钻孔的分布等是否符合设计要求,不符合设计要求的不予检验。

(2)加强瓦斯地质和超前探测工作

①瓦斯隧道施工现场瓦斯地质工作极为重要。隧道开工前,必须附有地质说明书;提前预测预报掌子面前方可能出现的煤层赋存和瓦斯涌出情况;施工过程中,发现煤层赋存、煤结构情况和瓦斯情况发生变化时,地质人员及时进行资料搜集和分析,制订并采取相应技术安全措施。

②对隧道施工范围内距离揭露煤层最小垂距小于 10 m 时,必须施工钻孔探煤,确定煤层赋存情况和瓦斯情况(在地质构造破碎带为垂距小于 20 m 时)。

③地质测量部门与通风、瓦斯防治部门共同编制隧道施工区域煤层赋存图,图中标明煤层赋存条件、地质构造、揭煤点的位置、煤层瓦斯基本参数及瓦斯涌出量等资料,作为隧道按煤区域突出危险性预测和制订防突措施的依据。

(3)加强放炮管理

①放炮时导致煤与瓦斯突出的主要诱导环节,因此,放炮管理是防治煤与瓦斯突出工作的重要一环。

②隧道爆破作业规程中,要对爆破参数进行专门设计且编制爆破说明书,对炮眼数量、孔径、孔距、孔深、角度、装药结构、装药量及质量、连线、起爆等加以规定。另外,对炮前撤

人、停电、布岗、炮后撤岗、送电汇报等要有明确规定。

③要求隧道掌子面现场瓦斯员严密观察瓦斯、煤层及突出预兆,有异常及时停工撤人,向项目部汇报,听候处理。

④残炮、瞎炮的处理按有关规定执行。

(4)加强瓦斯汇报和报批工作

①瓦斯检测员上岗时应对洞内人员分布进行清点记录,并做好进出洞人员记录。瓦斯浓度超标时应及时汇报并按照相关规定采取治理措施。

②瓦斯检测员对规定的监测点检查频率应按照规定进行,当发现瓦斯浓度变化异常后,要加大瓦斯检测频率,按规定认真填写记录,严格执行"一炮三检制"。

③瓦斯检测员上岗前应认真检查所用物品,确保仪器、防爆灯电源充足,值班期间不得随意拆卸。

④项目部对重点区域要有专门重点记录,内容包括这些区域的煤层、地质、瓦斯、放炮情况、治理措施内容、测试指标、汇报和领导批示等。

⑤项目部负责人对防突措施、防突报告单、异常情况的处理,应坚持"一支笔"审批。

(5)加强日常技术管理,防患于未然

①加强隧道通风瓦斯管理,防止瓦斯超限作业和局部瓦斯积聚。严格执行瓦斯日常检查工作,瓦斯浓度超过规定值时应停止相关区域内的作业,采取相应的措施,并报项目部进行备案。

②加强隧道前方地质探测工作。在掌握相应的地质资料的基础上,做到有疑必探,当揭露的煤层赋存情况发生变化时应及时记录并修改相应的措施方案。在隧道施工期间,要整理、搜集施工区域内的煤层、瓦斯、地质资料,并绘制素描图件备案。

③电气设备的管理和定期检查。隧道内所有电气设备必须有专人负责检查、维护、检修和调校,并有记录可查。每周应对使用中的防爆电气设备的防爆性能检查不小于两次,杜绝电气失爆。电气设备进入施工区域前,必须进行防爆检查。

④及时处理好塌方空洞。隧道内塌方空洞处是最容易发生瓦斯积聚的地方,因此洞顶部有塌方空洞出现时,应采取相应的加强空洞内的风流措施或者及时充填、封闭空洞,并在其附近加强支护。

⑤采取安全防护措施。隧道在进行揭煤和爆破作业前,必须采取安全防护措施。煤与瓦斯突出隧道的施工作业人员必须随身携带隔离式自救器。

7)瓦斯治理设备材料配备

欧家湾隧道瓦斯治理施工仪器、设备及材料主要由煤层参数测定实验室设备、防突校检设备(DGC、WTC 等)、抽采工程施工设备(钻机、封孔泵、水力冲孔设备等)、配套系统设备(瓦斯抽采系统、瓦斯监控系统、压风系统、供水系统、供电系统等)组成。其中,隧道瓦斯治理施工及效检主要设备,见表14.21。

表 14.21　隧道瓦斯治理施工及校检主要设备表

序号	名称	规格型号	单位	数量	备注
一	抽采工程施工设备				
1	钻机	ZY-750D	台	2	
2	封孔泵	双液封孔泵	台	2	
3	钻机配件及钻头		批	1	
4	钻机开关	匹配钻机	台	2	
5	水力冲孔设备		套	1	根据现场决定
二	施工配备材料				
6	岩芯管	ϕ108 mm	根	5	
7	岩芯钻头	ϕ108 mm	个	5	
8	孔内瓦斯抽采管	PE-KW-ϕ32×2.0 mm	批	1	
9	封孔材料	天固	批	1	
10	其他零星材料		批	1	
三	防突检验设备				
11	WTC		台	2	
12	瓦斯含量直接测定装置	DGC	套	1	
13	瓦斯吸附装置	HCA	套	1	
14	煤质工业分析仪		套	1	
15	孔隙率测定仪		套	1	

注:瓦斯治理工程配套系统主要设备包括瓦斯抽采系统、瓦斯监控系统、压风系统、供水系统、供电系统等设备,由承建方委托相应单位完成,相应设备此处未具体列出。

14.4.5　安全措施

1)管理制度

(1)交接班制度

①严格执行交接班制度:开工进入工作面前,上一班班长必须将本班工作面生产、安全情况与下一班班长进行详细交接。

②瓦斯检查员、值班电工、调度员、监控人员等要坚持手上交接。

③瓦检员实行"三班倒"制度,其他人员实行"两班倒制度"。

（2）领导跟班制度

①项目部领导、安全和工程管理、施工队管理人员要实施分班跟班制度。

②跟班重点帮助解决本班安全及影响生产的实际问题，保证在当班安全的条件下完成生产任务；遇有威胁施工生产安全的事件，及时组织职工按照灾害预防处理计划及应急救援预案规定，再按人员撤出路线组织职工安全撤出灾区。

（3）出入洞人员管理制度

①入隧道人员，必须随身携带隔绝式（压缩氧或化学氧）自救器、穿工作服、佩戴安全帽、人员定位器，进出人员必须在洞口实名登记。

②严禁人员带烟、火入洞，严禁人员酒后入洞。

（4）瓦斯检测与监测制度

①瓦斯人工检测实行 24 h 连续检测，做到专人专面，每一个工作面每班不少于 1 人，每个洞口设置 4 名煤矿专职瓦检员，实行 8 h 轮流倒班制度。瓦检员须携带便携式多参数测定仪（氧气、硫化氢等）。

②落实一岗双责制，带班作业人员、工班长、安全员、洞内掌子面作业机械（含运输车辆）司机及相关管理人员进洞必须随身携带便携式瓦检仪，做到对作业工作面瓦斯浓度即时检测。

③对掌子面、断面变化处、局部坍塌处、洞室、超前钻孔、加深炮孔等重点部位使用光干涉瓦检仪加强检测。

④对炮渣表面瓦斯浓度进行动态检测。

⑤及时填写瓦斯检测手册、台账、公示牌，便于作业人员了解洞内瓦斯情况。监理单位应经常性检查人工瓦检测制度的落实情况，确保其纳入施工工序管理。

（5）通风与瓦斯管理制度

按照欧家湾隧道通风方案建立好施工通风系统（其示意图见图 14.40），设专人定期检查和维护通风系统，保证系统完好可靠。综合考虑隧道独头掘进长度、断面大小、开挖方法、出渣运输方式、设备条件等因素，并参考设计文件，通过分析比较，确定采用压入式通风。压入式通风能很快排除工作面的污浊空气，拆装简单，便于隧道通风。欧家湾隧道采用双风机、双风管配置，一用一备，保证隧道连续通风。

通风管理须遵循以下管理规定：

①洞内必须保证 24 h 连续不间断通风，风机要配备专用的发电机，保证在停电 10 min 内能恢复通风。禁止无计划停电停风，严格执行停风运行审批制度；及时延接工作面风筒，保证风口距掌子面满足 15 m；确保工作面风量满足每人供应新鲜空气 4 m^3/min，风速满足隧道施工通风的风速不小于 0.5 m/s 的规程规定。禁止无风、微风作业。

②瓦检员若检测发现瓦斯浓度为 0.5% ~0.75% 时，应立即报警，并现场加强检测；瓦斯浓度超过 0.75% 时，应立即停工、断电并撤离人员，查明原因，加强通风检测。待该区域瓦斯浓度降到 0.5% 以下时，方可恢复正常施工。严禁瓦斯超限作业。

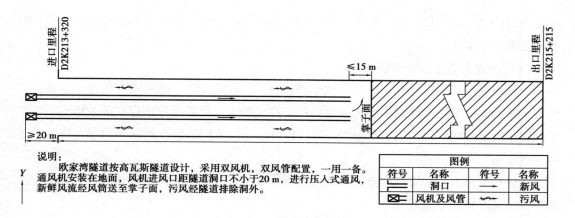

图 14.40　欧家湾隧道通风系统示意图

③临时停风或工作面瓦斯超限时要立即停止工作,按规定撤出人员,切断电源。恢复通风前必须先进行瓦斯检查,瓦斯积聚超限必须制订专门的措施进行处理后方可恢复作业。

④隧道内空气中的氧气浓度低于 18%,其他各种有害气体浓度超过规定标准时,必须及时撤出隧道人员,加强隧道通风以降到允许浓度以下,方可恢复作业。瓦斯浓度超过 3% 时,制订排放瓦斯措施,由救援大队排放瓦斯。

(6)瓦斯日报与监控日报每日审核制度

分部总工程师必须对瓦斯日报、监控日报进行审核,及时处理通风瓦斯问题,发现异常问题后,及时通知项目部。

(7)电气设备设施管理与防爆管理制度

按供电方案建立和完善供电系统,和供电部门须签订供电协议,保证用电 24 h 不间断供电。

①设置供电部门对系统、设置设施进行管理,配备的电工持有合格证上岗。及时安设、维护电气设备设施,保证连续供电。禁止无计划停电。

②机电部门必须经常检查电气设备的完好情况,确保隧道内“三大保护”(接地、过流、漏电)、三专两闭锁的正常运行。

③对入洞电气设备进行防爆检查,杜绝不合格设备入洞;定期在用电气设备防爆检查,杜绝失爆现象。

④严格动火申请许可制度,禁止随意在洞口 20 m(正对洞口 50 m)范围内和洞内动火。

⑤电气设备和防爆设备均由专业电工定时保养并定时切换主、备风机。

(8)先探后掘制度

制订区域雷达探测预报、钻机长孔探测验证、每班探孔保证的施工先探后掘制度;对构造、煤层、水文等异常现象要制订专门措施探明情况采取措施确保安全。禁止超探测距离掘进作业。

(9)安全监管制度

设安全部门和专管人员负责安全管理和培训:对施工作业进行监督管理,保证施工按章作业,符合质量要求,保证施工安全,对员工进行培训、组织安全演练工作、预案学习;处理违章行为或安全事故。

（10）放炮及爆破器管理制度

①进入煤系地层后爆破作业采用煤矿许用炸药,并采用煤矿许用电雷管电力起爆。炸药安全等级不低于三级的煤矿许用含水炸药。在采掘工作面必须使用煤矿瞬发电雷管或煤矿许用毫秒雷管（最后一段的延期时间不大于 130 ms）,不同厂家生产的不同品种电雷管不得掺混使用。

②放炮工作由专门培训合格并持证人员担任;爆破器材的贮存、运输、发放、使用、退还、销毁等必须严格遵守规定。

③揭煤时,要严格按揭煤施工措施对炸药、雷管、放炮线、放炮器等进行测试、控制。

④无论煤层突出与否,均采用震动放炮揭煤。具体要求参照《煤矿安全规程》。

（11）动火管理制度

①需要动火的特殊工序施工前,应严格执行动火申请审批要求。施工时瓦检员、安全员、监理人员必须全过程监测瓦斯浓度,同时对作业地点强化局部通风措施,保证该范围内瓦斯浓度不超过 0.5%。必须在作业区 10 m 范围内配备不少于 2 具灭火器材,安全员跟班作业,确保万无一失。施工现场 20 m 范围不得有可燃物,并设应急水管。作业完成后由专人检查,对现场进行降温,确认无残火后方可结束作业。

②需要动火的特种工序施工时,现场专职瓦检员、安全员、监理人员必须三到位,否则禁止作业。

③需要动火的特种工序施工结束后,对施工中可能产生高温、产生明火的电气焊、防水板焊接、止水带热硫化焊接等小型机具设备进行锁闭,并采取"三把锁"制度。

（12）超前地质预报管理制度

①必须严格按照设计要求施作超前地质预报、超前水平钻、加深炮孔等超前预报工作。

②对瓦斯突出危险地段,设计单位应派相关专业技术人员现场指导钻探作业,并对瓦斯浓度、压力、涌出量及其他不良和特殊地质等做好记录。

③成立专门超前地质预报管理机构,负责协调、配合预报单位开展超前地质预报工作。

④超前地质预报工作人员必须服从现场管理人员的指挥。钻孔作业必须征得现场管理人员的同意后方可进行。

⑤超前地质预报的钻孔过程中,现场必须有瓦检员、安全员现场跟班作业,瓦检员应做好现场瓦斯浓度的检测和预警工作。

⑥监理单位应检查物探预报实施情况,旁站超前钻探并做好记录,建立预报监理管理台账。

⑦超前钻孔施工过程中,遇有毒有害气体涌出、突水突泥等异常情况,或作业面中瓦斯浓度达到 0.75% 时,必须立即停止施钻,不得退出钻杆,并按程序通知相关单位研究处理。

⑧超前钻孔必须采用 Ⅰ 类防爆型钻机,湿式钻孔,严禁干钻,施工过程中专职瓦检员必

须随时检查孔内瓦斯情况,发现异常及时记录、汇报和处理。

⑨超前钻孔有穿越煤层情况的,必须详细记录见煤距离、煤层厚度、瓦斯浓度等。

⑩对需要穿越煤层及采空区的地段,应采用地质调查法形成全洞洞身地质素描,隧道洞身周边 20 m 范围内有煤矿采空区的,应形成煤矿采空区与洞身位置关系图。

2)安全设施配备

(1)瓦斯监控系统

①监控室部分:

a.配置监控主机 2 台,用于数据采集记录以及实现双机热备功能。

b.配置打印机、不间断电源各 1 台,用于报表打印以及不间断供电。

c.配置 KJJ220 地面输出本安型信息传输接口 1 台,用于数据传输交互。

d.配置 KXB-220 地面声光报警箱 1 台,用于当隧道内出现危险信号时声光报警。

②隧道内设备配置:

a.共配置 1 台 KJ90-F16(C)型多用途分站,安装在隧道的二衬台车位置,用于环境数据以及人员数据的采集传输。

b.共配置 1 台 KJ90-F8(D)型多用途分站,安装在隧道的中部,用于环境数据的采集传输。

c.共配置 4 台 KG9001C 型高低浓度甲烷传感器,分别安装在掌子面、二衬台车、隧道加宽带及总回风等地点,监测瓦斯实时浓度。

d.共配置 2 台 GTH1000 型一氧化碳传感器,分别安装在隧道掌子面、二衬台车,监测一氧化碳实时浓度。

e.共配置 2 台 GFY15(B)型矿用双向风速传感器,安装在二衬台车、隧道口,实时监测隧道实时风速。

f.共配置 2 台 GLH200 型硫化氢传感器,安装在隧道掌子面、二衬台车,监测工作面硫化氢实时浓度。

g.共配置 1 台 GFT999 型风筒风量传感器,安装在隧道风筒,监测掌子面新鲜风流风量。

h.共配置 2 台 GKT0.5L 型开停传感器以及 KDG3K 型馈电断电仪,安装在隧道口,监测通风机运行情况以及实现风电瓦斯闭锁。

(2)主要功能及特点

①数据采集功能。

a.具有甲烷、风速、风压、CO 浓度、温度等模拟量采集、显示及报警功能。

b.具有馈电状态、风机开停工况、风筒状态、风门开关、烟雾等开关量采集、显示及报警功能。

c.具有瓦斯抽放量监测、显示功能。

d.具有风机运行参数采集及数据、工况曲线显示及异常报警功能。

②报警及控制功能。

a. 具有甲烷浓度超限及系统异常状态声光报警和自动断电/复电控制功能。

b. 系统具有地面中心站手动遥控断电/复电功能,并具有操作权限管理和操作记录功能。

c. 系统具有异地断电/复电功能。

d. 系统具有移动瓦斯泵闭锁功能。当瓦斯泵排气口下风侧甲烷浓度达到规定时,切断瓦斯泵电源并闭锁;当瓦斯泵排气口下风侧甲烷浓度低于复电浓度时,自动解锁。

③存储和查询功能。系统具有以地点、名称为索引的存储和查询功能。

④显示功能。

a. 系统具有列表显示功能。

b. 系统能在同一时间坐标上,同时显示模拟量曲线和开关状态图等。

c. 系统具有模拟量实时曲线和历史曲线显示功能;能在同一坐标上用不同颜色显示最大值、最小值、平均值等曲线。

d. 系统具有开关量状态图及柱状图显示功能。

e. 系统具有模拟动画显示功能。显示内容包括通风系统模拟图、相应设备开停状态、相应模拟量数值等。具有漫游、总图加局部放大、分页显示等方式。

f. 系统具有系统设备布置图显示功能。显示内容包括传感器、分站、电源箱、断电控制器、传输接口和电缆等设备的设备名称、相对位置、运行状态等。

⑤打印功能。系统具有报表、曲线、柱状图、状态图、模拟图、初始化参数等打印功能。报表内容包括模拟量日(班)报表、模拟量报警日(班)报表、模拟量断电日(班)报表、模拟量馈电异常日(班)报表、开关量报警及断电日(班)报表、开关量馈电异常日(班)报表、开关量状态变动日(班)报表、监控设备故障日(班)报表、模拟量统计值历史记录查询报表等。

⑥人机对话功能。系统具有便捷、人性化人机对话功能,便于系统生成、用户管理、参数设置修改、功能调用、控制命令输入等。

⑦自诊断功能。系统具有自诊断功能。当系统中传感器、分站、传输通道、电源、断电控制器、传输电缆等设备发生故障时,报警并记录故障时刻和故障设备,以供查询和打印。

⑧双机切换功能。系统具有双机切换功能。系统主机为双机备份,当工作主机发生故障时,备份主机投入工作。

⑨备用电源功能。系统具有备用电源。当电网停电后,可保证系统持续供电时间不少于2 h。

⑩数据备份功能。系统应具有监测数据人工和自动定时备份功能。

(3)人员定位系统

人员定位能实时跟踪隧道人员的移动轨迹,多人同时定位。

(4)通信联络系统

为便于隧道内外人员沟通,配备防爆对讲机作为通信联络。洞内管理人员可通过防爆对讲机与洞外人员联系。

（5）压风自救系统

洞内应配备压风自救系统。压风自救系统位于开挖台车、防水板台车上。压风自救系统主管采用 $\phi150$ 钢管,分管采用 $\phi100$ 软管。自救器配备数量:开挖台车每个工序最多施工人员:开挖（11 人）+ 爆破员、安全员、施工队带班（3 人）+ 技术（2 人）,共 16 人,需配备压风自救器 18 个。衬砌台车每个工序最多施工人员衬砌班（8 人）+ 杂工班（6 人）,共 14 人,需配备压风自救器 16 个。

（6）防爆改装系统

进入隧道的机械设备、电气设备、车辆必须满足防爆要求,否则禁止进入隧道。防爆的机械设备、电气设备、车辆应随车（设备）携带出厂合格证（复印件）及定期检查记录。采用加装车载瓦斯监控系统的机械设备、车辆,应随车携带车载瓦斯监控系统检验报告、合格证,以及甲烷超限断电功能测试记录（甲烷超限断电功能测试由监控系统维护人员和驾驶员共同每 7 天进行一次测试）。

3）洞内施工安全

①实施揭开煤层后,需停止工作 24 h,使煤体应力、瓦斯含量得到一定释放。

②煤层参数准确测定后,要及时制订各项专门措施或对本方案进行补充完善。

③洞内爆破后先进行通风,将洞内有害气体排降到安全范围后对路面洒水降尘,防止煤尘漂浮引起的爆炸。

④掘进过程中,当发现实际围岩与设计不符、设计支护不能满足现场需求时,先加强支护后再向相关部门汇报。

4）突发性瓦斯事故应急预案

（1）应急救援组织机构

项目部成立煤系地层施工应急救援领导小组,成员为各部门负责人。办公室设在项目安质部,负责领导小组日常工作。

（2）应急救援组织管理职责

①应急预案总指挥的职能及职责:

a. 分析紧急状态和确定相应报警级别,根据相关危险类型、潜在后果、现有资源和控制紧急情况的行动类型。

b. 指挥、协调应急反应行动。

c. 与企业外应急反应人员、部门、组织和机构进行联系。

d. 协调后勤方面以支援应急反应组织。

e. 通报外部机构,决定请求外部援助。

f. 决定应急撤离。

②应急预案副总指挥的职能及职责:

a. 协助总指挥组织和指挥应急操作任务。

b. 向总指挥提出应采取的减缓事故后果行动的应急对策和建议。

c. 保持与事故现场项目经理的直接联络。

d. 协调、组织和获取应急所需的其他资源、设备以支援观场的应急操作。

e. 组织公司总部的相关技术人员和管理人员对施工现场生产全过程各危险源进行风险评估。

f. 定期检查各常设应急反应组织和部门的日常工作和应急状态。

③相关部门的职能及职责：

a. 安质部：要对项目经理部所属各施工现场的特点以及生产全过程的危险源进行科学的风险评估，完善危险源的风险评估资料信息，确定可能发生事故的应急反应现场指挥中心位置，指导各施工（经营）项目制订培训和演练计划，检查其相关应急反应技能的学习和培训工作，并协助副总指挥做好相关联络、组织救援工作。

b. 物资设备、财务部：制订应急反应物资资源的储备计划，定期检查、监督、落实，收集和建立相关档案，应急预案启动后，按应急需求有效地提供应急反应设备、车辆、资金，及时对事故现场进行应急救援。

c. 综合管理部：制订应急救援行动人力配备计划，协助建立和配置各种应急反应救援小组，并定期检查、监督、落实各应急救援小组的人员变更、数量到位状态，收集和整理相关人力资源信息，建立档案，应急预案启动后，按总体部署，有效地组织应急反应人力资源，及时对事故现场进行应急救援。

d. 工程管理部：根据项目经理部所属施工项目的施工内容及特点，制订其可能出现而必须运用工程技术解决的应急反应方案，整理归档，为事故现场提供有效的工程技术服务并做好技术储备，应急方案启动后，及时提供科学的工程技术方案和技术支持，有效地指导应急反应行动中的工程技术工作。

（3）现场指挥机构的组成、职责

成立应急救援前线指挥组，负责综合协调、安全保卫、宣传教育、灾害救援、医疗救护、后勤保障、事故调查、专家技术、善后处理等工作，具体承担事件的应急救援和处置工作。

①相关救援工作小组的职责及人员组成：

a. 综合协调组：建立、保持与有关部门的沟通渠道和联系方式，承担安全事故的报告，通知领导小组成员立即赶赴事故现场，协调其他各组的抢险救援进展情况，落实上级机关及相关单位领导关于事故抢险救援的指示和批示；按应急救援领导小组要求向上级主管部门及政府有关部门请求支援。

b. 安全保卫组：组织协调保卫人员和地方警力对事故现场及周边地区和道路进行警戒、控制，组织人员疏散。

c. 宣传教育组：统筹协调事故应急处理和抢险救援的新闻报道工作，避免负面报道事件处理造成不利影响，并应根据国家法律法规和上级要求决定突发事件是否予以公告；负责员工、群众宣传教育工作，稳定员工、群众情绪，解除恐慌心理，防止矛盾激化。

d. 救灾救援组：组织各类进场力量（设备、物资、人员）积极开展救灾救援，协调警力和消防、救护等专业抢险队伍进行抢险救援。

e. 医疗救护组：组织协调就近医疗单位对伤亡人员实施救治和处理。

f. 后勤保障组：组织协调有关部门落实运输保障和物资保障工作。

g. 事故调查组：参与现场勘查、取证，配合上级调查组开展事故调查处理工作。

h. 专家技术组：组织有关专家为抢险救援工作提供技术支持。

i. 善后处理组：处理善后工作。

②预防机制及行动。

按照分级管理制度、独立负责的工作原则，结合实际不断完善和处理突发事件预测、预想、预防措施，采取动态监管机制，开展查安全思想、查制度、查事故隐患、查危险源辨识和控制的"四查"工作，必须坚持把治理和整改隐患落到实处。始终坚持思想认识上的警钟长鸣，制度上严密有效，系统支持上准确到位，技术支撑上坚强有力，及时采取有效措施把隐患消灭在萌芽阶段。

按照科学严谨、规范有序的工作原则，制订相应的应急处置预案。切实加强预案的传达、培训和模拟演练，使员工熟知预案，提高自身保护和抗灾、救灾能力。定期检查本单位各项应急预案的落实情况，适时组织应急救援演练。遇到险情，要立即启动相关应急预案，开展有效的处理现场救援工作，并及时报告。

③应急救援物资和设备。现场储备足够满足现场救援的各种应急救援物资（表14.22）、设备和资金，做到对救援设备和物资定期检查、维护与更新，保证始终处于完好状态，利于救援工作及时开展。

表14.22　应急抢险设备物资表

序号	设备名称	单位	数量	用途	存放点
1	指挥车	辆	2	应急指挥等	项目部
2	挖掘机	台	1	应急指挥	施工现场
3	装载机	台	1	应急指挥	施工现场
4	运输车辆	台	3	抢修	施工现场
5	救护车	台	1	急救	施工现场
6	常用急救箱	个	4	急救	现场值班室
7	急救担架	个	12	急救	现场值班室
8	常用急救药品		若干	急救	现场值班室
9	止血绷带纱布		若干	急救	现场值班室
10	氧气袋	个	10	急救	现场值班室

续表

序号	设备名称	单位	数量	用途	存放点
11	灭火器	个	20	应急	施工现场
12	消防砂	方	100	应急	施工现场
13	木材	方	若干	应急物资	施工现场
14	抽水机	台	12	应急设备	现场值班室
15	各类钢材	吨	若干	应急物资	施工现场
16	常用设备		若干	应急工具	施工现场
17	警报器	个	4	应急	施工现场
18	应急型防爆矿灯	个	40	应急	施工现场
19	200 kW 发电机	台	1	应急	施工现场

（4）处理突发事件应急预案的原则

①施工前期,针对在施工中可能出现的特殊危险情况,提前预测,并制订生产安全事故应急救援预案,建立应急救援组织及配备应急人员,配备必要的应急救援器材、设备,以防突发事件,并定期组织演练,确保施工安全。

②突发事件是指在现场施工过程中,出现塌方、突泥涌水、煤与瓦斯突出、人员伤害、火灾、瓦斯燃烧爆炸等原因造成中断施工的非正常情况。

③对处理突发事件须牢固树立安全第一的思想,坚持高度集中、统一指挥的原则;迅速、准确地报告事故情况,确保信息渠道畅通;采取有效措施控制事态,减少损失,防止次生灾害的发生;积极合理地调动人力物力投入抢险,尽快恢复生产;加强职工抢险意识宣传,居安思危,妥善发布新闻信息。

（5）瓦斯突出、瓦斯爆炸的应急救援措施

①瓦斯突出。

a. 开工前组织工人学习瓦斯突出的基本知识,了解突出征兆,使工人懂得一旦发现瓦斯突出征兆应停止工作,迅速撤离现场,并上报有关部门。

b. 在发生瓦斯突出事故后,在上报指挥部的同时通知协议矿山救护大队,项目部应急领导小组成员应立即奔赴现场,迅速查明突出位置和灾情细节,通知工人佩戴自救器迅速撤离现场,并由救护队员抢救遇险人员。在应急救援指挥长的领导下,确定下一步施救行动,防止事故蔓延扩大。隔离、警戒现场,防止无关人员接近。组织引导现场周围的人员、物资进行撤离、疏散。

c. 立即在安全地点切断灾区电源,在灾区范围内不得随意启动、关闭任何电源,在灾区杜绝一切火源点产生。

d. 加强灾害区域通风,迅速排放隧道中的瓦斯,为抢险救灾工作创造条件。

e. 迅速清理隧道中的堵塞物,恢复通风,抢救人员,并在扒开被堵区域之前,必须保证用压风向被堵区中供氧。

f. 遇险人员利用压风进行自救。

g. 进入灾区后,认真检查有无火源,若发现火源应立即组织灭火,灭火工程中应注意瓦斯、煤尘变化。

h. 在处理事故中所用的工具,必须能防止火花产生,防止二次事故发生。

②瓦斯、煤尘爆炸。

a. 在发生瓦斯、煤尘爆炸事故后,在上报的同时,项目部应急领导小组成员应立即奔赴现场,迅速组织灾区工人佩戴自救器迅速撤离灾区。在应急救援指挥长的领导下,确定下一步施救行动,防止事故蔓延扩大。隔离、警戒现场,防止无关人员接近。组织引导现场周围的人员、物资进行撤离、疏散。

b. 应急救援指挥长通知应急救援队立即赶赴现场,探明爆炸事故地点,查明爆炸波及范围,监测气体成分,并组织人力抢救遇险人员。

c. 发现火源立即扑灭,防止二次爆炸。

d. 迅速清理现场,抢修通风设施,并恢复通风与通信。

e. 排放因通风设施破坏而造成的瓦斯积聚。在排放中要先清理排放线路中的火源,并严格控制排放的瓦斯浓度。

5) 事故安全处理

①发生瓦斯事故后,应尽快探明事故性质、原因、范围、遇难人数和事故地点所在的位置,以及洞内瓦斯及通风情况,并立即制订抢救方案。

②瓦斯工区处理塌方、冒顶应遵守下列规定:

a. 对塌方体上方聚积的瓦斯应设置局部通风排除。

b. 对塌方地段的岩隙应加强监测工作,掌握瓦斯浓度变化情况,及时发出险情报告。

c. 塌方地段应尽快衬砌,封闭瓦斯。

③火灾处理应遵守下列规定:

a. 瓦斯爆炸引起火灾时,不得停风,但应控制风向、风量。

b. 电气设备着火时,应切断电源。

c. 发生事故后,分部主要负责人和技术负责人必须立即采取措施组织抢救,并按有关规定及时上报。

参考文献

［1］ 康小兵,许模. 我国瓦斯隧道建设现状综述[J]. 人民长江,2011,42(3):30-33.

［2］ COPUR H,CINAR M,OKTEN G,et al. A case study on the methane explosion in the excavation chamber of an EPB-TBM and lessons learnt including some recent accidents [J]. Tunnelling & Underground Space Technology,2012,27(1):159-167.

［3］ 熊鲲. 瓦斯隧道施工安全风险管理及应用研究[D]. 成都:西南交通大学,2012.

［4］ 张民庆,黄鸿健,孙国庆. 铁路瓦斯隧道安全设计、施工与管理[J]. 现代隧道技术, 2012,49(3):25-31.

［5］ 葛江. 施工隧道瓦斯涌出风险评估研究[D]. 成都:西南交通大学,2014.

［6］ 周升平. 丹景山瓦斯隧道施工超前地质预报技术研究[D]. 重庆:重庆交通大学,2013.

［7］ 霍晓龙. 瓦斯隧道施工风险管理系统开发[D]. 成都:西南交通大学,2014.

［8］ 吴瑾. 鹧鸪山高瓦斯隧道施工通风技术研究[D]. 成都:西南交通大学,2018.

［9］ 袁慧. 成德南高速公路瓦斯隧道瓦斯在围岩中的赋存与运移规律研究[D]. 成都: 西南交通大学,2014.

［10］ 彼特罗祥. 煤矿沼气涌出[M]. 宋世钊,译. 北京:煤炭工业出版社,1983.

［11］ CREEDY D P. Geological controls on the formation and distribution of gas in british coal measure strata[J]. International Journal of Coal Geology. 1988,10(1):1-31.

［12］ Shepherd J,RIXON L K, GRIFFITHS L. Outbursts and geological structures in coal mines[J]. International Journal of Rock Mechanics and Mining Sciences & Geomechanics Abstracts. 1981,18(4):267-283.

［13］ 国家安全生产监督管理总局. 煤矿安全规程[M]. 北京:煤炭工业出版社,2011.

［14］ 康小兵. 隧道工程瓦斯灾害危险性评价体系研究[D]. 成都:成都理工大学,2009.

［15］ 李晓红,等. 瓦斯隧道揭煤施工技术[M]. 重庆:重庆大学出版社,2005.

［16］ 中国煤炭工业劳动保护科学技术学会. 瓦斯灾害防治技术[M]. 北京:煤炭工业出版社,2007.

［17］ 国家铁路局. 铁路瓦斯隧道技术规范:TB 10120—2019[S]. 北京:中国铁道出版

社,2019.

[18] 赵勇.隧道设计理论与方法[M].北京:人民交通出版社,2019.

[19] 丁睿.瓦斯隧道建设关键技术[M].北京:人民交通出版社,2010.

[20] 彭海游.公路穿媒隧道的揭煤防突及施工通风[D].重庆:重庆大学,2012.

[21] 张铁岗.矿井瓦斯综合治理技术[M].北京:煤炭工业出版社,1996.

[22] 胡殿明,林柏泉.煤层瓦斯赋存规律及防治技术[M].徐州:中国矿业大学出版社,2006.

[23] 郭军,柏立懂,王道良,等.公路隧道瓦斯综合防治技术研究[J].公路隧道,2013(4):1-7.

[24] 中华人民共和国交通运输部.公路瓦斯隧道设计与施工技术规范:JTG/T 3374—2020[S].北京:人民交通出版社,2020.

[25] 张立云.洪福高瓦斯隧道施工防治技术[D].成都:西南交通大学.2009.

[26] 康小兵,许模,丁睿.隧道瓦斯灾害危险性评价初探[J].铁道工程学报,2010(5):39-42.

[27] 康小兵.非煤系地层瓦斯隧道形成机制研究[J].现代隧道技术,2011,48(3):35-39,45.

[28] 刘蓉,等.煤矿监测监控综合技术手册[M].吉林:吉林电子出版社,2004.

[29] 雷升祥.瓦斯隧道施工技术与管理[M].北京:中国铁道出版社,2011.

[30] 赖涤泉.隧道施工通风与防尘[M].北京:中国铁道出版社,1994.

[31] 张海波.非煤系地层瓦斯隧道设计[J].铁道标准设计,1997(11):31-35.

[32] 周世宁,林柏泉.煤层瓦斯赋存与流动理论[M].北京:煤炭工业出版社,1999.

[33] 宋瑞英.瓦斯隧道煤系地层防排水施工技术[J].铁道建筑技术,2007(S1):93-95.

[34] 聂树民,邝树华.特长公路隧道瓦斯地段施工通风方案[J].工程建设,2004,36(5):21-25.

[35] 刘洪伟,罗占夫.瓦斯隧道施工中的射流通风技术[J].世界隧道,2000(3):62-64.

[36] 赵钰.特大断面长大高瓦斯隧道通风技术研究[J].铁道建设,2007(12):39-41.

[37] 赵军喜.圆梁山隧道进口非煤系地段施工通风与瓦斯治理[J].现代隧道技术,2003,40(2):41-45.

[38] 秦宝顺.公路高瓦斯隧道施工风险评估与管理系统的研究[D].重庆:重庆交通大学,2014.

[39] 中国铁路总公司企业标准.铁路隧道工程风险管理技术规范:Q/CR 9247—2016[S].北京:中国铁道出版社,2016.

[40] 郭鸿雁.大断面高瓦斯隧道围岩稳定性及突出风险研究[D].重庆:重庆大学,2013.

[41] 贵州路桥集团有限公司.公路瓦斯隧道施工及安全技术[M].北京:人民交通出版

社,2013.

[42] 吕贵春.关于瓦斯隧道揭煤突出危险性预测方法的探讨[J].矿业安全与环保, 2014,41(4):118-122.

[43] 王国良.长大瓦斯隧道无轨运输设备及防爆改装技术[J].四川建筑,2015,35(6): 146-148.

[44] 匡亮,等.BP 神经网络法预测隧道瓦斯突出的模型与实例[J].铁道工程学报, 2018,35(2):56-61.

[45] 张玉浩.财神庙隧道施工技术研究[D].成都:西南交通大学,2009.

[46] 郝俊锁.车载瓦斯监控系统在双线铁路瓦斯隧道施工机械中的应用[J].国防交通 工程与技术,2011,9(5):68-70.

[47] 张小林,蔡建华,廖烟开.成都地铁龙泉山隧道瓦斯赋存特征分析与预测评价[J]. 现代隧道技术,2019,56(3):25-30.

[48] 拓晶.成贵客运专线大断面瓦斯隧道揭煤防突技术研究[D].成都:西南交通大 学,2013.

[49] 丁浩江,许模,岳志勤,等.成贵铁路有害气体地质特征及分布规律[J].科学技术 与工程,2018,18(5):309-314.